W0337128

KNAUR

Von Nicole Mtawa sind bereits folgende Titel erschienen:
Sternendiebe. Mein Leben in Afrika
Sonnenkinder. Mein Leben für die Armen in Indien

Über die Autorin:
Nicole Mtawa, geboren 1979, stellte sich früh die Frage, wie sie ein sinnstiftendes Leben führen kann. Nach längeren Reisen durch Australien, Indien und Afrika und einem Studium der Bekleidungstechnik fasste sie 2005 einen Entschluss: Anstatt in ihrem Beruf zu arbeiten, ging sie nach Tansania, um dort Straßenkindern zu helfen. 2010 gründete sie den Verein Human Dreams e.V., mit dem sie sich seither für vollpflegebedürftige Kinder einsetzt. Sie rief ein Kinderpflegeheim in Indien und später ein Kinderdorf in Tansania ins Leben. Nicole Mtawa lebt derzeit noch zusammen mit ihrer kleinen Tochter Julie in Tansania, plant aber bereits das nächste Projekt in Namibia.

Nicole Mtawa

Besser als ein Traum

Mit Julie auf dem Weg in ein erfülltes Leben

KNAUR

Besuchen Sie uns im Internet:

www.knaur.de

FSC
www.fsc.org
MIX
Papier aus verantwortungsvollen Quellen
FSC® C083411

Originalausgabe August 2019
Knaur Taschenbuch
© 2019 Knaur Verlag
Ein Imprint der Verlagsgruppe
Droemer Knaur GmbH & Co. KG, München
Alle Rechte vorbehalten. Das Werk darf – auch teilweise – nur mit Genehmigung des Verlags wiedergegeben werden.
Redaktion: Ulrike Gallwitz
Covergestaltung: Kathrin Keienburg-Rees
Coverhintergrund: Adobe Stock, frenta
Alle Fotos: Archiv Mtawa
Satz: Adobe InDesign im Verlag
Druck und Bindung: CPI books GmbH, Leck
ISBN 978-3-426-79039-7

2 4 5 3 1

Für meine kleine Campermaus Julie –
den süßesten Backpacker der Welt

mit unendlicher Liebe,
deine Mami

Wohin du auch gehst,
geh mit deinem ganzen Herzen.

Konfuzius

Vorwort

Besser als ein Traum ist nur die Erfüllung!

Als Nicole mich kontaktierte, war mir sofort klar, dass ich sie und ihr Engagement in Afrika, über das sie in diesem Buch erzählt, unterstützen möchte. Warum habe ich diese Mail nicht freundlich ablehnend behandelt, wie die meisten der Hunderte »Bittschriften«, die fast alle Promis jeden Tag erreichen? Weil Nicoles Zeilen sofort glaubwürdig, unaufgesetzt und authentisch waren. Und es gab diese Gemeinsamkeit – Namibia.

Gleich zu Beginn schrieb sie, dass sie zufällig durch eine Folge von »Bauer sucht Frau«, die sie in Deutschland bei ihrer Mutter schaute, auf Namibia aufmerksam geworden war.

Dem ersten Impuls folgte schließlich der Entschluss, dieses wunderschöne Land näher kennenlernen zu wollen. Und es war auch der Beginn ihres Traumes, dort, wie zuvor in Indien und Tansania, schwerstbehinderten und somit von der Gesellschaft zurückgewiesenen Kindern zu helfen. Auch mich hat das Land bei meiner ersten Reise dorthin sofort fasziniert. Die Weite. Die wenigen Menschen. Der Duft. Dieses Land hat etwas Magisches.

Doch zurück zu Nicole.

Sie ist ein absolutes Talent darin, ihre Träume Wirklichkeit werden zu lassen. Liest man ihr Buch, so geht man schon nach wenigen Seiten mit ihr gemeinsam auf Weltreise. Es ist unglaublich, was sie alles auf die Beine stellt für »ihre« Kinder, ihre Projekte und ihre Angestellten in Indien und Tansania, um ihnen dort eine Ausbildung, eine abgesicherte Zukunft, ein festes Einkommen und ein Dach über dem Kopf zu ermöglichen. Dabei sitzt Nicole nicht irgendwo in einem bequemen Bürosessel, um Spenden aufzutreiben. Nein, sie macht sich selbst auf den Weg. Lernt die Sprachen der Menschen, denen sie helfen möchte. Lernt dadurch ihre Kultur und Besonderheiten im Umgang miteinander kennen.

Das macht sie besonders.

Am liebsten möchte man mit ihr gemeinsam in ihrem Mini Cooper durch die Welt fahren; ihr bei allen Pannen und Rückschlägen hilfreich zur Seite stehen. Ihre Tochter und Reisebegleiterin Julie hat man eh sofort ins Herz geschlossen. Und man beneidet sie auch um ihre Freunde, Mitstreiter und Weggefährten. Wir bangen mit ihr, schmunzeln und sind traurig, wenn sie es ist.

In einer Zeit, in der einem kleinen, engagierten Mädchen, das die Menschen durch Freitagsdemonstrationen für eine bessere Welt wachrüttelt, Berechnung und Gier nach Aufmerksamkeit unterstellt wird, müssen wir uns umso vehementer für diese mutigen, fleißigen und empathischen Menschen einsetzen. Sei es Greta Thunberg, Greenpeace, die vielen NGOs auf der ganzen Welt der eben Nicole.

Denn: Es gibt immer eine Ausrede dafür, etwas nicht zu tun.

Mit keinem Satz ihres Buches versucht Nicole aber auch nur im Geringsten, sich über andere zu erheben, zu urteilen oder zu verbessern.

Dennoch kriecht beim Lesen ihres Buches ein schlechtes Gewissen in mir hoch, und ich beneide sie um ihre Stärke, ihren Kampfgeist. Und das ist gut so. Denn es gibt mehrere Möglichkeiten. Man kann den Kopf in den Sand stecken.

Man kann versuchen, es ihr gleichzutun. Man kann aber auch versuchen, sie und ihre Arbeit zu unterstützen …

Jeder muss für sich selbst entscheiden, welche Variante er wählt.

Am Anfang liegt das Handeln, am Ende das Glück!

Wenn man also gerade etwas verdrossen ist, vielleicht sogar misanthropisch veranlagt und von den Menschen im Allgemeinen enttäuscht – lest dieses Buch! Es ist Medizin!

Die Welt kann nicht schlecht sein – nur die Menschen, die in ihr leben. Und davon gibt es zum Glück nicht so viele, wie man denkt. Sie verschaffen sich durch ihr Getöse nur mehr Gehör.

Lauschen wir in Zukunft mehr den stillen und im Kleinen wirkenden wunderbaren Menschen. Wir können viel von ihnen lernen.

Nicole öffnet die Herzen der Menschen, und sie zeigt uns, dass diese wunderbare Spezies selbstlos, herzlich, aufgeschlossen und empathisch sein kann!

Als Leser möchte man diese Glückseligkeit, die Nicole anscheinend an jedem Tag verspürt, an dem sie ihre Träume lebt, am liebsten selbst fühlen und erfahren. Dazu müssen wir aber unseren eigenen Träumen folgen. Das Buch ist dafür eine wunderbare Bestärkung!

Edel sei der Mensch, hilfreich und gut;
denn das allein unterscheidet ihn von allen Wesen,
die wir kennen!
Johann Wolfgang von Goethe

Viel Spaß beim Lesen –
INKA BAUSE

Prolog

Empfindlich kalt war es mittlerweile geworden. Als wir in Stuben am Arlberg ankamen, war es bereits stockfinster.

»Du, Julie, ich glaube, es ist besser, wir suchen uns jetzt ein Plätzchen, wo wir heute im Pucky übernachten können!«, schlug ich meiner kleinen Tochter, die in ihrem Kindersitz neben mir saß, mit einem mulmigen Gefühl vor.

Wir waren am Nachmittag zu spät in Liechtenstein aufgebrochen, weil wir uns in Vaduz noch mit jemandem verabredet hatten. Nicht nur das Fahren im Dunkeln in der Fremde beunruhigte mich nun, sondern auch die Tatsache, dass vor uns der letzte Bergpass auf unserer Reise lag, den es noch zu überqueren galt. Mein günstiges Navi aus China hatte mir derart wichtige Details natürlich nicht angezeigt, und ich selbst kannte mich in Österreich absolut nicht aus. Mit einem normalen Auto und vielleicht sogar einem gebuchten Hotelzimmer sicher alles kein Problem. Doch unsere Lage sah etwas anders aus.

Julie und ich waren seit fünf Wochen mit meinem alten Rover Mini Cooper unterwegs, den ich mir vor fast zwanzig Jahren noch als Studentin gebraucht angeschafft hatte. Und da wir natürlich auch einen Platz zum Wohnen und Schlafen brauchten, zog unser Mini einen noch viel älteren Caravan hinter sich her. Stolze fünfzig Jahre hatte der kleine Eriba-Puck-Wohnwagen, den wir liebevoll Pucky getauft hatten, auf dem Buckel.

»Aber ich will doch gar nicht hier bleiben, ich will noch

weiter!«, konterte meine vierjährige Tochter und machte dabei einen Schmollmund.

»Julie, ich weiß nicht einmal, ob uns der Sprit reicht und wie hoch es den Berg hinaufgeht … Aber, schau mal, da vorne bei dem Hotel, ist das nicht ein Spielplatz?«, sagte ich und kniff hoffnungsvoll die Augen zusammen, um die Umrisse im Dunkeln besser zu erkennen. Tatsächlich!

Sicher gab es bessere Dinge zu tun, als nachts auf einen Spielplatz zu gehen, aber bei Julie zeigte das sofort Wirkung – auf einmal war sie doch einverstanden, dass wir die Nacht in dem kleinen Gebirgsort verbrachten. Also fuhr ich hinter dem Ortsschild auf eine Schotterfläche, wo schon ein großer Lastwagen in der Finsternis parkte, und stellte mich genau zwischen ihn und den Fluss. So verschaffte uns der mächtige Laster wenigstens Sichtschutz zur Hauptstraße, während wir auf der anderen Seite einen Streifen Natur für uns hatten.

Außer dem rauschenden Bergwasser neben uns war nichts zu hören, als ich bei sternenklarem Himmel aus dem Wagen stieg. Vom Lastwagenfahrer war weit und breit keine Spur. Ich hoffte doch, er hatte nichts dagegen, dass wir nun seine Nachbarn waren. Zumindest standen wir so, dass er unser kleines Gespann nicht versehentlich umfahren konnte, sollte er nicht die ganze Nacht neben uns bleiben.

Julie wurde nun ganz ungeduldig und wollte schnell zum Spielplatz. Ich holte noch einen Strickpullover mit Mütze aus dem Caravan und zog ihn ihr über. Dann machten wir uns auf zur Rutsche. Man könnte meinen, dass sie als Halbafrikanerin schnell frieren würde, aber die Realität war, dass immer nur ich am ganzen Körper zitterte und mir die Temperaturen aus unserem afrikanischen Leben herbeisehnte.

Während Julie jauchzend auf der Rutsche beschäftigt war, dachte ich daran, dass ich in unserer tansanischen Heimat in

Dar es Salaam das ganze Jahr im T-Shirt herumlaufen konnte. Mit eiskalten Händen schubste ich Julie schließlich auf der quietschenden Schaukel an, bis ich sie nach einer Weile zum Glück dazu bewegen konnte, den kinderlosen Spielplatz zurückzulassen und zum Ferienort hinüberzulaufen.

Wie romantisch doch der Blick auf die Serpentinen war, die sich zwischen Laternen und beleuchteten Häusern den Arlberg hochschlängelten. Morgen bei Tageslicht würde es sicher kein Problem sein, mit Mini und Oldie-Caravan über den Pass zu kommen. Schließlich war es nicht der erste Berg, den mein Mini trotz dreihundert Kilo Wohnwagenlast besiegen sollte. Erst zwei Tage zuvor waren wir auf dem höchsten Punkt unserer Reise angekommen: dem Schweizer Oberalppass mit einer Höhe von 2046 Metern. Mitten im bezauberndsten Bergpanorama hatten wir dort bei sechs Grad neben einem herrlichen Stausee campiert.

Hier in Stuben waren die Temperaturen definitiv noch niedriger. Und als wir dann vor dem mächtigen Après Post standen, laut Beschreibung ein exklusives Hotel mit Restaurant und Spa, wünschte ich mir ein Wunder herbei. Sehnsüchtig blickte ich durch die Glasfassade, hinter der ich Hotelgäste wahrnahm, die gemütlich in Sesseln saßen oder am Tresen der Bar hockten. Wenn doch der Hotelchef unsere Geschichte kennen und uns die Tür ins Warme öffnen würde … Sicher waren noch einige Betten unbelegt, aber so einfach war die Welt leider nicht immer, zumindest nicht ohne Geld. Also schlenderten wir weiter die leere Gasse entlang, blieben vor einem geschlossenen Spielzeugladen stehen, der wiederum bei Julie Träume und Wünsche auslöste, und beschlossen anschließend, zurück zu unserem Pucky zu gehen.

Außer einer Heizung hatten wir im Pucky fast alles, was man zum Leben brauchte, auch wenn wir auf weniger als fünf

Quadratmetern wohnten. Rechts vom Eingang gab es eine Kochnische mit Gasherd und einem kleinen Waschbecken, in das per elektrischem Fußpedal Wasser aus einem Kanister hochgepumpt werden konnte. Unter dem Herd befand sich ein Vorratsschrank, aus dem ich nun leckere Würstchen und ein paar Scheiben Brot hervorholte, damit Julie sich satt essen konnte.

Direkt links von der Tür begann bereits unsere Liegefläche, unter der ich vor dem Zubettgehen die Porta-Potti-Toilette hervorzog. Dieses tragbare Campingklo aus Kunststoff war nicht nur für Toilettengänge äußerst praktisch. Wir nutzten es auch, um nach dem Zähneputzen mit einem Becher Wasser die Zahnpasta darin auszuspucken.

Schließlich holte ich noch Julies Schlafkleider unter der länglichen Polsterabdeckung am Kopfende unserer Liegefläche hervor, und schon war sie bettfertig. Wie praktisch es doch war, dass sich alles in greifbarer Nähe befand. Der Tag war erlebnisreich gewesen, und so dauerte es nicht lange, bis Julie wohlig unter unserer überdimensionalen Daunendecke einschlief.

Bevor auch ich mich schlafen legte, vergewisserte ich mich zur Sicherheit noch, welche Temperaturen für die Nacht vorhergesagt wurden. Drei bis vier Grad. Das war zwar sehr kalt, aber zum Glück doch noch ein Stückchen vom Gefrierpunkt entfernt. Hauptsache, es würde keinen Schnee geben. Mit diesem Gedanken kuschelte ich mich an Julie und schlief unter der warmen Daunendecke beruhigt ein.

Noch ein wenig schlaftrunken zog ich am Morgen die Vorhänge des Puckys zur Seite und traute meinen Augen nicht. »Ach du meine Güte … Julie, schau! Das gibt's doch nicht. Alles weiß!« Hätte ich doch bloß nicht dem Wetterbericht getraut! Wie konnte der sich nur so täuschen? Selbst jetzt am Morgen schneite es ja noch ohne Ende kräftig weiter.

Julie war nach meinem entsetzten Aufschrei sofort hellwach und schaute ebenfalls zum Fenster hinaus. »Schnee?!«, rief sie etwas ungläubig und hüpfte dabei aufgeregt auf den Polstern auf und ab. Schon krabbelte sie zur Wohnwagentür vor, um sich dieses Naturereignis in vollem Maße anzusehen. Für Julie war es tatsächlich das erste Mal, dass sie eine weiße Landschaft sah. Hatte sie doch vor nicht mal zwei Wochen ihren allerersten Kontakt mit Schnee gehabt, als wir an unserem freien Tag in einem Schweizer Berghotel mit der Seilbahn hoch zum Daubensee auf über zweitausend Meter gefahren waren. Dort waren nur noch vereinzelte Schneeflecken vom letzten Winter übrig gewesen, mit denen wir gleich einen winzigen Schneemann gebaut hatten. Julie war überrascht gewesen, wie rutschig Schnee doch ist, und hatte jede Menge Spaß dabei gehabt, mit ihren Schuhen über die weißen Reste zu schlittern.

So viel Freude Schnee auch bereiten mag, bei mir löste der Anblick unseres eingeschneiten Autos jetzt ganz andere Gefühle aus. Wir hatten erst Mitte September, und ich hätte nicht im Traum daran gedacht, dass uns jetzt noch der Schnee überraschen würde, wo wir doch schon die Schweizer Berge hinter uns gelassen hatten und uns auf dem Weg ins wärmere Ungarn befanden. Es lag wohl auf der Hand, dass weder im Mini Cooper noch im kleinen Puck-Caravan Platz für Winterreifen übrig gewesen war …

Hier im österreichischen Stuben gab es weder einen Autoverladezug wie an manchen Bergpässen in der Schweiz noch eine für mich passierbare Ausweichstrecke. Nicht nur dass ich keine Vignette für die Autobahn hatte, da wir immer auf Nebenstrecken fuhren, auch las ich nun online, dass der einzige Autotunnel, der uns vor dem Arlbergpass bewahren konnte, wegen Bauarbeiten gesperrt war. Ironischerweise sagte mir Google nun auch noch, dass wir uns anscheinend mitten im schneereichsten Gebiet Vorarlbergs befanden.

Sollte das nun etwa das Ende unserer Fundraising-Tour bedeuten? Und wenn das nicht schon schlimm genug war, gab es überhaupt einen für uns befahrbaren Weg zurück nach Deutschland? Auf manchen Strecken galt nämlich ein Anhängerverbot. Wir hatten erst die Hälfte der geplanten Route geschafft und unser Spendenziel von fünfzigtausend Euro nicht einmal annähernd erreicht. Sorgenvoll blickte ich auf die Straße oben am Berg, auf der sich die Autos teilweise nur im Schritttempo vorwärtsbewegten. Ich musste jetzt eine Entscheidung treffen und hoffte, dass es bloß die richtige sein würde …

1.

Wenn einer allein träumt, ist es nur ein Traum.
Wenn Menschen gemeinsam träumen,
ist es der Beginn einer neuen Wirklichkeit.
Hélder Pessoa Câmara

Ein kaputter Auspuff war es, der mir diese ungewöhnliche Idee in den Kopf gepflanzt hatte. Normalerweise stand mein Mini Cooper das Jahr über abgemeldet bei meiner Mutter, doch wenn wir zu Besuch in Deutschland waren, wurde er für wenige Wochen wieder angemeldet. Das ging schon seit Jahren so, genau genommen seit ich mit zweiundzwanzig Deutschland zum ersten Mal für mehrere Monate auf der Suche nach Freiheit, Abenteuer und einem sinnvollen Leben verlassen hatte.

Schon seit einigen Jahren sah man kaum noch die ursprünglichen Minis von Rover auf der Straße, die mittlerweile durch die neuen BMW-Modelle »ersetzt« worden waren. Letztere hätten eher die Bezeichnung »Maxi« verdient, denn mit dem originalen britischen Mini – dem Liebling der Frauen und dem Schreck deutscher Automechaniker – haben sie besonders hinsichtlich der Größe nicht mehr viel gemein. Die Fahrer der alten Minis grüßten sich in der Regel per Lichthupe und Handzeichen beim Vorbeifahren. Man gehörte eben zur Mini-Familie dazu. Jetzt, wo die Minis immer weniger geworden waren, freute man sich also besonders, wenn man einem der letzten Relikte auf der Straße begegnete.

Meinem Mini hatten wohl die langen Pausen in der Garage gutgetan, sodass er immer noch sehr anschaulich dastand. Er war marineblau und hatte zwei breite weiße Streifen auf der Motorhaube – mit John-Cooper-Signatur, wie es sich gehörte. Das Beste jedoch war das elektrische Faltdach, das sich auf Knopfdruck nach hinten auffalten ließ, um so erfrischenden Fahrtwind oder warme Sonnenstrahlen hineinzulassen oder den Blick auf den Sternenhimmel freizugeben. Auch ermöglichte mir das offene Faltdach, Dinge zu transportieren, die in anderen Kleinwagen niemals unterzubringen wären. Ein Paar Ski oder auch ein zusammengerollter Teppich, alles, was nicht zu breit war, passte aufrecht mit nahezu unbegrenzten Möglichkeiten hinein. Im Kofferraum hingegen war gerade mal Platz für eine Getränkekiste.

Es war wohl eine Fügung des Schicksals gewesen, die dafür gesorgt hatte, dass ich mir bei meinem jährlichen Besuch in meiner deutschen Heimat dieses Loch in den Auspuff gefahren hatte. Während ich in Afrika mit einem Geländefahrzeug über die schlimmsten Lehmstraßen mit den größten Bodenlöchern preschen konnte, musste ich mit meinem Mini in Deutschland um einiges vorsichtiger sein. Der Mini lag recht tief und hatte eine harte Federung, die wohl der Hauptgrund war, dass meine Mutter nie gerne in mein Auto stieg. Bei jeder noch so kleinen Unebenheit im Boden stöhnte sie mit schmerzverzerrtem Gesicht auf. Mir hingegen machte das Mini-Fahren Riesenspaß, es war einfach ein tolles Fahrgefühl. Besonders in den Kurven fühlte man sich wohl so ähnlich wie in einem Ferrari. Doch nun war mir ein erhöhter Bordstein zum Verhängnis geworden.

In der näheren Umgebung gab es zwei Mini-Werkstätten. Diejenige allerdings, die ich in all den vorherigen Jahren aufgesucht hatte, war dabei, zu schließen, und hatte keine freien

Termine mehr. Also startete ich einen Versuch bei der Mini-Garage in Bröckingen bei Schwäbisch Hall. Als ich dem freundlichen Betreiber Bernd mein Problem schilderte, fiel mein Blick auf ein großes Poster an der Werkstattwand.

»Ach, du hast hier ja auch ein Bild von einem Mini mit Wohnwagen hängen«, sagte ich erfreut. Es erinnerte mich an die andere Mini-Werkstatt, wo mich schon vor Jahren ein ähnliches Bild fasziniert hatte. Wie cool, dass eines der kleinsten Autos der Welt auch einen Wohnwagen ziehen konnte. Spontan erkundigte ich mich, welche Art von Wohnwagen das seien, die für diesen Zweck geeignet waren.

»Das ist ein Eriba Puck«, meinte Bernd. »Aber eines der alten Modelle aus den Sechzigern oder Siebzigern. Die neuen sind schon viel zu schwer für den Mini.«

Ich ließ mir den Namen noch aufschreiben und machte mich nach erfolgreicher Reparatur schnell auf den Rückweg nach Schwäbisch Gmünd, um meine Tochter rechtzeitig vom Kindergarten abholen zu können. Zwar waren wir nur für fünf Wochen bei meiner Mutter zu Besuch, doch der Kindergarten St. Peter und Paul empfing Julie selbst für nur einen Monat mit offenen Armen. Das Besondere daran war, dass ich und mein zwei Jahre älterer Bruder Andreas vor über dreißig Jahren in denselben Kindergarten gegangen waren. Mittlerweile waren die Zimmer aber viel abwechslungsreicher mit verschiedenen Ebenen und Bereichen eingerichtet und mit Montessori-Spiel- und -Lernmaterial ausgestattet.

Das Poster aus der Werkstatt sollte mir nicht mehr aus dem Kopf gehen. Schon seit geraumer Zeit hatte ich mir Gedanken gemacht, wie und wo ich eine kleine Auszeit einschieben könnte. Schließlich war ich seit über zwei Jahren intensiv mit dem Aufbau meines Kinderdorfs für vollpflegebedürftige Waisenkinder in Tansania beschäftigt und hatte nicht einmal

Luft, wie früher für ein paar Monate während der Sommersaison auf einem Campingplatz in Italien zu arbeiten. Dies war für mich nämlich immer Urlaub und Arbeit in einem gewesen. So ein »Tapetenwechsel« tat immer gut, so schön das Land, in dem man lebte, auch sein mochte, und so sinnvoll die Aufgabe, die man sich ausgesucht hatte, auch war.

Auf meinem Laptop befand sich daher bereits ein Ordner mit dem Namen »AUSZEITEN«. Hier sammelte ich immer verschiedene Ideen, von denen ich manche jedoch im Laufe der Zeit wieder verwarf. Besonders an Tagen, wenn mir die Arbeit über den Kopf wuchs oder ich mich nach neuen Erlebnissen und Abenteuern sehnte, spendete mir dieser Auszeitenordner Trost und ermöglichte mir eine neue Orientierung. Schließlich war das schon der erste aktive Schritt, um an einer unbefriedigenden Lebenssituation etwas zu ändern.

Zu Hause bei meiner Mutter angekommen, begann ich sofort mit den ersten Recherchen. So war es bei mir immer. Wenn ich für etwas Feuer und Flamme war, zögerte ich nicht lange. Ich brannte dann darauf, mehr zu erfahren, um schnellstmöglich abwägen zu können, ob sich eine neue Idee tatsächlich weiter ausbauen und realisieren ließ oder nicht. Vielleicht war es unter anderem gerade diese Spontaneität, die es mir immer ermöglicht hatte, meine Träume in die Realität umzusetzen.

Meine Mutter hatte sich extra Urlaub für unseren Besuch genommen, schließlich gab es für sie nichts Schöneres, als stundenlang mit ihrer Enkelin gemeinsam auf dem Boden zu sitzen und Barbie zu spielen oder mit den Spielzeugautos die kurvige Fahrbahn des Plastikparkhauses hinunterzudüsen. So hatte ich also im Gegensatz zu unserem Leben in Tansania richtig viel Zeit für mich selbst und meine Interessen.

Ich fragte mich, ob diese alten Eriba-Puck-Wohnwagen

denn überhaupt zu finden waren und was sie wohl kosten würden. Auch hatte mir Bernd aus der Werkstatt nicht sagen können, wie es mit der maximalen Anhängelast meines Autos aussah, denn bisher war an meinem Mini noch nicht einmal eine Anhängerkupplung dran … Folglich wusste ich auch gar nicht, wie ich mir eine Anhängerkupplung vom TÜV genehmigen lassen konnte beziehungsweise ob es eine geeignete für meinen Mini überhaupt auf dem Markt gab. Schließlich wurden die Rover-Minis ja schon lange nicht mehr produziert.

Fragen über Fragen, auf die ich noch keine Antwort hatte. Die ersten Suchergebnisse wirkten dazu noch sehr entmutigend. Ich fand online zwar tatsächlich ein paar Eriba Pucks, die zum Verkauf angeboten wurden, allerdings alle im weit entfernten Norddeutschland. Sowohl logistisch als auch zeitlich konnte ich mir einen Kauf über eine so große Entfernung nicht vorstellen. Auch konnte man die Privatverkäufer an einer Hand abzählen.

Das nächste Problem war der Preis … Die jahrzehntealten Eriba Pucks aus Hippiezeiten genossen bereits Kultstatus. Ihr besonderes Erkennungsmerkmal war neben der kleinen Größe von nur 2,95 mal 1,65 Meter ein ovales Hubdach mit einer knallorangenen Stoffverkleidung. Auch das Bugfenster fiel auf, denn in der Mitte war es wie der Wohnwagen selbst aerodynamisch geknickt. Die winzigen Räder von nur zehn Zoll waren einfach nur niedlich. Und ein Leergewicht von gerade mal dreihundert Kilo konnten andere Wohnwagen nicht bieten. Das alles machte sie also zu beliebten Klassikern, und ich fühlte mich als Neuling auf diesem Gebiet schnell überfordert. Eines stand jedoch schon glasklar fest: Ich hatte keine viertausend Euro auf dem Konto, die es dazu mindestens brauchen würde.

Die vielen Hindernisse beunruhigten mich, aber sollte ich

deshalb meinen neuen Traum gleich wieder aufgeben? Gerade erst hatte ich mir doch vorgestellt, wie lässig es wäre, mit Julie auf diese Weise durch Europa zu reisen, andere Camper und viele staunende Menschen kennenzulernen, die noch nie einen Mini mit einem Caravan gesehen hatten. Jeden Tag neue Landschaften sehen und spannende Eindrücke sammeln, was konnte ich mir gerade Schöneres vorstellen?

Tatsächlich gab es in letzter Zeit einige Gründe, die mich über eine Auszeit nachdenken ließen. Mein Alltag in Afrika war mittlerweile sehr anstrengend geworden. Seit ich während meiner Studienzeit das erste Mal nach Afrika gekommen war, kümmerte ich mich um Kinder in Not. Im Laufe der Jahre hatte ich mich dabei auf die schwerstbehinderten Waisenkinder fokussiert. Es gab so viele dieser vollpflegebedürftigen Kinder, die ihre Mutter verloren hatten oder ausgesetzt worden waren, sodass es höchste Zeit war, ein liebevolles Zuhause für sie zu schaffen. Wie in Indien, wo ich zuvor schon ein spezielles Kinderpflegeheim gegründet hatte, gab es auch in Tansania keinerlei passende Einrichtung für sie. Diese Kinder benötigten jedoch intensive Vollpflege, ohne die sie aufgrund ihrer körperlichen und geistigen Einschränkungen nicht überleben würden. Trotz der immensen Probleme, denen sie ausgesetzt waren, sprach niemand über sie. Nicht einmal im deutschen Wortschatz hatte sich bisher das Wort »vollpflegebedürftig« in zusammengeschriebener Form etabliert. Doch genau darum ging es schließlich, und da es sich dazu noch bedeutend besser als »behindert« anhörte, schrieb ich es aus Prinzip als eigenständiges Wort.

So war ich also nicht nur Bauleiterin, sondern gleichzeitig auch Direktorin meines Kinderdorfs, das sich zwar immer noch im Aufbau befand, aber bereits die ersten vollpflegebedürftigen Kinder rundumversorgte. Das entsprach zwar nicht meinem Ingenieurstudium der Bekleidungstechnik oder meinem ursprünglichen Berufswunsch, Hebamme zu werden, aber in den letzten fünfzehn Jahren, von denen ich die meiste Zeit in Tansania und Indien verbracht hatte, konnte ich meine Erfahrungen und Projektentwicklungen Schritt für Schritt aufeinander aufbauen.

Als Direktorin sorgte ich für die wöchentlichen Einkäufe beim Großhändler, um Lebensmittel, sanitäre Produkte und Haushaltswaren günstig zu bekommen. Unser stetig wachsendes Personal brauchte eine gute Führung. Nicht jeder passte in unser Team, denn gerade bei den Kinderpflegerinnen reichte eben eine erfolgreich beendete Ausbildung allein nicht aus. Vielmehr wählte ich unabhängige Frauen aus, die mit unseren Kindern wie in einer Familie leben konnten und viel Liebe und Hingabe mitbrachten. So war besonders der Anfang schwer, wenn so mancher wieder gehen musste, damit wir letztendlich die besten Mitarbeiter finden konnten.

Fast alle Kinder waren bei ihrer Aufnahme in einem sehr schlechten körperlichen, emotionalen und gesundheitlichen Zustand. Trotz ihrer schweren Behinderungen hatten sie meist noch nie in ihrem Leben Therapien erhalten. Sie waren stark unter- oder mangelernährt, konnten nicht mehr lachen und hatten oft schwere Infektionen oder Malaria. Dies bedeutete für uns etliche Arztbesuche und Krankenhausaufenthalte, die zum einen enorm viel Zeit in Anspruch nahmen und zum anderen viel Nerven und teilweise, wenn es sich um Notfälle handelte, sehr viel Geld kosteten.

Doch am anstrengendsten war das Einkaufen der Baumaterialien. Sicher hätte ich auch andere zum Fliesen- oder Farbekaufen schicken können, doch was das Design, die Qualität und den Preis betraf, da war ich eigen. Leider gab es in Dar es

Salaam jedoch keine Baumärkte. Stattdessen breitete sich im Stadtbezirk Kariakoo ein quadratkilometergroßes Einkaufsgebiet mit Groß- und Einzelhändlern aus, das netzförmig von Straßen durchzogen war. Die Shops in Kariakoo waren allesamt sehr klein. Auf weniger als zehn Quadratmetern hängten oder stellten die Ladenverkäufer ihre Produkte auf. Ihre Lager, die sie mit anderen Händlern teilten, waren meist jedoch einige Hundert Meter entfernt. Selten bekam man in einem Laden alles, was man brauchte, und so musste ich mir immer merken, wo ich bereits etwas ausgewählt und bezahlt hatte, um es später mit unserem Pick-up abholen und aufladen zu können. Mittlerweile kannte ich in Kariakoo alle Straßennamen und fand mich gut zurecht in dem Labyrinth. Für jemand Fremden mussten die Straßen und Läden jedoch alle gleich aussehen.

Am Ende eines solchen Tages war es noch wichtig, alle Ausgaben in die Buchführung mit aufzunehmen. Die vielen kleinen Belege, die meist erst noch kopiert werden mussten, damit sie nicht mit der Zeit verblassten, mussten abgeheftet, und Dinge, für die es keinen Beleg gab, durften ebenfalls nicht vergessen werden.

Manchmal hatte ich das Gefühl, so sehr unter Zeitmangel zu leiden, dass ich nicht einmal die Zeit dazu fand, diesen Mangel zu beheben. Schritt für Schritt würde ich manche dieser Aufgaben an neue Angestellte abgeben, doch zu Beginn war es mir wichtig, dass unser Kinderdorfprojekt auf einem zuverlässigen Fundament stand. Besonders was die Geldmittelverwendung betraf, wollte ich auf keinen Fall unnötige Verluste in Kauf nehmen oder Raum für Diebstahl und Betrug lassen.

Sicher könnte man sich im Grunde kaum einen schöneren Arbeitsplatz vorstellen – in einem Land, wo der Himmel fast jeden Tag blau und das Meer nur wenige Kilometer entfernt ist und die Sonne über dreihundert Tage im Jahr scheint. Aber gerade deshalb war es ja so anstrengend. Bei tropischer Hitze diese stundenlangen Einkäufe in der Stadt zu erledigen, sich dann wieder in das heiße Auto zu setzen und im Stau stecken zu bleiben, während man nach Hause hetzen musste, um ja nicht den Schulbus zu verpassen, der die kleine Tochter von der Vorschule wieder heimbrachte. Das war ein wahrer Marathon, zumal das Fahren auf schlechten Straßen manchmal mit dem Reiten auf einem wilden Pferd zu vergleichen war. Es gab sie also auch in Afrika, die gestresste alleinerziehende Mutter, deren Tage nicht lang genug waren, um alle Aufgaben erledigen zu können …

Im Grunde war ich schon seit Julies Geburt alleinerziehend, obwohl ich mit ihrem Papa anfangs noch zusammenwohnte. Dabei war es ursprünglich Juma gewesen, der unbedingt ein Kind haben wollte, während ich mit der Betreuung von Kindern in schwerster Not bereits meine Erfüllung gefunden hatte.

Doch im Laufe der Jahre änderte ich meine Ansichten und verkündete Juma nach einer zweimonatigen Abenteuerreise, die mich mit mehreren Frachtschiffen von Tansania nach Madagaskar geführt hatte, dass ich nun doch auch gerne ein eigenes Kind haben wollte. Auf dieser Reise hatte ich nach einer anstrengenden zweitägigen Küstenbootsfahrt mit desinteressierten Begleitern einsam und des Reisens müde an einem Strand gesessen und mich nach Juma gesehnt. Ich hatte auf einmal das starke Gefühl, dass es Zeit für einen neuen Lebensabschnitt war. Wie um diese neuen Gedanken zu bestärken, schrieb ich den Namen »Julie« neben mir in den Sand. Nach all den Jahren, in denen sich mein Leben einzig und allein um

Menschen in Not gedreht hatte, war nun die Zeit gekommen, auch an mich und mein eigenes Leben zu denken.

Doch so schnell sollte es dann doch nicht klappen mit meinem Kinderwunsch, denn auf einmal fühlte sich Juma von meinem Sinneswandel überrumpelt. Und so dauerte es noch einmal zwei weitere Jahre, bis wir endlich beide dasselbe wollten. Tatsächlich fiel meine Schwangerschaft dann jedoch in unser verflixtes siebtes Jahr …

Vielleicht war es nur ein Klischee, aber selbst bei »normalen« Paaren hörte man ja oft, dass Beziehungen zu diesem Zeitpunkt häufig scheiterten. Wie sah es dann erst bei uns aus? Wir waren ja so grundverschieden, was Herkunft, Kultur und Bildung betraf. Als ich Juma damals als schwerkranken Straßenjungen in Dar es Salaam kennengelernt hatte, ging es mir vor allem darum, ihm zu helfen. Und ihm ging es darum, ein neues und gutes Leben zu finden.

Mit seiner ehrlichen und offenen Art, mit der er mich an seinem Straßenleben und seinen vergangenen, zum Teil sehr schmerzhaften und traurigen Erlebnissen teilhaben ließ, zog er mich regelrecht in den Bann. Ich verliebte mich Hals über Kopf in ihn und glaubte fest an unser gemeinsames Glück. Wir waren damals beide sechsundzwanzig, doch während ich behütet in Deutschland aufgewachsen war, mein Abitur gemacht hatte und anschließend ein Fachhochschulstudium absolviert hatte, hatte Juma zwanzig Jahre mit schicksalsgleichen Freunden auf der Straße in seinem Heimatland Tansania verbracht – ohne Eltern, ohne Bildung und mit nur wenig Hoffnung.

Es war für mich nie ein Problem gewesen, dass Juma nicht einmal lesen und schreiben konnte und dies auch wegen einer Lernbehinderung nicht durch Alphabetisierungskurse nachholen konnte. Wir fanden dennoch unseren Weg und konnten in den Sommermonaten immer gemeinsam auf Campingplätzen in Italien arbeiten, um genug Geld für unser Leben in Tansania zu verdienen.

Unsere wahren Probleme waren von ganz anderer Art. War ich mit Juma zusammen, dann konnte er mir seine Liebe nur schwer zeigen. Sobald ich aber weg war, dauerte es keinen Tag, bis er mir hinterhertelefonierte, mich sein »Schätzle« nannte und mir seine aufrichtige Liebe gestand. Ein oder zwei Wochen nach unserem Wiedersehen schwebten wir dann wie auf Wolken, doch irgendwann begann die Gleichgültigkeit wieder von vorne, und ich musste am Wochenende allein zum Strand gehen oder Ausflüge machen, weil Juma lieber von morgens bis in die Nacht mit Freunden unterwegs war. So fühlte ich mich oft nicht wertgeschätzt und vermisste gemeinsame Aktivitäten.

Auch sehnte ich mich danach, mit ihm den Moment zu leben. Denn genau das konnte er anscheinend nicht. Immer wieder hörte ich heraus, dass er froh war, wenn ein Jahr sich dem Ende zuneigte – er schien sich ohne erkennbaren Grund zu wünschen, dass die Tage schnell vergingen. Bis ich ihn eines Tages sogar fragte, ob er sich mehr auf den Tod freue als auf das Leben.

Juma war aber keineswegs depressiv. Besonders das Erkunden der weiten Welt gefiel ihm sehr, und so gehörten unsere gemeinsamen Reisen zu unseren glücklichsten Zeiten. Während unserer ersten Europabesuche konnte er sich dabei immer köstlich über Dinge amüsieren, die für ihn als Tansanier fremd waren. So erinnerte ich mich an eine Situation, in der ein Mann mit Vollbart vor uns an der Kasse stand. Juma war über so viele Haare im Gesicht regelrecht verblüfft und kicherte in sich hinein, denn in Tansania trägt so gut wie niemand einen Bart. Das ist dort kulturell nicht üblich, ebenso wenig wie Nasen- und Zungenpiercings, Tattoos und funky gefärbte Haare, die ebenfalls immer wieder für Erheiterung bei ihm sorgten. Juma lachte also wie die meisten Tansanier gern und hatte durch sein Interesse am Leben der anderen eine sehr positive Ausstrahlung auf die Menschen, die uns auf unseren Reisen begegneten.

Ich vermutete eher, dass sein emotionales Defizit aus seiner Zeit auf der Straße stammte und er überhaupt nicht merkte, dass er dadurch die schönen Zeiten unseres gemeinsamen Lebens verpasste. Jahrelang musste er die Gegenwart als unerträglich empfunden haben, und nun fand er nicht den Schalter für eine neue Denkweise. Ähnlich verwirrend war es mit der Vergangenheit. Auch ich schaute gerne mal ein Fotoalbum an, aber Juma konnte unsere Alben ständig unter dem Bett hervorholen, um dann in Erinnerungen zu schwelgen. Er genoss sie jedoch mehr, als er es jemals im jeweiligen Moment hätte empfinden oder zumindest zeigen können.

Jetzt, nach all den Jahren, wo ich kaum mehr Hoffnung hatte, dass sich die Situation in unserer Beziehung jemals ändern würde, war es Julie, der ich meine ganze Liebe und Aufmerksamkeit schenken konnte. Mit unserem Baby fand ich die vollkommene Erfüllung. Nichts war mir wichtiger als das Wohlergehen meines kleinen Töchterchens, das sowohl tagsüber als auch nachts immer bei mir war. Ich liebte es, Julie beim Entdecken der Welt zusehen zu können, sie in der Manduca vor mir zu tragen und ihr Küsschen auf ihre süßen Pausbacken zu drücken.

Erst mit Kind wurde mir so richtig klar, wie gravierend der kulturelle Unterschied hier in Tansania war. Für mich war es wie selbstverständlich, dass wir als Eltern so ein kleines Wesen beschützen mussten. In meiner tansanischen Nachbarschaft sah man hingegen oft Kleinkinder, die völlig unbeaufsichtigt mit anderen Kindern den ganzen Tag im Freien verbrachten. Zwar passten die Größeren auf die Kleinen auf, aber schließlich waren es alles noch Kinder, die im Spiel gerne auch mal ihre Verantwortung vergaßen, die sie aufgetragen bekommen hatten.

Es verwunderte nicht, wenn ein Kleinkind dann in einem offenen Brunnen ertrank oder in eine Abwassergrube fiel, die nicht abgedeckt worden war. Besonders in Afrika, wo kaum Sicherheitsvorkehrungen getroffen werden, konnten an jeder Ecke schlimme Gefahren lauern. Wie oft kam es vor, dass Kleinkinder sich mit heißem Tee übergossen oder ihre Kleider gar am Kerosinherd Feuer fingen, nur weil niemand nach ihnen schaute. Die schweren Verbrennungen hinterließen Narben, die entstellten und teilweise sogar zu lebenslangen Behinderungen führten.

Als Julie gerade mal elf Monate alt war, wohnten wir noch in Jumas Haus, das inmitten eines Armenviertels von Dar es Salaam stand. Julie war schon immer ein Energiebündel gewesen, und so konnte man sie kaum eine Sekunde aus den Augen lassen. Eines Tages, während ich im Zimmer an meinem Laptop arbeitete, vereinbarte ich mit Juma, dass er vorm Haus auf Julie aufpassen sollte. Schließlich fuhren ständig Bajajis, also motorisierte Dreiradrikschas, Motorräder und gelegentlich auch Autos vorbei. Später, als ich ihn dann nach Julie fragte, meinte Juma, sie wäre gleich hier um die Ecke. Doch in Wirklichkeit musste er sie erst suchen gehen.

Dasselbe wiederholte sich das nächste Mal, obwohl ich ihm mehrfach gesagt hatte, wie wichtig es mir war, dass unser Kind in diesem Alter noch nicht mit anderen Kindern in der Nachbarschaft allein gelassen wird. Zu allem Überfluss lag in der Regel auch noch überall Müll herum. Die Leute verbrannten nämlich ihren Abfall hinter den Häusern, inklusive giftigen

Plastiks. Was dann übrig blieb, waren alte Batterien und Rasierklingen, die sich überall verteilten und in die Hände der Kinder gerieten.

Es war doch die Verantwortung von uns als Eltern, nach unserer Tochter zu schauen, und nicht die von anderen, geschweige denn von Kindern. Noch nie hatte ich den kulturellen Unterschied so deutlich zu spüren bekommen wie in dieser Situation. In Afrika überließ man eben gerne Gott die Entscheidung über das Schicksal. Wozu vorausdenken, wenn man das Leben sowieso nicht selber in der Hand hatte. So dachten wohl viele Gläubige in Tansania.

Auch wenn ich grundsätzlich sehr anpassungsfähig an fremde Lebensstile bin, hier war meine Schmerzgrenze deutlich überschritten. Wenn ich Juma nicht vertrauen konnte, dass er gut auf Julie aufpasste, dann musste ich eben selber dafür sorgen, dass ihr nichts zustieß.

Für Juma muss es wohl eine Erleichterung gewesen sein, dass ich Julie alleine großzog. Er war schlichtweg überfordert mit dem Vatersein, da er es selber nie gekannt hatte, einen Vater zu haben, der für ihn sorgte. Ich erinnere mich noch heute an seinen Satz, mit dem er mich damals in der Samora Avenue im Stadtzentrum von Dar es Salaam angesprochen hatte. Er bat mich, ihm zu helfen, denn er habe keine Mama und keinen Papa. Dies aus dem Munde eines selbst ernannten Parkplatzeinweisers und Autobeschützers zu hören war erstaunlich, schließlich war er ein junger Mann und schon lange kein Kind mehr. Tatsächlich aber hatte das Straßenleben bewirkt, dass er und seine gleichaltrigen Freunde gar nicht recht gemerkt hatten, wie auch sie älter geworden waren. Ihre Rolle war immer noch die der Straßenkinder, die sich durch Betteln eine schnelle Beute ergattern konnten und sich so durchs Leben schlugen.

Im Laufe unserer gemeinsamen Jahre hatte Juma sich dann immer mehr als jungen Mann wahrgenommen. Auch die deutsche Kost tat ihm gut, sodass er während unseres Besuchs bei meiner Familie in kürzester Zeit richtig kräftig und erwachsen dastand. Und nicht so klapprig dünn wie in Tansania, wo er nicht einfach die Kühlschranktür öffnen konnte, um sich mit seinen geliebten Würstchen vollzustopfen, wie er es bei meiner Mutter gerne tat.

Der Schritt vom jungen Mann zum Vater einer kleinen Tochter war jedoch größer als gedacht, und so war Julie von Anfang an sehr auf mich fixiert. Ich musste Mama und Papa in einem sein, und es gab auch keine Verwandten, zu denen sie ab und zu gehen konnte. Sie hatte nur eine weiße Oma in Deutschland und einen schwarzen Opa in Tansania, der allerdings weit weg von Dar es Salaam wohnte. Mein Vater war schon vor einigen Jahren an Krebs gestorben, und Jumas Mutter war verstorben, als Juma noch ein Kind war.

Etwas Entlastung fand ich zumindest während unserer Besuche im Kinderdorf. Dort konnte ich Julie auf unserem riesigen ummauerten Grundstück sorglos springen lassen. Es war ein wahres Kinderparadies, mit einem Spielplatz, einem Riesentrampolin und viel Natur. Die eigenen Kinder unserer Pflegemamas waren zu Julies Spielkameraden und Freunden geworden. Dabei liebten sie es, in Schalen mit Wasser und sandiger Erde »Essen« zuzubereiten, die Matschportionen auf Tellerchen zu verteilen und diese dann ihren Puppen zu verfüttern. Bei der großen Hitze ließen sie sich auch gerne mal von unserem Gärtner jauchzend mit dem Wasserschlauch abspritzen oder spielten im Schatten mit Steinchen und Stöcken.

Es war eine heile Welt im Gegensatz zum Leben draußen. Je ärmer die Familien waren, desto wilder und ungezogener waren in der Regel auch die Kinder. In Armenvierteln liefen die Kinder in verschlissenen Kleidern mit staubigen Füßen barfuß herum. Wenn sich Jungs rauften, gingen sie nicht gerade zimperlich miteinander um. Trotz ihres heiteren Kinderlachens waren sie auch Gewalt gewohnt. Auch in Jumas Haus, das er sich damals nach unserem ersten Deutschlandbesuch von seinem Schichtarbeitsgeld gekauft hatte, erlebte ich den tansanischen Alltag von ärmeren Familien hautnah mit.

Es gab dort sechs kleine Zimmer zu vermieten. Jedes Zimmer wurde von einer ganzen Familie bewohnt und eines davon von Juma und mir. Nicht selten kam es vor, dass einer der Väter nachts betrunken heimkam und mit seiner Frau einen Streit anfing. Oder er machte ihr eine Eifersuchtsszene, weil er ihr nicht glaubte, dass sie den ganzen Tag allein zu Hause gewesen war. Oft sicher zu Unrecht, doch außergewöhnlich war es dennoch nicht, wenn auch mal eine Frau untreu wurde, da sie von jemand anderem finanzielle Aufmerksamkeit bekam. Männer hingegen mussten sich keinen Fragen stellen. Es ging die Frauen in ihren Augen schlichtweg nichts an, wo sie den ganzen Tag waren oder warum sie spät nach Hause kamen.

Auch den Kindern ging es schnell an den Kragen, von den Müttern ebenso wie von den Vätern. Sie kannten es nicht anders, als geschlagen oder mit einem peitschenden Zweig erzogen zu werden, wenn sie einen Fehler gemacht oder sich nicht an eine Regel gehalten hatten.

Jahrelang hatte ich trotz dieser Umstände unter den Armen gelebt – es war für mich wie eine Lektion des Lebens gewesen. Und abgesehen von diesen familiären Ausrastern war die Stimmung durchweg positiv. Nur wenn man mit den Menschen direkt zusammenlebte und ihre Sprache lernte, konnte man auch ihre Lebensweise verstehen. Man begriff, mit welchen Problemen sie sich herumschlugen und was Armut bedeutete. Mit Julie begann jedoch ein komplett neues Kapitel in meinem Leben. Wir wohnten nach unserer Rückkehr aus Europa keine zwei Wochen in Jumas Haus, als ich deutlich spürte, dass das nicht das Leben war, wie ich es mir für unsere einjährige Tochter wünschte.

Seit ihrer Geburt war Julie in der Tat schon viel herumgekommen. Geboren war sie in Australien, und mit nur fünf Wochen legten wir bereits einen Zwischenstopp in meinem Kinderpflegeheim in Delhi ein, das ich dort zwei Jahre zuvor ins Leben gerufen hatte. Wir befanden uns dabei auf dem Weg nach Deutschland zu meiner Mutter, damit sie ihr erstes Enkelchen endlich kennenlernen konnte. Anschließend verbrachten wir den ganzen Sommer in Kroatien, um auf einem Campingplatz etwas Geld zu verdienen. Doch nun stellte ausgerechnet Tansania, wo ich schon so viele Jahre gelebt hatte, die größte Herausforderung dar.

Kurzerhand entschloss ich mich, mein ganzes Geld für den Bau eines kleinen Familienhauses zu verwenden. Ich zeichnete einen einfachen Grundriss auf ein Stück Papier und ließ es mir über einen tansanischen Bekannten bauen. In nur drei Monaten stand es schließlich fertig da, mit zwei Schlafzimmern, Bad, Wohnzimmer, Küche und einem kleinen Büro. Alles zusammen auf fünfzig Quadratmetern, finanziert mit nur sechstausend Euro, die ich noch von meinen Buchhonoraren übrig hatte. Mit einer Solaranlage und gepumptem Wasser aus dem eigenen Bohrloch war ich völlig unabhängig von der unzuverlässigen tansanischen Strom- und Wasserversorgung.

Das sonnenblumenfarbene Haus mit rotbraunem Wellblechdach stand auf einem vierhundert Quadratmeter großen Gartengrundstück mit Blick auf den sogenannten Nilpferdsumpf, wo bis vor fünfzehn Jahren tatsächlich noch Nilpferde gelebt hatten und sich dort stets in der Abenddämmerung am Ufer niedergelassen hatten. Diesen schönen Platz inmitten der Natur hatte ich mir einst während einer schwierigen Phase mit Juma zu einem Spottpreis gekauft. Ich hatte auf einmal das Bedürfnis gehabt, etwas Eigenes für mich haben zu wollen – für alle Fälle. Und da die Grundstückspreise in Dar es Salaam aufgrund des Bevölkerungswachstums und der Landflucht von Jahr zu Jahr enorm anstiegen, war es sogleich eine gute Investition für die Zukunft. Mit wenig Geld konnte man in Tansania so viel erreichen. Diese finanzielle Leichtigkeit gefiel mir von Anfang an besonders gut.

Hier am Nilpferdsumpf konnte ich Julie beruhigt vorm Haus springen lassen. Vor uns lagen zwei Kilometer Natur pur, und das, obwohl wir nur wenige Kilometer vom Stadtzentrum entfernt waren. Es fuhren keine Autos, das Wasser war weit weg, und Julie war tagein, tagaus damit beschäftigt, mit den Nachbarskindern – von denen es jede Menge gab – mit Ästen Löcher in den Sand zu bohren und sie mit Wasser aufzufüllen oder Straßen für ihre Spielzeugautos zu bahnen. Das beliebteste Spiel der afrikanischen Kinder bestand jedoch darin, ein aus dem Plastikdeckel eines Eimers gebasteltes Rad, an dem seitlich ein Stock angebracht war, geschickt vor sich herzuschieben. Manche Kinder fanden auch immer wieder alte Autoreifen, die sie durch die Gegend rollten.

Es war eine Kindheit weitab von der digitalen Welt. Keines der Kinder hatte ein Computerspiel, und einen Fernseher schaffte ich mir aus Prinzip nicht an. Julie sollte an der frischen Luft aufwachsen und nicht im Haus vor der Glotze sitzen. Mit zwei Jahren flitzte sie mit einem Dreirad auf dem ausgetrockneten Ufer entlang, und mit drei wurde es durch ein Fahrrad ersetzt.

Die Zeit verging, und ich war froh, dass die Kinder hier nicht ganz so wild waren wie damals vor Jumas Haus im Armenviertel. Hier war die Nachbarschaft gemischt, neben den einfachen Häusern der Armen gab es auch einige neue Häuser aus der Mittelschicht.

Allerdings hatte auch die Idylle am Nilpferdsumpf die eine oder andere Schattenseite. Kleinere Diebstähle unter den Kindern waren fast schon alltäglich. Kaum war man abgelenkt, fehlte schon das nächste Spielzeug aus Julies Kiste. Anfangs waren ständig große und kleine Kinder unkontrolliert von allen Richtungen auf unser Grundstück geströmt, bis ich schließlich einen hölzernen Gartenzaun errichten ließ, sodass es nur noch einen offenen Eingang vorne gab, zu dem bestenfalls Julies engste Freunde hereinkommen sollten. Die reicheren Tansanier hingegen errichteten in der Regel hohe Mauern mit einem schweren Eisentor, um ungestört und vor allem einbruchsicher leben zu können. Ich hielt davon jedoch recht wenig, denn kam ein Dieb erst mal über die Mauer, konnte ihn niemand sehen, während er ungestört die Häuser leer räumte. Bei mir hingegen war sowohl die Sicht auf die Natur als auch auf mögliche Diebe noch frei.

Wie überall in Tansania gab es nachts auch am Nilpferdsumpf jede Menge Moskitos. Ich cremte Julie grundsätzlich bei Einbruch der Dunkelheit mit einem Schutzmittel ein, doch machte ich mir dennoch immer große Sorgen, wenn sie ausgerechnet nachts, wenn die Kliniken geschlossen hatten, einmal Fieber bekam. Die Einheimischen machten kein großes Ding aus Malaria – sie nahmen es wie eine Erkältung hin und gingen meist auch erst recht spät zum Arzt. Ich konnte natürlich nicht einschätzen, wie viel der afrikanischen Resistenz Julie vererbt bekommen hatte, doch sicher war, dass Malaria unter fünf Jahren besonders gefährlich war. Meine

Sorgen blieben zum Glück immer unbegründet. Ein Bluttest, den ich prinzipiell immer am selben Tag noch machen ließ, gab schnell Entwarnung. Als Julie zwei Jahre alt war, hatte es mich jedoch einmal voll erwischt. Ich hatte eigentlich nur Gliederschmerzen gehabt und kein Fieber und war deshalb erst zwei Tage später zum Arzt gegangen. Bis dahin war dann die Malaria schon so weit vorangeschritten, dass sie meine Nieren befallen hatte und ich zusammen mit Julie drei Tage im Krankenhaus verbringen musste. Mit anderen afrikanischen Krankheiten, vor denen man in Europa oft Angst hatte, hatten wir hier in Dar es Salaam zum Glück nie zu tun.

Als Julie in die Vorschule kam, wurde mein Leben um einiges anstrengender. Morgens brachte ich sie selbst mit dem Auto hin, damit sie nicht so früh aufstehen musste, doch mittags wurde sie vom Kinderschulbus heimgefahren, der meist anderthalb bis zwei Stunden brauchte, bis er bei uns war. Es waren zwar nur vier Kilometer, aber Julie war eines der letzten Kinder auf der Strecke. Julie jedoch machte die Fahrt mit den anderen Kindern und dem Betreuer jede Menge Spaß. Es war fast schon das Highlight ihres Schultages. Wir nannten den gelben Schulbus »Teddybärbus«, denn an seinen Seiten war er mit bunten kinderfreundlichen Cartoons und Teddybären verziert.

Leider konnte man nie genau sagen, wann der Teddybärbus mit Julie bei mir zu Hause eintreffen würde. Bat ich dann Juma telefonisch, Julie zu Hause abzufangen, weil ich in der Stadt unterwegs war und mittags in den verstopften Straßen im Stau steckte, kam es vor, dass er zwar meinte: »Kein Problem!« Doch dann kam später der Anruf von Busfahrer Johnson, dass er Julie wieder mit zur Vorschule genommen hatte, weil er bei uns niemanden angetroffen habe. Schließlich verließ ich mich nicht mehr auf Juma, sondern informierte den

Busfahrer schon im Voraus, wo wir uns am besten treffen sollten, wenn ich es wieder nicht rechtzeitig nach Hause geschafft hatte.

Zwei Jahre ging das so, und ich wünschte mir immer mehr, dass es auch wieder ruhigere Zeiten geben würde, in denen ich für Julie eine entspannte Mama sein konnte – ohne das Hin-und-her-Gehetze zwischen der Stadt, meinem Zuhause und dem Kinderdorf. Eine Auszeit musste her, in der ich mein Leben neu ordnen konnte. Und je mehr ich darüber nachdachte, umso klarer wurde auch mein Wunsch.

Wenn ich ein festes Ziel vor Augen habe, einen großen Traum, den ich mir unbedingt erfüllen möchte, dann denke ich intensiv in alle Richtungen und lasse meiner Kreativität freien Lauf. Als ich nun bei meinem Besuch in Deutschland auf den passenden Wohnwagen zu meinem Mini stieß und der Wunsch in mir aufkam, mit Julie in einem solchen Gespann durch Europa zu fahren, war ich mir sicher, dass sich irgendwo eine Lösung verstecken musste. Es stimmte zwar, ich hatte selber kein Geld, um mir einen Wohnwagen für den Mini zu kaufen. Aber auf einmal kamen mir ganz neue Ideen.

Was, wenn ich aus meiner gewünschten privaten Auszeit einfach eine öffentliche Fundraising-Tour machen würde, in der ich Spenden für mein neues Projekt sammeln könnte? Sicher würde das nicht weniger Abenteuer, Freiheit und Spaß bedeuten. Im Gegenteil. Ich malte mir bereits aus, wie toll das Mini-Cooper-mit-Oldie-Caravan-Gespann erst aussehen würde, wenn ich es mit farbenfrohen Blüten und Bildern von unseren afrikanischen Kinderdorfkindern bekleben würde. Ich hatte zwar noch nie öffentlich Fundraising betrieben, aber gerade in Hinblick auf das Nachbargrundstück des Kinderdorfs, das wir über unseren tansanischen Verein mit geliehenem Geld noch rechtzeitig sichern konnten, bevor es in Parzellen an Privatleute verkauft werden sollte, machte der Gedanke richtig Sinn.

Kaum war die Idee geboren, setzte ich mich auch schon an meinen Laptop, lud Blütenbilder herunter, beschaffte mir als Vorlage verschiedene Seitenansichten des Eriba-Puck-Wohnwagens und suchte lachende Kindergesichter aus meinen Fotoordnern zusammen.

Mit diesem ersten Entwurf wurde aus meinen Gedanken auf einmal etwas Handfestes. Anschließend erstellte ich noch schnell eine dazu passende Seite auf meiner Vereinshomepage, um meine Absichten schon eine Woche später auf unserem alljährlichen Human-Dreams-Bergwochenende der Öffentlichkeit vorstellen zu können.

Das Bergwochenende fand in der Regel im Herbst auf dem Naturfreundehaus Himmelreich in Heubach statt, ganz in der Nähe meiner schwäbischen Geburtsstadt. Es bot eine gute Gelegenheit, um Freunde und Bekannte wiederzusehen und neue Menschen kennenzulernen, die an unseren Projekten, dem Verein und meinen Büchern interessiert waren. Ob allein, mit Partner, mit Kind oder auch mit Hund – man wanderte an der frischen Luft eine knappe Stunde an Wäldern vorbei den Berg hinauf, um zum Naturfreundehaus mit angeschlossenem Spielplatz zu gelangen.

Während der Samstagnachmittag immer zum Plauschen und gegenseitigen Austausch diente, präsentierte ich abends einen Vortrag mit Fotos zu den Projekten und las aus meinen Büchern vor. Man konnte auf der Hütte günstig in Mehrbettzimmern übernachten, um am nächsten Morgen beim gemeinsamen Frühstück das Wochenende langsam ausklingen zu lassen. Besonders erfreulich war, dass sogar Menschen von weit her anreisten. Selbst manch Schweizer, Luxemburger,

Österreicher oder Holländer nahm eine stundenlange Autofahrt auf sich, um an unserem Bergwochenende teilzunehmen.

Schon in einer Woche würde es zurück nach Tansania gehen. Es war somit die letzte Möglichkeit, meine Pläne fürs nächste Jahr einem breiteren Publikum vorzustellen. Selbstverständlich würde der Wohnwagen trotz Fundraising-Tour nicht von Spendengeldern gekauft werden. Ich musste einfach darauf hoffen, dass die Besucher des Bergwochenendes es nicht falsch verstanden, wenn ich sie direkt darauf ansprach, dass ich die Tour zwar sehr gerne machen würde, aber selber leider kein Geld für den Kauf des Wohnwagens hatte.

Der Saal des Naturfreundehauses wurde auch in diesem Jahr wieder voll. Alle Stühle waren belegt, sodass sich noch manch ein zu spät Gekommener auf die Tische setzte, die aufgereiht am Rand standen. Alle betrachteten interessiert die Fotos aus Tansania und Indien, die ich über einen Beamer auf eine Leinwand projizierte. Besonders die großen Baufortschritte in Tansania und der Zuwachs an neuen vollpflegebedürftigen Waisenkindern, denen wir helfen konnten, riefen große Begeisterung bei den Besuchern hervor.

Ganz am Ende der Präsentation blendete ich schließlich einen Screenshot von der neuen Fundraising-Seite der Vereinshomepage ein. Man sah darauf ein Foto meines blauen Mini und direkt daneben ein Foto des bunt verzierten weißen Wohnwagens. Die Proportionen passten perfekt, und so konnte man sich gut vorstellen, wie der kleine Mini mit dem zu ihm passenden Wohnwagen hintendran losfahren würde.

Nun musste ich aber zum unangenehmeren Teil kommen – nämlich das finanzielle Problem anzusprechen. Das war nicht gerade die typische Art von mir. Auch was allgemein Spenden betraf, war es mir lieber, mich zum Jahresende bei den Unterstützern zu bedanken, anstatt sie berechnenderweise wie viele andere Organisationen gerade vor Weihnachten um ihr Geld zu bitten und mit Fotos von traurigen Kindergesichtern auf die Tränendrüse zu drücken.

Natürlich kam es aufgrund unserer hohen Baukosten vor, dass das Geld besonders zur Jahresmitte knapp wurde, aber man konnte dies ja auch auf andere Weise lösen. Als es einmal richtig eng wurde, rettete uns beispielsweise eine Spendenkaufaktion. Dafür fotografierte ich bereits bestehende Gebäude ab oder führte anhand von Beispielfotos in einem Rundschreiben auf, welche Gebäude man uns für wie viel Geld spenden konnte. Meine Freunde Walter und Rosika, die die Idee dazu hatten, ermöglichten uns so beispielsweise mit zweieinhalbtausend Euro den Bau eines Volontärzimmers. Hilfsbereite Menschen konnten uns außerdem mit zwanzig Euro hundert Pflastersteine für die Kinderdorfstraße spenden oder dreißig Euro für einen Meter Mauer bezahlen. Selbst ein paar Milchkühe bekamen wir auf diese Weise über private Spender finanziert.

Im Saal war es plötzlich ganz still geworden. Man merkte den Besuchern die Überraschung über eine derart außergewöhnliche Idee an. Mir war richtig mulmig zumute. Schließlich hatte ich mir diese Tour ja selbst erst vor einer Woche zusammengesponnen. Ich wusste, dass es jetzt kein Zurück mehr gab. Denn wenn ich erst einmal etwas anfing, dann brachte ich es auch zu Ende – egal wie viele Schwierigkeiten mir auf dem Weg begegnen würden. Genauso war es auch damals vor fünf Jahren gewesen, als ich spontan verkündete, ein Kinderpflegeheim in Indien zu gründen. Zu dem Zeitpunkt wusste ich zwar noch nicht, wie ich das um alles in der Welt angehen sollte, aber das Einzige, was ich brauchte, war die Entscheidung dazu.

Barbara, eine Österreicherin, die meine Vorträge schon seit der Veröffentlichung meines ersten Buches *Sternendiebe* verfolgte, war die Erste, die sich traute, Fragen zu stellen.

»Die Idee ist wirklich spitze! Wie können wir dir dabei helfen, dass es klappt mit der Tour?«

»Wenn wir einen Sponsor finden, der den Wohnwagen für mich kaufen würde, dann könnte ich ihn am Ende der Tour wieder verkaufen und den Erlös als Spende für unsere Projekte verwenden«, schlug ich vor.

Nun meldete sich Simone, die ich bei ihrem Besuch in unserem Kinderpflegeheim in Indien vor Jahren kennengelernt hatte und deren Sohn mit seinen fast vier Jahren gleich alt war wie Julie. »Mit wem willst du denn die Tour machen? Wer wird mit dabei sein?«

»Nur Julie und ich. Juma passt leider nicht mehr mit rein in den kleinen Wohnwagen«, antwortete ich ihr mit einem Augenzwinkern. Simone wusste schließlich, dass aus meiner Liebe zu Juma mittlerweile Freundschaft geworden war und seither nur noch Julie an meiner Seite schlief. Das Ende unserer Beziehung war zwar noch nicht direkt ausgesprochen, aber eine Fortsetzung konnte ich mir dennoch nicht vorstellen.

»Alle Achtung, das ist aber echt mutig, so allein mit Julie im Wohnwagen durch Europa zu ziehen«, meinte Simone.

»Mittlerweile kann mich nichts mehr erschrecken, nach so vielen Jahren in Afrika«, antwortete ich und lachte dabei heiter auf.

Im Laufe der Gesprächsrunde wurde ich immer entspannter, denn ich spürte deutlich das ernste Interesse der Leute, die mir alle wohlgesinnt schienen.

»Welche Länder wollt ihr denn bereisen?«, wollte eine Dame wissen, die ich bis dahin noch nicht kannte.

»Von Deutschland aus soll es in die Schweiz gehen, dann

nach Liechtenstein, Österreich und schließlich noch nach Ungarn. Wir haben zehn Wochen Zeit dazu, aber dann müssen wir zurück nach Tansania«, erläuterte ich ihr die geplante Route.

Unter den Anwesenden war auch Hartmut, der von Freunden nur Hatzi genannt wurde. Meine Freundin Nina, die ich kenne, seit wir als Achtjährige Trommelflöte in der Stadtjugendkapelle gespielt hatten, hatte ihren Bekannten Hatzi letztes Jahr bei einem ihrer Besuche in Schwäbisch Gmünd mitgebracht und ihn mir vorgestellt. Wir hatten alle zusammen einen netten Abend in einer Gaststätte verbracht. Später hatte Hatzi sogar noch einen Vortrag für mich in einer kleinen Gemeinde organisieren können, aber das waren dann auch schon die einzigen Male, die wir uns bisher begegnet waren. Man kann sagen, wir kannten uns insgesamt betrachtet nur wenige Stunden.

Ausgerechnet Hatzi hatte uns jetzt aber kurz entschlossen etwas wirklich Unglaubliches mitzuteilen. Er drehte sich zu den Besuchern in den Raum und sagte: »Hey, Leute, wisst ihr was? Ich hatte selbst auch schon einmal so einen Eriba-Puck-Wohnwagen, den ich restauriert und dann wieder verkauft habe. Ich finde die Idee toll und werde mir einfach noch einmal einen anschaffen und ihn Nicole nächstes Jahr für ihre Tour kostenlos zur Verfügung stellen!«

Ich glaubte zu träumen. Das war ja wirklich der Wahnsinn! Alle anderen waren ebenfalls hellauf begeistert, und es brach eine freudige Stimmung aus. Besser hätte es ja gar nicht kommen können! Hatzis Entschluss verlieh meiner geplanten Tour mit einem Mal den notwendigen Segen. Jetzt war es nicht mehr nur eine Spinnerei von mir, jetzt war es im Nu zu einem gemeinsamen Projekt geworden, an dem sich auch noch andere beteiligen wollten.

So fügte Walter Wentenschuh, ein Künstler, Autor und Designer, euphorisch hinzu, dass er sich dann gerne um die Beklebung des Pucks kümmern werde. Und ehe ich mich versah, hatte ich über meine Bekannten Birgit und Thomas, die uns kürzlich im Kinderdorf in Tansania besucht und sogar den Kilimandscharo bestiegen hatten, einen kostenlosen Stellplatz in ihrer leer stehenden Hallengarage sowohl für meinen Mini als auch den zukünftigen Wohnwagen zugesprochen bekommen. Ich wusste gar nicht, wie ich allen danken sollte. Das war wohl das Schönste daran, wenn man einen gemeinnützigen Verein leitete: dass man netten Menschen begegnete, die allesamt äußerst hilfsbereit waren.

Nach dem Bergwochenende war es auch meiner Mutter klar geworden, dass ich wieder einmal mein Ziel erreicht hatte. Auch wenn ihr gar nicht wohl bei dem Gedanken an die Tour war, musste sie erneut einsehen, dass mich nichts von meinen Träumen abhalten konnte. Sie hatte schon lange akzeptieren müssen, dass ich mich gegen ein geregeltes Leben in Deutschland entschieden hatte. Für sie war es zwar nie einfach gewesen, wenn ich sie immer wieder mit neuen aufregenden Plänen im Ausland überraschte, allerdings freute sie sich auch hinterher immer über meinen Erfolg.

Auch Juma legte mir, was meine Lebensplanung betraf, grundsätzlich nie Steine in den Weg und ließ mich mit Julie einfach machen. Doch auch er war recht verblüfft darüber, wie sich nun alles wie von selbst zusammengefügt hatte, sodass die Fundraising-Tour nun tatsächlich nächstes Jahr stattfinden würde. Dass jemand dazu bereit war, extra einen Wohnwagen dafür zu kaufen, war für ihn unfassbar.

Noch ahnte ich ja nicht, welche massiven Hindernisse mich später noch erwarten würden. Bis dahin konnte ich allerdings nichts anderes tun, als in Tansania aus der Ferne so manches bezüglich der Tour weiterzuplanen und bis zum Sommer abzuwarten. Ich freute mich unheimlich auf die gemeinsame intensive Zeit mit meiner Tochter – nur sie und ich, ohne Stress und ohne Ablenkung durch andere. Mit ihr zusammen Abenteuer erleben, die intensive Verbundenheit spüren, die Welt mit Kinderaugen sehen und das Gefühl der Freiheit genießen – für mich konnte es nichts Schöneres geben. Julie war das Herz meines Lebens.

2.

Um an die Quelle zu gelangen,
muss man gegen den Strom schwimmen.
Konfuzius

Es passierte morgens um fünf auf einem Rastplatz des Pacific Highway im Bundesstaat New South Wales. Schon seit fünf Monaten war ich mit Juma in einem gekauften alten Van durch Australien gereist, doch jetzt, nach einer ruhigen Nacht unter sternenklarem Himmel, setzten auf einmal die Wehen ein. Gerade erst hatten wir über Weihnachten und Neujahr einige Tage Housesitting in einer Villa mit prächtigem tropischem Garten hinter uns und wollten in Byron Bay, einer alternativen Hippiekleinstadt, bis zur Geburt die restliche Zeit am Strand verbringen. Doch Julie hatte es wohl nun eilig und wollte schon elf Tage vor Geburtstermin das Licht der Welt erblicken. Wie jede Nacht hatten wir in unserem Van hinten auf der Matratze übernachtet, damit wir kein Geld für Campingplätze im teuren Australien ausgeben mussten. Auch unsere Lebensmittel trugen wir stets bei uns, denn auf einem kleinen Gaskocher im hinteren Bereich des Wagens konnten wir bei offener Hecktür unser Essen selbst zubereiten.

Auf dem Rastplatz gab es außer einem Häuschen mit einer Biotoilette, zwei Picknicktischen und noch einem anderen Campingbus mit Backpackern, die noch in den Federn lagen, nichts und niemanden. Während unserer langen Reise in Down Under hatte ich viele Gelegenheiten gehabt, mich ausgiebig mit meiner Schwangerschaft zu beschäftigen und mich in alle möglichen Themen, die damit verbunden waren, einzulesen. Als Erstgebärende mit »mobilem Zuhause« und einem Partner, der keinen Führerschein besaß, hatte ich so unter anderem in einem Mutter-und-Kind-Forum nach dem wichtigen Hinweis gesucht, ob man mit Wehen denn noch Auto fahren konnte. Ich stieß zwar auf geteilte Meinungen, aber entschied für mich, dass es wohl zu Beginn noch machbar war. Und so versetzte mich das leichte Ziehen, das in längeren Abständen auftrat, auch nicht in Panik. Ich beschloss, Juma einfach noch ein wenig weiterschlafen zu lassen.

Für mich war schon vor meiner Schwangerschaft klar gewesen, dass ich mein Kind in Australien bekommen wollte. Wie und wo genau, das stand anfangs noch nicht fest, aber sicher war, dass ich nicht den normalen Weg in Deutschland nehmen wollte. Ich erinnerte mich noch gut an das kühle Arbeitsklima, das ich antraf, als ich nach dem Abitur ein Praktikum in einem Kreißsaal und eines auf einer Krankenstation gemacht hatte. Es war ein ständiger Wechsel an betreuendem Personal gewesen, und leider konnte man auch nicht jeden als einfühlsam oder freundlich bezeichnen. Manche waren wohl schon so genervt von dem schlecht geregelten Gesundheitssystem und der Überbelastung, dass sie es letztendlich am Patienten ausließen.

Mir war zwar klar, dass das nicht auf alle medizinischen Einrichtungen in Deutschland zutraf, doch diese negativen Eindrücke blieben hängen. Auch lebte ich schon so lange nicht mehr in Deutschland, dass ich mir nicht vorstellen konnte, nur wegen der Schwangerschaft zurückzugehen, um dort mehrere Monate ausgefüllt mit diversen Voruntersuchungen zu verbringen. Ich wollte etwas Neues kennenlernen, etwas Außergewöhnliches und Alternatives in der Fremde, im Vertrauen darauf, dass sich schon alles ergeben würde.

Nachdem ich mit Anfang dreißig mein Kinderpflegeheim in Delhi erfolgreich aufgebaut und insgesamt anderthalb Jahre lang geleitet hatte, fand ich eine deutsche Krankenschwester, die die Leitung für mich fortsetzen wollte.

Eine indische Multimetropole mit neunzehn Millionen Einwohnern war auf Dauer sehr anstrengend, und so war es für mich der richtige Zeitpunkt gewesen, um eine Reise nach Australien zu planen. Vor zehn Jahren hatte sich nämlich genau dort mein Leben komplett verändert. Ein halbes Jahr als Backpacker hatte damals ausgereicht, um offen für die Welt zu werden und mein Interesse an anderen fernen Ländern zu wecken. Ich war mit einem Mal neugierig auf andere Kulturen geworden und schmiss alle vorherigen Ängste über Bord. Von da an sammelte ich in Tansania und Indien wichtige Lebenserfahrungen, lernte die Freude und das Leid der Einheimischen kennen und versuchte zu helfen, wo es nur ging. Nun würde es eine Art Jubiläumsreise werden, die ich mir gönnen wollte, um zu reflektieren und neue Energien zu tanken.

Ich war selbst überrascht, dass sich wie so oft alles wieder nach meinen Vorstellungen entwickelte. Der Schwangerschaftstest, den ich mir in Delhi aus einer kleinen Apotheke besorgt hatte, war tatsächlich positiv! Ich konnte mein Glück kaum fassen, als ich zwei pinkfarbene Striche auf dem Stäbchen sah, die mir versprachen, dass in mir ein Baby heranwuchs. Auch war es gerade noch rechtzeitig, denn im Juli sollte schließlich schon unser Flug nach Brisbane gehen. Bis dahin musste ich noch nahezu zwei Monate bangen. Überall las man schließlich, dass der Embryo in dieser ersten Zeit häufig abgestoßen wurde. Für eine werdende Mutter eine recht nervenaufreibende Zeit, wo man doch schon jetzt voller Freude

Woche für Woche die großen Entwicklungsfortschritte anhand von Schwangerschaftskalendern im Internet mitverfolgen konnte.

Für Juma war die Vorstellung, Vater zu werden, wohl noch zu abstrakt. Ich weiß nicht, wie viel Glauben er einem sich färbenden Papierstreifen schenkte. Vielleicht hatte er vorher in Afrika noch nicht einmal von so etwas gehört. Eine Schwangerschaft war in Tansania schon nahezu ein Tabuthema. Niemand würde dort einer Hochschwangeren zum runden Bauch und zur bevorstehenden Geburt gratulieren. Man tat einfach so, als bemerke man die Schwangerschaft nicht. Schließlich war dort die Gefahr auch recht hoch, dass aufgrund der mangelhaften Zustände in Krankenhäusern selbst ein vollkommen gesundes Kind während der Geburt versterben konnte.

Für mich wurde es fortan zu einer neuen Leidenschaft, mich mit dem Wachstum dieses kleinen Wunschkindes zu beschäftigen. Ich konnte es kaum erwarten, in der neunten Schwangerschaftswoche in einer indischen Privatklinik mein erstes Ultraschallbild machen zu lassen. Es war der Zeitpunkt, wo aus dem Embryo ein Fötus wird und man zum ersten Mal die pochenden Herztöne seines Kindes zu hören bekam. Wie faszinierend die Vorstellung war, dass in meinem Bauch ein winziger Mensch von der Größe einer Euromünze bereits Purzelbäume schlug! Das Ultraschallbild konnte besser nicht sein. Ich erkannte einen rundlichen Kopf mit kleinen dunklen Augenschlitzen, ein Baby, das wie in einer Wiege in der Fruchtblase lag. Ich freute mich so sehr über dieses ganz besondere Geschenk des Lebens und war schon neugierig auf die nächsten Entwicklungsschritte.

Viele indische Privatkrankenhäuser haben einen ausgezeichneten Qualitätsstandard. Ich schätzte es, dass man hier anders als in Deutschland auch ohne Termin nahezu jeden

Arzt und Spezialisten noch am selben Tag zu Gesicht bekam. Professionelle Ärzte gibt es in Indien wie Sand am Meer, und dazu sind die Preise gut bezahlbar. Die Gynäkologin machte schließlich die typischen ersten Tests mit mir, und die Ergebnisse konnte ich schon eine Stunde später abholen. Sie versicherte mir anschließend, dass ich mir keine Sorgen zu machen brauchte, alles schien mit meiner Schwangerschaft in bester Ordnung zu sein.

Anfang Juli landeten wir nach einem siebzehnstündigen Flug in Brisbane. Mitten im australischen Winter, der zum Glück mit subtropischen Tagestemperaturen um die zwanzig Grad recht milde ausfiel. Anders als im stark versmogten Delhi war hier die Luft klar und der Himmel nicht grau, sondern strahlend blau.

Gleich in der ersten Woche konnten wir über eine Online-Anzeige einen umgebauten gebrauchten Mitsubishi-Van mit Schlafgelegenheit für dreitausend Australische Dollar ergattern, den wir ein halbes Jahr später am Ende unserer Reise wieder verkaufen würden. Denn eigentlich hatten wir kaum Geld zum Reisen. Selbst ein Backpackerhostel wäre schon zu teuer für unser Budget gewesen, und so hatten wir in den ersten Tagen einfach Couchsurfing gemacht. Direkt vom Flughafen war es zu Janie gegangen, einer netten Russin mit fünfjährigem Sohn, die uns bereitwillig ihr Sofa angeboten und uns den Schlüssel ihres Apartments nahe dem Zentrum von Brisbane in die Hand gedrückt hatte.

Die Plattform Couchsurfing begeisterte mich. Man konnte dort vollkommen unkompliziert nette Menschen treffen, die einem einen Platz bei sich anboten, und das auch noch ohne eine direkte Gegenleistung zu erwarten. Janie selbst hatte schon alle Kontinente der Welt bereist, und es waren sicher nicht mehr viele Länder übrig, die sie noch nicht besucht hatte. Für sie war Couchsurfing schon seit Jahren eine große Leidenschaft, durch die sie schließlich in anderen Ländern ebenfalls interessante Menschen mit kostenlosen Unterkünften kennenlernen konnte. Es ging dabei nicht einmal nur um die Übernachtung selbst, sondern um den gegenseitigen Erfahrungsaustausch, sowohl kulturell als auch persönlich. Manch einer würde wohl einwenden, dass man auch hereinfallen konnte, wenn man sich auf einen wildfremden Menschen einlässt. Aber schließlich konnte man sich ja auch die Referenzen auf den Profilen anschauen, die verrieten, ob der Gastgeber oder auch der Couchsurfer positive Eindrücke hinterlassen hatte oder nicht.

Nachdem Janie uns das Eingewöhnen dermaßen erleichtert hatte, konnte ich mich auch schon bald auf die Suche nach einem Radiologiezentrum machen. Ich war nun schon in der dreizehnten Schwangerschaftswoche und hoffte inständig, dass die Reise keine Auswirkungen auf das Ungeborene gehabt hatte. Die ersten drei kritischen Monate waren immerhin schon vorbei, und auch die indische Gynäkologin hatte mir vorab versichert, dass es keine Probleme mit dem langen Flug geben sollte. Und so war es auch. Mithilfe eines Hinweises vom Touristenbüro konnte ich in der Stadtmitte von Brisbane ein Radiologiezentrum ausfindig machen, wo man mir auch sofort behilflich sein konnte. Wie auf den Ultraschallbildern zu erkennen war, gedieh das kleine Schokobaby in mir prächtig! Noch würde es eine Weile dauern, bis wir wissen konnten, ob es ein Mädchen oder ein Junge sein würde, doch dass Juma dem Baby etwas von seiner dunklen afrikanischen Farbe mitgegeben hatte, war recht wahrscheinlich. Und so bekam es von uns einfach den Kosenamen »Chocolate Baby«.

Es war nun auch der richtige Zeitpunkt, meiner Mutter zu

schreiben, dass sie in wenigen Monaten Oma werden würde. Ich liebte es, Menschen mit außergewöhnlichen Neuigkeiten spontan positiv zu überraschen. Meine Mutter konnte davon sicher bereits ein Lied singen, war aber trotzdem, um es milde auszudrücken, in den ersten Momenten meist ein wenig überrumpelt ... So auch dieses Mal, wo sie mir fassungslos zurückschrieb, dass sie immer gedacht habe, ich wolle keine eigenen Kinder haben. Auch all ihre Kollegen wüssten doch, dass sie bei ihrer Nicole nicht auf Nachwuchs zu hoffen brauchte.

Sicher strömten ihr nun tausend Gedanken durch den Kopf, wie ich im weit entfernten Australien bloß ein Kind bekommen konnte, wo ich dort doch niemanden kannte. Zugegeben, ich wusste ja selbst noch nicht, wo unser Baby auf die Welt kommen würde, denn in einem Krankenhaus in Brisbane sagte man mir, dass man nur mit einem festen Wohnsitz in das Schwangerschaftsprogramm aufgenommen werden konnte. Für einen umherreisenden Nomaden wie mich hatten sie keine Lösung parat. Aber es war ja auch noch ein wenig Zeit bis zur Geburt. Ein englisches Sprichwort lautete: »Worry is the misuse of imagination!« – wozu sich Sorgen machen, wenn wir stattdessen mit unserer Vorstellungskraft das Leben so gestalten konnten, wie wir wollten!

Auch bei meiner Mutter wandelten sich die Bedenken natürlich schnell in eine immense Vorfreude auf ihr erstes Enkelchen um.

Nach einer netten Woche bei Janie, in der sie uns abends stets ein köstliches Essen herbeigezaubert und uns einmal sogar mit einem kostenlosen Schiffstaxi Brisbanes Skyline bei Nacht gezeigt hatte, stiegen wir in unseren frisch erworbenen Van, um entlang der Sunshine Coast in den wärmeren Norden zu fahren. Kuschelig warm konnte man nämlich die Nächte im Auto trotz Schlafsack nicht gerade nennen. Auch im sonnenverwöhnten Australien konnte man in den Wintermonaten frieren.

Es bot sich schließlich ein vierwöchiger Zwischenstopp auf einer Hühnerfarm nahe der verschlafenen Kleinstadt Childers in Queensland an. Über das WWOOF(World-Wide Opportunities on Organic Farms)-Programm hatten wir dort einen Farmer ausfindig gemacht, der gegen freie Kost und Logis täglich Unterstützung beim Einsammeln und Verpacken von zweitausend Eiern seiner Freilandhühner brauchte. Für ihn bedeutete der Austausch günstige Arbeitskräfte – brauchte er doch nur den Kühlschrank für uns »WWOOFer« zu füllen und uns einen Platz zum Schlafen bereitzustellen –, während wir uns hingegen über neue Erfahrungen, ein gemütliches warmes Bett und interessante Bekanntschaften aus der ganzen Welt freuen durften.

Die Akkordarbeit war auch im vierten Monat der Schwangerschaft gut zu bewältigen, und das Kleine in mir hatte großes Glück, in diesem Stadium noch nichts hören zu können. Es gab sicher schönere Klänge als das wilde Gegackere von Tausenden von Hühnern … Obwohl sie auf der Farm frei laufend waren und rund um die Uhr Zugang zu Futter hatten, war es ein Gezanke und Geraufe. Ließ man ein Ei fallen, stürzten sich alle wie wild auf den Dotter. Und wehe, ein Huhn war verletzt und blutete, dann verwandelten sich die bösen Starken in Kannibalen und hackten es zu Tode. Hühner waren wohl einfach nicht dafür geschaffen, mit zu vielen Artgenossen zusammenzuleben. Aber etwas dankbarer und netter zueinander hätten sie vielleicht dennoch sein können.

Die kommenden Monate vergingen wie im Fluge. Es war eine abwechslungsreiche Zeit, in der wir unterwegs immer wieder neue Reisebekanntschaften machten, die schönsten Strände Australiens besuchten und hier und da auf einer Farm mit anpackten. In Bundaberg – dem südlichen Tor zum Great Barrier Reef – eröffnete mir schließlich ein Radiologe, dass unser Baby wohl mit an Sicherheit grenzender Wahrscheinlichkeit ein Mädchen sein würde – meine kleine Julie, deren Namen ich damals in Madagaskar schon in den Sand geschrieben hatte!

Bereits auf dem Monitor mit den 3-D-Ultraschallbildern konnte ich ihre wunderschöne runde Stirnform und eine leicht afrikanisch angehauchte Nasenform erkennen, während sie ihre zusammengefalteten Hände immer wieder vor ihr niedliches Gesicht schob. Ich liebte dieses kleine Wesen schon jetzt unbeschreiblich und blickte voller Freude der immer näher rückenden Geburt entgegen. Sorgen machte ich mir keine. Zum einen ging es mir bis auf gelegentliches Sodbrennen richtig gut, und zum anderen konnte ich durch das Reisen in einem fernen Land vollkommen unbelastet bezüglich der Geburt sein. Ich konnte mich auf mich selbst und das Ungeborene konzentrieren, ohne durch andere beeinflusst zu werden oder Horrorgeschichten von denen zu hören, bei denen die Geburt vielleicht anders verlaufen war als erwartet. Es gab niemanden, der mir sagte, was als Nächstes zu tun war, und trotzdem ergab sich alles wie von selbst.

Auf unserem Weg in Richtung Süden fand sich beispielsweise spontan Julies zukünftiger Geburtsort. Für jeden Camper war das umfangreiche Spiralbuch *Camps Australia Wide* unverzichtbar, zeigte es einem doch viele kostenlose Rastplätze und Übernachtungsmöglichkeiten an. Unter den Auflistungen im Raum Byron Bay stieß ich auf einmal auf den Ort Mullumbimby und musste sogleich lachen. Was für ein netter Name das doch war! Zu dem Zeitpunkt ahnte ich jedoch noch nicht, dass ich genau dort eine Hebamme finden würde, die dazu bereit war, mich anzunehmen. Vielmehr war mein

Plan bis dahin gewesen, mich im Krankenhaus von Byron Bay über deren Geburtsmöglichkeiten zu erkundigen.

In Byron Bay war immer etwas los. Das lebhafte Fünftausend-Einwohner-Städtchen am Pazifik lockte ein interessantes Publikum aus der ganzen Welt an. Unter ihnen Backpacker, Surfer, Künstler, Aussteiger, Weltenbummler und alternative Familien. Neben Sonne, Strand und Meer war es das bunte Flair der Kleinstadt, das begeisterte. Man konnte anderen beim Surfen und Kajakfahren zusehen, Luftballons aufsteigen lassen oder sich mitten auf die Wiesen setzen und Capoeira- oder Feuertänzern zuschauen. Nur einen Sprung weiter fand man sich im fruchtbaren Hinterland mit subtropischen Regenwäldern, üppigsten Obstplantagen und dicht bewachsenen Bergen wieder.

Genau in dieses bezaubernde Hinterland wurden wir schließlich von der Rezeptionistin des Byron Bay Hospital geschickt. Sie gab mir den Tipp, es im zwanzig Kilometer entfernten Geburtshaus in Mullumbimby bei einer der Hebammen zu versuchen. So fuhren wir also vorbei an Macadamiabäumen durch malerische Täler, bis sich vor uns am Ende der kerzengeraden schmalen Straße der Lavahügel Mount Chincogan erhob, der dem Ort Mullumbimby seinen netten Namen verlieh. In der Sprache der Aborigines bedeutet Mullumbimby nämlich »kleiner runder Hügel«.

Dort, am Fuße des Mount Chincogan, hatten sich in den Siebzigerjahren Hippies, Lebenskünstler und Aussteiger angesiedelt und so den inspirierenden Ort zu einem der wichtigsten Zentren für alternativen Lebensstil in Australien gemacht. Auch jede Menge Naturheiler und andere Gesundheitsspezialisten, die jede noch so exotische und obskure Behandlung anboten, konnte man hier ohne Weiteres finden.

Damit man diesen besonderen Ort auch ja nicht übersehen

konnte, prangte an der letzten Straßenkreuzung ein mächtiges Willkommensschild, bestehend aus drei übereinandergeordneten Baumbrettern. Mit dem Slogan »The Gateway to Mullumbimby. The Biggest Little Town in Australia« zog es einen wie ein Magnet in die richtige Richtung. Im Ort angekommen, zeugte dann bereits am ersten Kreisverkehr ein alter, mit vielfarbigen Strickereien bekleideter Feigenbaum davon, dass es sich hier wirklich um eine alternative Gemeinde handelte.

Genauso entspannt wie die Einheimischen in Mullumbimby war auch Maureen. Sie empfing mich als Seniorhebamme im Geburtshaus, das in einem Flügel des ortsansässigen Gesundheitszentrums untergebracht war. Im Nu war vereinbart, dass Maureen meine persönliche Hebamme sein würde. Ein Bogen wurde ausgefüllt und der Ablauf erklärt. Ab vier Wochen vor der Geburt solle ich wöchentlich bei ihr vorbeischauen. Schmerzstillende Medikamente oder Kaiserschnitt würde es nicht geben, da sie hier im Geburtshaus natürliche Geburten ermöglichen wollten.

Wenn diese ältere Hebamme mir das mit all ihrer Berufserfahrung so sagte, dann war das wie selbstverständlich auch das Richtige für mich. Bis es so weit war, konnten wir nun beruhigt weiterreisen, uns Sydney, Adelaide und die Great Ocean Road ansehen und unterwegs die ersten Besorgungen fürs Kind machen.

Außerdem mussten wir nach Ablauf unseres Dreimonatsvisums aufgrund der australischen Bestimmungen einmal aus- und wieder einreisen. Doch davor sollte uns das rätselhafte Verschwinden unserer Pässe noch einige Nerven kosten, denn von einem Tag auf den anderen waren beide Pässe plötzlich nicht mehr aufzufinden. Wohl der Albtraum eines jeden Reisenden … Wir informierten sogleich die Einwanderungsbehörde in Sydney, doch die nette Dame dort meinte, dass sie unseren Fall erst behandeln konnte, wenn das Visum schon abgelaufen war.

Das Rätsel wurde gelöst, als ich wenige Tage später mit dem Auto etwas ruckartig auf einen Bordstein fuhr und wie von Geisterhand beide Pässe auf den Boden des Beifahrersitzes plumpsten. Anscheinend waren sie, anstatt im Handschuhfach zu landen, in einen Zwischenspalt geraten und dort die ganze Zeit über festgeklemmt gewesen. Freudig gingen wir mit den wiedergefundenen Ausweisen zurück zur Einwanderungsbehörde, nur um dort von einem äußerst unfreundlichen Immigration Officer knallhart ins Gesicht gesagt zu bekommen, dass unser Multiple Entry Visum wegen zu später Ausreise unwiderruflich verfallen war.

Die Bürokratie konnte einen wirklich wahnsinnig machen. Ich als Deutsche konnte zwar nach der Ausreise problemlos online ein neues kostenloses Dreimonatsvisum beantragen, doch in Jumas Fall als Tansanier war es von Anfang an nur mit Komplikationen verbunden gewesen. So hatte die Botschaft ihm damals nicht gestattet, sechs Monate am Stück im Land zu bleiben, sodass wir einen äußerst günstigen Flug auf die nahe gelegenen Fidschi-Inseln gebucht hatten. Und jetzt meinten sie bei der hiesigen Einwanderungsbehörde, nicht garantieren zu können, dass Jumas schriftlicher Zweitantrag auf Fidschi überhaupt genehmigt werden würde.

Auch wenn ich in der Regel bei schlechten Nachrichten eher ruhig blieb, kochte ich nun vor Wut. Was, wenn die australische Botschaft in Fidschi ablehnen würde? Ich musste doch in jedem Fall zurück nach Australien, um unseren Van zu verkaufen. Und auf Fidschi wollte ich schließlich auch nicht gebären, geschweige denn mit Juma und dem Baby im Bauch zurück nach Deutschland fliegen. Es war zum Verzweifeln.

Letztendlich blieb uns nichts anderes übrig, als den bereits gebuchten Flug nach Fidschi zu nehmen und zu hoffen, dass wir in fünf Wochen wieder zurückkommen konnten. So lange würde zum einen die Bearbeitungszeit des Visumsantrags dauern, und zum anderen mussten wir ein wenig Zeit schinden, damit ich nach der Geburt noch etwas Spielraum in Australien haben würde und wir nicht gleich mit dem Frischgeborenen wieder ausreisen müssten. Manchmal konnten die Dinge in der Tat kompliziert sein. Aber sah man es positiv, dann waren es einfach Herausforderungen, für die man schlaue Lösungen finden musste. Wie eine Art Training für den Kopf, um fit zu bleiben, oder damit es einem nicht langweilig wurde.

Nach einem vierstündigen Flug landeten wir im Südpazifik auf Viti Levu, der größten der über dreihundert Fidschi-Inseln. Auf weiße Strände und türkisblaues Wasser, wie man es aus Reisekatalogen kannte, trafen wir hier zwar zunächst nicht, aber wichtiger als touristische Highlights war uns eine kostengünstige Unterkunft. Diese fanden wir im Bamboo Backpackers in der Nähe von Nadis Flughafen, nur eine Gehminute vom melodisch klingenden Strand Wailoaloa Beach entfernt. Inmitten von Palmen, Farnen und Orchideen, mit traditionell fidschianischer Küche und kostenlosem WLAN bot die Unterkunft mehr, als das Herz eines Reisenden begehrt. Die Wände waren teilweise aus Bambus, und man lief barfuß über den sandigen warmen Boden.

Der Traumurlaub in der Südsee musste kein Vermögen kosten. Für nur fünf Euro die Nacht schliefen wir gerne mit anderen Rucksacktouristen in einem gepflegten Achtbettzimmer. Vom Zimmer aus blickte man auf eine traditionelle Strohüberdachung, unter der Hängematten baumelten und wo immer wieder gemeinsam mit den Einheimischen Kava, ein Geselligkeitsgetränk aus der Wurzel eines Pfefferstrauchs, getrunken wurde. Das Bett eines jeden Neuankömmlings wurde zur Begrüßung mit einer frisch duftenden Frangipaniblüte in schönster Farbe verziert. Zur Unterhaltung gab es allabendlich fidschianische Livemusik, und an den Wochenenden führten ein paar durchtrainierte Fidschianer mit nacktem Oberkörper sogar Fackelakrobatik in Anlehnung an den hiesigen rituellen Feuertanz vor.

Hier auf Fidschi ließ es sich im siebten Monat schwanger in der Tat gut aushalten. Morgens zum Frühstück pflückte ich meist eine reife Mango vom voll behangenen Baum, um sie in der Gemeinschaftsküche als Beilage für unsere selbst gemachten Pfannkuchen aufzuschneiden. Die Preise im nahe gelegenen Supermarkt waren aufgrund der vielen importierten Waren zwar verhältnismäßig hoch, aber der durchschnittliche Lebensstandard der Fidschianer erinnerte mich deutlich an den in Tansania.

Wo den Menschen wenig Geld zur Verfügung steht, findet man meist einen Weg, um selbst ebenfalls kostengünstig über die Runden zu kommen. So war es auch hier: Man brauchte sich einfach nur den Einheimischen anzupassen, anstatt den touristischen Weg zu nehmen. In der Stadt konnte ich mich sogar mit so manchem auf Hindi unterhalten, was ich während des Aufbaus meines Kinderpflegeheims in Delhi im Alltag gelernt hatte. Die Vorfahren einer Minderheit der Bevölkerung waren nämlich zu britischen Kolonialzeiten vom weit entfernten Indien nach Fidschi geholt worden. Mittlerweile haben ihre Nachkommen jedoch über die Generationen hinweg einen eigenen Dialekt entwickelt.

Auch das private Labor in der Innenstadt, das ich für einen erforderlichen Schwangerschaftsdiabetes-Test ausfindig machen konnte, wurde von indischstämmigen Fidschianern geleitet. Ich war froh, den Test dort machen zu können, denn der Besuch des ortsansässigen staatlichen Krankenhauses hatte mich sehr an die katastrophalen und unhygienischen Bedingungen erinnert, wie ich sie von Tansania her kannte.

Nach fünf entspannenden Wochen auf Fidschi hatte Juma nun doch sein neues Visum in der Tasche, und wir konnten wieder zurück nach Sydney fliegen. Ich hatte Glück, dass ich selbst im achten Monat nicht wie eine Walze daherkam. Mit einem weiten Sweatshirt war es mir immer noch möglich, meine Schwangerschaft für die Immigrationsbeamten am Flughafen zu verdecken. Australien hatte sehr strenge Regeln. Das merkte man schon daran, dass alle Wartenden und das ganze Gepäck von Spürhunden abgecheckt wurden. Das kannte ich bisher von noch keinem Land. Sicher hätten sie auch Einwände gehabt, hätten sie gewusst, dass ich mit einem Touristenvisum ohne die landesübliche Medicare-Krankenversicherung zum Gebären ins Land einreisen wollte.

Versichert war ich natürlich dennoch, und zwar über eine private Langzeitauslandskrankenversicherung aus Deutschland. Die wenigsten dieser Art schlossen zwar Schwangerschaften mit ein, meine allerdings schon, sofern man nicht gleich im ersten Versicherungsmonat schwanger geworden war. Mit einem monatlichen Beitrag von nur dreißig Euro war das weitaus günstiger als der Mindestbeitrag, den ich in Deutschland hätte zahlen müssen.

Ein weiterer Vorteil war, dass ich mir die Krankenhäuser für die Behandlung und Tests selbst aussuchen konnte und somit wie damals in Indien auf die besseren privaten uneingeschränkt zurückgreifen konnte. Etwas unpraktisch war allerdings, dass ich das Geld zunächst selber auslegen musste und sich das Zurückfordern über ein paar Wochen hinziehen konnte.

Unseren Van hatten wir die ganze Zeit über im Hintergarten von Bekannten unserer Bekannten unterstellen können. Also sozusagen bei für uns wildfremden Australiern. Nun übergaben sie ihn uns wieder, ohne eine Gegenleistung zu erwarten. Das war es, was ich unter anderem am Reisen so liebte. Dass sich manche Dinge so spontan und unkompliziert ergeben konnten und sich in der Regel immer eine Lösung und Hilfe auftat.

Das betraf beispielsweise auch die Frage, wie wir die letzten Wochen vor der Geburt verbringen würden. Wenn unsere Julie es nicht eilig haben sollte, könnte es ein voller Monat sein, den wir nahe Mullumbimby verbringen müssten. Also suchte ich in meinem WWOOF-Buch nach Anzeigen aus Mullumbimby und stieß auf eine deutsche Ärztin, die für ihren tropischen Garten Unterstützung gebrauchen konnte. Annette sagte spontan zu und stellte uns das Zimmer ihres erwachsenen Sohnes zur Verfügung, der schon ausgezogen war. Sie selbst war vor zwanzig Jahren nach Australien ausgewandert und lebte nun mit einem Maori aus Neuseeland zusammen. Das Schicksal wollte es wohl, dass ihre malaysische Untermieterin Salomé Hebammenstudentin war, und so freuten sich beide von Anfang an auf meine bevorstehende Geburt. Auch nahm es mir Annette nicht übel, dass ich ihr mit dem nun immer schneller wachsenden Bauch außer ein paar häuslichen Tätigkeiten kaum Arbeit abnehmen konnte. Juma übernahm dafür das Rasenmähen, Unkrautjäten und die Pflege des Teichs als Ausgleich für die kostenlose Unterkunft und Verpflegung.

Annette liebte es, abends die Gitarre hervorzuholen, mit ihrem Partner Lieder zu singen oder auf dem Piano zu spielen. Das zweistöckige Traumhaus mit weißer Holzverkleidung und einem großen Balkon mit Blick auf den prachtvollen Garten hatten die beiden vor Jahren selbst gebaut. Annette lebte ihren australischen Traum mit Leib und Seele. Sie war eine hochgewachsene Frau mit brauner Lockenmähne, die anpacken konnte und in der alternativen Gemeinde von Mullumbimby ihren festen Platz gefunden hatte.

Später vermittelte Annette uns noch an ihre Freunde, die über die Weihnachtsferien verreisen wollten. So wurde uns von ihnen eine ganze Villa mit riesigem Garten anvertraut. Zum einen, damit das Haus aus Sicherheitsgründen nicht unbewohnt war, zum anderen, damit die Blumen gegossen wurden. Housesitting war in der Tat auch noch eine weitere Möglichkeit, wie man das Reisen und Geldsparen miteinander verbinden konnte. Nicht nur wir fühlten uns hier wohl, auch ein Koalabär blickte ab und zu von einem Eukalyptusbaum mampfend zu unserem Balkon herüber.

Am letzten Tag, bevor das Ehepaar wieder zurückkam, bemerkte ich kleine Anzeichen, dass es mit der Geburt demnächst losgehen könnte. Einen Tag später auf dem Rastplatz war es dann tatsächlich so weit.

Nachdem Juma schließlich ebenfalls aufgestanden war, machten wir uns am Morgen auf zum Brunswick River in Mullumbimby, wo sich ein netter Park mit schattigen Bäumen befand. Hier verbrachten wir bei heiterem Vogelgezwitscher den ganzen Tag, grillten am Mittag noch Würstchen neben dem plätschernden Fluss und warteten darauf, dass die Wehen stärker wurden. Am Nachmittag war es an der Zeit, meine Hebamme zu informieren. Sie versprach, im Geburtshaus alles Notwendige vorzubereiten, und war nach der Beschreibung meines Zustands zuversichtlich, dass die Geburt heute Nacht stattfinden würde.

Maureen war wohl die beste Hebamme, die man sich wünschen konnte. Ihre Ruhe übertrug sich jedes Mal automatisch auf mich. Bei unserem letzten Treffen hatte ich beispielsweise gefragt, ob es denn keine Schwierigkeiten geben könnte, da ich ja doch von ziemlich schmaler Statur war. Immerhin war das Krankenhaus in Tweed Heads, in das man mich bei Geburtskomplikationen überwiesen hätte, ganze fünfzig Kilometer entfernt.

Maureen jedoch wischte meine Bedenken sofort mit einer Handbewegung weg. »An so etwas brauchst du gar nicht zu denken«, meinte sie. »Die Natur macht das schon richtig.« Mir gefiel die Selbstverständlichkeit, mit der sie einer positiven natürlichen Geburt entgegenblickte – ohne technische Geräte, medizinische Eingriffe oder aufwendige Untersuchungen. Sie ließ sich allein von ihrer jahrelangen Erfahrung leiten, um zu wissen, was wann notwendig war.

Als die Wehen dann am Abend stärker wurden, fuhr ich, noch ehe ich nicht mehr fahrfähig sein würde, mit unserem Van zu Annette. Schon als Annette den Van in der Einfahrt sah, jubelte sie uns entgegen – wohl wissend, dass die Geburt wohl kurz bevorstand. Eine Weile saßen wir alle noch gemütlich auf der Couch und schauten fern, bis Annette entschied, mich besser alleine zu lassen. Sie hatte es im Gefühl, was mir in welchem Moment am besten tat. Um einundzwanzig Uhr fuhr sie mich schließlich ins nahe gelegene Geburtshaus, wo Maureen schon das warme Wasser in den Pool eingelassen hatte und die Hebammenstudentin Salomé alles andere vorbereitete.

Annette selbst hatte mit dem Geburtshaus zwar nichts zu tun, war mir aber dennoch eine große Hilfe. Sie wusste, wie sie mir mit Massagen die Schmerzen lindern konnte, während ich im Wasser kniete und mit beiden Händen fest an einem

Tuch zog, um die Wehen erträglicher zu machen. Hebamme Maureen hielt sich die meiste Zeit im Hintergrund. Das Einzige, was sie brauchte, war ein Spiegel, um gegen Ende zu schauen, wie viel man vom Köpfchen schon sah. Das Licht war gedämmt, und das warme Wasser benebelte mich. Es gab keinerlei äußerliche Einflüsse wie etwa Wehenschreiber oder ärztliche Untersuchungen, die mich irritieren konnten oder den natürlichen Geburtsverlauf stören würden. Schmerzmittel waren von Anfang an untersagt, sodass ich gar nicht erst daran zu denken brauchte. Die Natur hatte sich zudem ein eigenes wirkungsvolles Schmerzmittel ausgedacht – ich fiel ganz von selbst in einen tranceähnlichen Zustand und nahm nur noch einen Teil der Außenwelt wahr.

Nach vier Stunden hatten wir es geschafft! Julie glitt mit einer vollendeten Umdrehung ins warme Wasser, wo Salomé sie sanft entgegennahm. Maureen half mir, mich auf eine Stufe am Beckenrand zu setzen, und Salomé übergab mir sofort Julie. Es mag an meinem tranceähnlichen Zustand gelegen haben, dass ich Julie nicht schreien hörte, oder aber sie schrie tatsächlich nicht, weil die Geburt dermaßen sanft war, dass sie in meinem Arm einfach weiterschlief. Ich hielt sie mit einem Frotteetuch bedeckt dicht an meinen warmen Körper und dann waren wir beide ganz allein. Das Erste, was ich nach der Geburt bewusst wahrnahm, war, dass sie ihre winzige Hand zum Mund führte und daran zu nuckeln begann. Niemand außer Julie selbst musste mich dazu auffordern, und so klappte das Trinken an der Brust auf Anhieb. Spätestens jetzt überströmte mich ein tiefes Glücksgefühl, wie es nur eine frischgebackene Mama empfinden kann.

Um unsere erste innige Zweisamkeit nicht zu stören, wog Maureen unser Baby erst viel später und half anschließend beim Anziehen. Dabei stellten wir lachend fest, dass ich mich komplett mit den australischen Größen vertan hatte. In Australien war die Größe 0 nicht für ein Neugeborenes gedacht, sondern passte eher einem sechs Monate alten Baby … Richtig gewesen wäre Größe 0000. Natürlich hatte ich vorher überhaupt kein Gefühl dafür gehabt, wie winzig ein neugeborenes Baby sein würde, und hatte meine große Freude daran gehabt, in den australischen Secondhandläden die schönsten Babykleider herauszusuchen. Doch da mittlerweile sowieso Hochsommer war mit Temperaturen bis vierzig Grad, würden wir in den kommenden Wochen wohl nicht allzu viel zum Anziehen für Julie brauchen.

Am Mittag verließen wir bereits das Geburtshaus. Ich konnte Maureen für diese wunderschöne natürliche Geburt, die sie mir ermöglicht hatte, nicht genug danken. Während ich zu Beginn unserer Reise in Australien noch nicht einmal gewusst hatte, wo und in welchem Krankenhaus unser Baby auf die Welt kommen würde, hatte ich nun das schönste Geburtserlebnis in einer alternativen Kleinstadt erfahren dürfen. Ganz ohne medizinische Interventionen und ohne den verschiedenen Meinungen und Launen von Ärzten und Krankenschwestern ausgesetzt zu sein, die mich letztendlich nur verunsichert hätten. Sicher war Julies Geburt auch deshalb so unkompliziert verlaufen, weil ich mir und meinem Körper selbst vertrauen durfte, mich nicht von etlichen Vorsorgeuntersuchungen durcheinanderbringen lassen musste und mir so die Leichtigkeit und Unbeschwertheit bis zur Geburt bewahren konnte.

Nur Juma war nach der Geburt noch recht angespannt. Solange wir im Geburtshaus gewesen waren, war es ihm schwergefallen, sich zu uns aufs Bett zu kuscheln. Die tansanische Kultur, in der sich Mann und Frau in der Öffentlichkeit nie nahe kamen und nicht einmal Händchen hielten, saß tief in ihm drin. Ich hatte daher auch gewollt, dass er erst nach der Geburt dazukam, denn für ihn war der Gedanke ungewohnt, dass ein Mann seiner Frau während der Geburt zur Seite stand. Nun hoffte ich, dass er sich in unserem Zimmer zu Hause bei Annette mehr entspannen würde und dieses wundervolle Babyglück mit mir teilen konnte.

Bei Annette angekommen, schnappte er sich jedoch zuerst den Rasenmäher, um mit der neuen Situation nicht gleich konfrontiert zu werden. Trotz seines eigenen Kinderwunsches gab es wohl da schon die ersten Anzeichen, dass er der Rolle als Papa noch nicht ganz gewachsen war. Zwar war ich unweigerlich ein wenig enttäuscht, doch mit meiner kleinen duftenden Julie schwebte ich wie auf Wolken.

Sie hatte wenige dunkle Haare, die sich nur im nassen Zustand leicht kringelten, und ihre Haut war noch ganz hell. Vorab war ich im Internet einmal auf die Information gestoßen, dass viele Mischlinge und sogar vollafrikanische Kinder bei der Geburt sehr hell, ja fast sogar weiß seien. Erst nach ein paar Tagen würden sie nachdunkeln. Auch hatte Julie hinten einen unregelmäßigen bläulichen Mongolenfleck, der aussah, als hätten wir ihr den Popo versohlt. Meine Hebamme erklärte mir, dass so gut wie alle Afrikaner diese Ansammlung von Pigmentzellen am Gesäß, Rücken oder dem Kreuzbein hätten. Dies würde aber in den nächsten Jahren verblassen und dann ganz verschwinden.

In der Nacht konnte ich Julie stundenlang dabei zusehen, wie sie bei gedämpftem Licht friedlich auf meiner Brust schlief. Ich erinnerte mich daran, wie ich früher immer gesagt hatte, ich bräuchte keine eigenen Kinder, da es genug Kinder in Not gebe, um die ich mich kümmern konnte. Nun war ich unendlich froh, dass ich mich doch umentschieden hatte.

Die Menschen in Tansania hatten es mir ja schon immer

ans Herz gelegt, dass jede Frau mindestens ein Kind haben sollte. Dass eine Frau sich individuell einfach dagegen entschied, das wollten sie nicht akzeptieren. Diese Einstellung hatte zum einen etwas Gutes, denn ich wünschte jeder Frau diese wundervolle Erfahrung, Mama zu sein. Doch zum anderen litten Frauen, die keine Kinder hatten, enorm unter dem gesellschaftlichen Druck – nicht zu reden von denen, die gar keine Kinder bekommen konnten. In Indien beispielsweise, wo in der Regel erwartet wurde, dass es bereits im ersten Ehejahr zu einer Schwangerschaft kam, wurden kinderlose Frauen nach einer Weile von der Familie und auch vom eigenen Mann verachtet. Ungerechterweise wurde die Fruchtbarkeit des Mannes als Letztes infrage gestellt. Für eine ältere kinderlose Frau in Indien war der Druck so groß, dass sie sich vollkommen nutzlos fühlen musste und so manch eine dann sogar an Selbstmord denken mochte.

Wenn ich über so etwas nachdachte, wurde mir immer stark bewusst, wie mir das Reisen und das Leben im Ausland Flügel verlieh. Zum einen war ich so von dem gesellschaftlichen Druck in Deutschland befreit, und zum anderen fiel es mir als Exotin in einem fremden Land leicht, mich so manchen engstirnigen und fragwürdigen Ansichten anderer Kulturen zu entziehen.

Während in Indien beispielsweise die Mütter mit ihren Babys die ersten vierzig Tage das Haus gar nicht verlassen sollten und das Baby während dieser Zeit der Reinheit wegen auch nur von Frauen besucht werden darf, schmiss Annette gleich am folgenden Tag eine bunte Party für Julie, zu der sie all ihre Freunde einlud. Davor schickte sie mich aber noch in den Supermarkt, da es nicht genug Servietten im Haus gab. Also legte ich Julie neben mich in den Babysitz und fuhr mit leicht wackligen Beinen die kurze Strecke. Annette hatte mir noch einen Stoffbeutel zum Umhängen mitgegeben, in den Julie – klein, wie sie war – liegend perfekt hineinpasste.

Mit den gekauften Servietten wurde ich dann aber prompt vom Sicherheitsmann an der Tür aufgehalten. Er wollte erst noch hineinspähen, welches verdächtige Objekt ich schräg vor mir im Beutel umhertragen würde.

»Nur ein einen Tag altes Baby«, erwiderte ich lapidar auf seinen überraschten Gesichtsausdruck hin, sodass auch er unweigerlich schmunzeln musste.

Zurück bei Annette, war ich dann aber doch froh, mich wieder setzen zu dürfen. Man brauchte es ja auch nicht zu übertreiben so kurz nach der Geburt, auch wenn ich mich nicht wirklich mit dem Thema Wochenbett beschäftigte. Ich tat einfach das, wozu ich mich bereit fühlte. Und so verabschiedeten wir uns auch nach einer Woche von Annette, um mit unserem Van noch einmal in den »Urlaub« zu fahren, bevor wir ihn wieder verkaufen mussten. Julie lernte das Camperleben also bereits von Anfang an kennen. Unsere Lebensmittelvorratskiste wurde fortan zu ihrer Badewanne, und ihr kuscheliger Schlafplatz war eine weiche Decke direkt neben mir auf der Doppelmatratze im Van.

Unser Urlaubsziel war Noosa, wo wir unter anderem ein nettes deutsch-australisches Ehepaar besuchten, mit dem mich eine ehemalige Schulkameradin in Kontakt gebracht hatte. Sie waren vor einigen Jahren in diese schöne Stadt nördlich von Brisbane ausgewandert, um ihren Lebensabend dort zu verbringen.

Bei unserem ersten Treffen, als ich noch schwanger war, hatten sie sogar einen Zeitungsartikel über uns in der *Noosa News* organisiert. Juma und ich verzierten dabei mit meinen Büchern in der Hand die Titelseite der australischen Zeitschrift. Auf diese Weise wollte ich unseren Australienaufenthalt unter anderem dazu nutzen, unsere Bücher dem englischsprachigen Markt vorzustellen.

An anderen Tagen grillten wir auf den öffentlichen Barbecueplätzen entlang des Noosa River unsere Würstchen, benutzten das Internet in der hiesigen Stadtbücherei oder genossen die kostenlose heiße Dusche, die einer großen Shoppingmall angeschlossen war. Noosa war die travelerfreundlichste Stadt, die wir an der Sunshine Coast in Australien kennenlernen durften. Und Julie war das friedlichste Baby der Welt, wenn es nicht gerade Abend war und sie sich wie wohl alle Babys auf der Welt die Kehle aus dem Hals schrie. Auch mochte sie es gar nicht, abgelegt zu werden, wie beispielsweise neben mir in den Kindersitz. Am Autofahren und Angeschnalltsein musste sie wohl erst noch Gefallen finden …

Als sich die ersten Interessenten auf unsere Online-Anzeige meldeten, machten wir uns auf den zweistündigen Rückweg nach Brisbane, um unseren Van noch rechtzeitig vor Abflug erfolgreich verkaufen zu können. Ein junges Pärchen aus der Schweiz war bei der Besichtigung sofort begeistert, und die Abwicklung ging reibungslos über die Bühne. Wir konnten den Van sogar mit Gewinn wieder verkaufen, sodass unsere Benzinkosten für die letzten Monate im Nachhinein gedeckt waren.

Selbst in einem teuren Land wie Australien war es eben möglich, nahezu umsonst über die Runden zu kommen. Man brauchte nur offen für neue Erfahrungen zu sein und mit fester Überzeugung optimistisch nach geeigneten Wegen zur Umsetzung seiner Pläne zu suchen. Das Internet bot einem dazu mittlerweile ja unbegrenzte Möglichkeiten. Wer seine Träume verwirklichen wollte, durfte sich eben nicht von eventuellen Risiken abschrecken lassen, sondern sollte lieber seiner Neugierde und Kreativität freien Lauf lassen.

An der Bürokratie konnte man sich allerdings öfters mal die Zähne ausbeißen. Ich hatte schon früh recherchiert gehabt, welche Dokumente Julie nach der Geburt brauchen würde. Doch was ich nicht gewusst hatte, war, dass die Beamten in Sydney für Geburtsurkunden in der Regel vier Wochen Bearbeitungszeit einplanten. Ein leicht panischer Anruf meinerseits genügte jedoch, um gegen eine höhere Gebühr die Geburtsurkunde in nur zwei Wochen im Briefkasten von Annette zu haben, bei der wir bis zu unserem Abflug wieder unterkommen konnten. Wenige Wochen zuvor hatten wir uns noch gar nicht gekannt, und jetzt war Annette schon zu einer festen Familienfreundin geworden.

Als Nächstes mussten wir für Julie den deutschen Kinderpass beantragen, den das Honorarkonsulat in Brisbane von der deutschen Botschaft in Sydney für uns anfordern ließ. Als Kind einer Deutschen war sie automatisch von Geburt an ebenfalls deutsch. Hätte allerdings einer von uns beiden eine dauerhafte Aufenthaltsgenehmigung gehabt, dann hätte Julie sogar Australierin werden können.

Für den Kinderpass brauchte Julie ihr erstes Passfoto im Alter von nur drei Wochen. Der Fotograf legte sie routiniert auf ein Kissen am Boden und stellte sich auf einen Stuhl, um von oben herab ihr Köpfchen biometrisch einfangen zu können. Für den Kinderpass musste ich auch noch Julies Augenfarbe angeben, doch ihre Augen waren so dunkel, dass ich erst noch im Internet recherchieren musste, ob Afrikaner in der Regel schwarze oder braune Augen haben. Schließlich bezeichnete ich ihre wunderschönen tiefen Augen mit dunkelbraun.

Nun blieben uns nur noch zwei Wochen bis zur Ausreise. Für wenige Australische Dollar konnte ich Julie zu unseren bereits bestehenden Flugtickets nach Delhi hinzubuchen.

Eine Woche später bekam sie dann von der australischen Einwanderungsbehörde einen kostenlosen Touristenstempel in den nagelneuen Pass, und wir konnten mit ihrem legalen Status nun endlich das Visum für Indien bei der indischen Botschaft beantragen. Es war ein Wettlauf mit der Zeit. Unglaublich, dass selbst für so ein kleines Würmchen die Welt schon so kompliziert sein konnte …

Am Tag der Abreise hielt unser Taxifahrer morgens auf dem Weg zum Flughafen kurz noch bei der indischen Botschaft an, die uns in letzter Sekunde Julies Visum aushändigte. Uns fiel ein Stein vom Herzen, dass die Reise nun entspannt weitergehen konnte! Schließlich konnten es die Kinder in meinem Kinderpflegeheim in Delhi kaum mehr erwarten, die kleine Julie kennenzulernen.

Nach einem mehrstündigen Flug, in dem Julie alle Stewardessen in Entzücken versetzt hatte, steckten wir auf dem Weg zum Kinderpflegeheim in einem vollgestopften Monsterbus mitten im Stau fest. Ich nannte die alten grünen Delhi-Busse deshalb immer Monster, da sie alle vollkommen verdellt, kaputt, schmutzig, staubig und viel zu laut waren. Der Fahrer hupte in der Regel wie ein Irrer und fuhr auch dementsprechend. Anders hätte man meist wohl auch keine Chance gehabt, auch nur einen Meter vorwärtszukommen.

Unterwegs ließ ich meine Gedanken schweifen und erinnerte mich an meine erste Reise nach Indien zurück, die zugleich auch die Vorgeschichte dazu war, wie Julie viele Jahre später zu ihrem Namen kommen sollte. Damals war ich unter anderem nach Dharamsala, dem Sitz des Dalai Lama am Fuße des Himalaja, gereist. Auf der Dachterrasse eines Cafés lernte ich andere Backpacker kennen, die sich gegenseitig Reiseabenteuer erzählten, während bunte tibetische Fähnchen an

Schnüren im Wind wehten. Unter ihnen war auch Patrick, ein weit gereister Ire, der genüsslich mit einem Strohhalm an seinem Lassi, einem indischen Joghurtgetränk, schlürfte. Er begann von den freundlichen Menschen aus Ladakh zu schwärmen, die Vorbeikommende mit einem singenden »Julley! Julley!« begrüßten und mit einem warmen Lächeln auf den Lippen willkommen hießen.

Ich war völlig fasziniert von Patricks Erzählungen über diese bezaubernde und einsame Bergregion inmitten von Siebentausendern am nördlichen Rand von Indien. Doch viel mehr brannte sich dieses magische Wort »Julley« mit seinem wunderschönen Klang in meinen Kopf. Von da an wusste ich, dass ich mein Kind später einmal Julie nennen wollte – ganz im Einklang mit dem herzlichen Gruß aus dem fernen Ladakh.

Das dröhnende Gehupe und der Lärm der Straße holten mich wieder aus meinen Erinnerungen in die Gegenwart zurück. Julie schlief tief und fest vor mir in meiner Manduca, einer der weltweit wohl besten Babytragen. Mit der hochklappbaren Mütze konnte ich sie vor Licht und Staub schützen, und mit dem bequemen Hüftgurt und den weich gepolsterten Trägern wurde das Gewicht auf Hüfte und Schultern anstelle des Rückens verteilt. Nicht nur dass ich es liebte, diese Nähe zu Julie zu haben, auch wäre ein Kinderwagen bei dermaßen schlechten Wegen völlig fehl am Platz gewesen. Meist gab es keinen Gehweg, und wenn doch, dann waren darauf etliche Steine herausgebrochen, der Bordstein unüberwindbar, oder der Weg war mit Straßenhändlern oder Gegenständen versperrt.

Im Gegensatz dazu war die Atmosphäre in unserem Kinderpflegeheim jedoch sehr angenehm. Jubelnd wurden wir von den Kindern empfangen. Besonders Geeta, unsere liebe Kinderpflegerin, hatte in den nächsten Tagen ihre wahre Freude an unserem Baby. Einmal stellte sie einen Eimer mit warmem Wasser ins Kinderzimmer, und wir seiften Julie darin zusammen ein, während wir sie an ihren Ärmchen festhielten. Julie gefiel augenscheinlich die Waschprozedur. Sie konnte dabei auch lächeln, denn mittlerweile war der kleine Wonneproppen schon sechs Wochen alt.

Nach dem Baden verwöhnte Geeta Julie dann mit einer traditionellen indischen Babymassage. Sie legte sie auf einer weichen Plüschdecke nieder und begann ihre winzige Brust und die Schultern sanft mit einem zwischen den Händen angewärmten Öl zu massieren, während sie dabei eine angenehme Melodie summte. Fasziniert schaute ich ihr dabei zu, wie sie sich gekonnt mit dem kleinen Körper von Kopf bis Fuß beschäftigte. Geeta erläuterte mir, dass so eine Babymassage das Baby nicht nur entspannte, sondern sie auch Blähungen entgegenwirken konnte. In Indien würden das viele Mütter mit ihren Babys als eine tägliche Routine machen, und so wurde das Wissen automatisch an andere zuschauende Frauen weitergegeben. Ich war schlichtweg begeistert von dieser Tradition. Sicher würde so eine indische Babymassage allen Babys auf der Welt wunderbar gefallen!

Mary war mindestens genauso vernarrt in Julie wie Geeta. Sie hielt sie gerne auf ihrem Schoß und sang ihr dabei indische Lieder vor. Mary war zu dem Zeitpunkt schon fünfzehn und lebte genauso wie ihr kleiner Bruder Yohan schon seit über zwei Jahren in unserem Kinderpflegeheim. In dieser Zeit hatten sie bereits große Fortschritte gemacht. Beide litten am Ehlers-Danlos-Syndrom, einer genetischen Krankheit, die dazu führte, dass ihre Haut sehr leicht reißen konnte. Wie oft hatten wir sie schon im Krankenhaus nähen lassen müssen, weil sie sich wegen eines kleinen Sturzes gleich riesige Platzwunden zugezogen hatten! Bei Mary kam noch hinzu, dass sie vorher nie auf eine Schule gegangen war, und bei Yohan, dass er aufgrund seiner Klumpfüße nicht laufen konnte. Mittlerweile besuchten beide eine englischsprachige Privatschule in der Nachbarschaft und waren in ihren Leistungen weit vorne. Einer der größten Erfolge waren dann noch die gelungenen Operationen an Yohans Klumpfüßen, sodass er im Alter von sieben Jahren das erste Mal vollkommen selbstständig laufen konnte.

Unser Kinderpflegeheim war wie ein gemütliches Familienhaus, in dem unsere pflegebedürftigen Kinder von einem professionellen Team betreut wurden. Regelmäßig kamen ein Physiotherapeut, ein Ergotherapeut und eine Sozialarbeiterin ins Haus, während zwei Kinderpflegerinnen unter deutscher Leitung mit den Kindern zusammenlebten. Meist war auch noch eine Volontärin aus Deutschland da, die den Kindern im Alltag half und sich mit ihnen beschäftigte. Sie konnte auch immer bei den Hausbesuchen unserer beiden Kinder mit dabei sein, die unter der Glasknochenkrankheit litten und bei ihren Eltern unter ärmlichen Verhältnissen wohnten. Um sie zu unterstützen, versorgten wir sie mit Medikamenten und organisierten die regelmäßigen Behandlungen in einem Privatkrankenhaus. Während der kleine Ajay, als ich ihn mit vier Jahren das erste Mal sah, wie ein Häufchen Elend mit schmerzverzerrtem Gesicht und mehrfach gebrochenen Gliedern auf einer Pritsche lag, konnte er sich heute mithilfe seiner Arme quietschvergnügt auf seinem Bett hin und her hieven und sich sogar in seinem Rollstuhl selbstständig fortbewegen. Durch die Therapie sind seine Knochen nun viel stabiler geworden, und das Wichtigste: Er war nun wie seine Schwester schmerzfrei!

Wenn ich also die beiden bei ihren Eltern besuchen ging oder ein paar Besorgungen machen musste, schnallte ich mir

Julie wie in einem Rucksack mit der Manduca vor die Brust und lief mit ihr die zwei Kilometer zum Bazar. Wir waren wie eine Einheit, und so war es für mich selbstverständlich, sie überall mit hinzunehmen.

Die gut situierten Inderinnen hingegen, die ich aus der Nachbarschaft unseres Kinderpflegeheims kannte, hatten ihre eigene Art, wie sie – sollten sie selten einmal das Haus verlassen – ihre Babys trugen. Sie wickelten die Kleinen in eine Decke ein und trugen sie waagerecht vor sich her, ohne jegliche Unterstützung. Ich wollte mir gar nicht vorstellen, was für Rückenschmerzen das bedeuten musste, ganz zu schweigen von dem enormen Kraftaufwand in den Armen, den es dazu brauchte. Ärmere Inderinnen, die zum Überleben ihr Brot selbst verdienen mussten, banden sich das Kind dagegen meist mit einem Tuch oder ihrem Sari seitlich um, damit sie die Hände frei hatten. Es erinnerte mich an Afrika, wo die Babys in der Regel mit einem Kanga, einer mit Mustern bedruckten anderthalb Meter langen Stoffbahn, auf dem Rücken der Mütter überall mit hingenommen wurden.

Dass ich die kleine Julie in einer Manduca trug, brachte manch eine Inderin jedoch zum Staunen. So meinte eine ältere Dame zu mir, es wäre nicht gut, das Baby würde doch ersticken. Tatsächlich sah man nicht viel vom Köpfchen, aber die Manduca war für jedes Alter anpassbar, und die Position vorne am Körper war auch für die ganz Kleinen perfekt. Ich konnte meine Hände immer schützend um Julie legen, und man konnte die Babytrage so einstellen, dass ihr Körper eng an meinem die nötige Stütze erhielt. Natürlich bekam Julie von den offenen Seiten auch immer genug Luft, und die Bedenken waren völlig unbegründet.

Es blieb nicht die einzige Situation, in der mir Inderinnen unterwegs ihre wohl gut gemeinten Ratschläge mitteilen wollten. Einmal saß ich in Delhi in der Metro, als Julie lautstark zu schreien anfing. Dummerweise waren wir im gemischten Abteil eingestiegen und nicht im vordersten, das mit pinkfarbener »Only Women«-Aufschrift nur den Frauen vorbehalten war. Hier wollte ich nicht unbedingt vor den Augen indischer Männer stillen. Also stellte ich mich hin, um Julie wippend zu beruhigen, und dachte mir nichts weiter dabei. Schließlich schrien doch sicherlich alle Babys auf der Welt einmal, besonders wenn sie müde waren oder ihnen vielleicht in den Sinn gekommen war, dass sie genau jetzt in diesem Moment ihre Milch haben wollten.

Die erste Inderin neben mir fasste Julie sofort an die Stirn und fragte äußerst besorgt, ob sie denn Fieber habe. Ich verneinte und meinte, sie sei kerngesund, aber fände wohl gerade nicht in den Schlaf. »No, really, I think you should go to the doctor with her«, bekräftigte die Frau nochmals ihre Meinung. Nun kam noch eine zweite Inderin dazu, die Anstalten machte, mir das Kind aus dem Arm zu nehmen – wohl in der Meinung, dass sich meine kleine Julie von einer fremden Frau besser beruhigen lassen würde als von ihrer eigenen Mutter. Als sich noch eine dritte Inderin ins Gespräch mit einmischen wollte, war ich heilfroh, dass wir an unserem Ziel angekommen waren und aussteigen konnten.

Indien ist wirklich ein ganz spezielles Land, das trotz der faszinierenden Eindrücke auch recht anstrengend sein kann. Nach zwei Wochen mussten wir uns dann auch schon wieder im Kinderpflegeheim verabschieden. Der nächste Flug führte uns nun nach Deutschland, wo meine Mutter ihre zwei Monate alte Enkelin endlich kennenlernen sollte.

»Tatsächlich, sie hat wirklich das Gesicht meiner Mutter!«, sagte sie als Erstes, als sie ihr Enkelchen am Bahnsteig in

Schwäbisch Gmünd freudig im Arm hielt. Die runden Pausbäckchen, das schön geformte Kinn, die Gesichtszüge und der Blick, alles erinnerte an meine liebe Oma, die an Ostern, wenige Tage bevor ich schwanger geworden war, mit achtzig Jahren verstorben war. Wenn sie von oben zuschauen könnte, dann wüsste sie, dass sie als kleines Mischlingsmädchen wiedergeboren worden war. Julie ähnelte in der Tat weder mir mit meinem eher schmalen Gesicht noch Juma. Selbst was die Hautfarbe betraf, lagen Welten zwischen ihrer und der von ihrem Papa, auch wenn ihre anfänglich helle Haut mittlerweile eine schöne braune Farbe bekommen hatte.

Jumas früh verstorbene Mutter war ursprünglich aus Ruanda gewesen, was auch der Grund war, dass Juma viel dunkler als die meisten Tansanier war. Julie war also eine Mischung aus vier Nationalitäten, da mein Vater aus Ungarn kam.

Wir blieben nur wenige Wochen in Deutschland, denn die Arbeit rief. Auf einem Campingplatz in Kroatien konnten wir alles Wichtige miteinander verbinden: Zeit fürs Baby haben, Geld verdienen, Urlaub machen, Abenteuer und Camping. In Paklenica, dessen Nationalpark als Filmkulisse für *Winnetou* diente, betreute ich die Urlaubsgäste, während Juma die Mobilheime für neu anreisende Familien reinigte. Wir selbst bekamen von unserem Arbeitgeber einen Wohnwagen gestellt, in dem ich die Sitzecke nach Entfernen des Tischs einfach in eine kuschelige Krabbelecke umwandelte.

Ich liebte mein alternatives Leben mit Kind. Julies Laufstall war ein gelbes Gummiboot, das wir vor dem Wohnwagen unter einem roten Sonnendach platziert hatten. Jeder Tag war allein durch die neuen Bekanntschaften aus ganz Europa bunt und lebendig.

Der kleine Pauli aus Österreich beispielsweise, der mit seinen Eltern bei uns Urlaub machte, war auf den Tag genau gleich alt wie Julie, nur ihre Hautfarben konnten unterschiedlicher nicht sein. Es war ein Bild für die Götter, als sich der kreidebleiche blonde Pauli und die tiefbraune Julie gegenübersaßen und mit bunten Farbbechern auf der Holzterrasse eines Mobilheims spielten. Zu dem Zeitpunkt hatte Julie noch dunkles Haar, was sich aber im Laufe der Monate in Kroatien ändern sollte. Die Gene meiner Mutter, die als Kind hellblond war, setzten sich wohl allmählich durch, auch wenn Julie noch nicht sonderlich viele Haare auf dem Kopf hatte. Vielleicht lag es aber auch nur an der vielen Sonne und dem Meerwasser, dass ihr Haar immer heller schimmerte. Wir würden schon sehen, welche Überraschung sie für uns noch parat haben sollte …

In den fünf Monaten in Kroatien konnte ich nur staunen, wie schnell sich ein Baby entwickelte. Angefangen vom ersten Brei, den ich ihr auf unserem Gasherd im Wohnwagen zubereitete, bis hin zum sicheren Krabbeln, Sich-Hochziehen und schließlich zum freihändigen Stehen. Julie hatte es allem Anschein nach eilig, auf die Beine zu kommen. Kaum waren wir zurück in Deutschland, lief sie mir dann mit nur neun Monaten tatsächlich davon. Ich unterhielt mich gerade mit einer Freundin im Wohnzimmer, als sich etwas an mir vorbeibewegte. Da wir alleine im Raum waren, erschreckte ich mich zutiefst. Wie sollte ich auch damit rechnen, dass dieser kleine Zwerg plötzlich den Sessel loslässt und schnurstracks fünf Schritte zum Tisch hinüberläuft? Und was Julie sich einmal in den Kopf gesetzt hatte, das zog sie wie ihre Mama auch durch. Wie ein kleiner Schlafwandler lief sie mit ausgestreckten Armen auch in den kommenden Tagen sicher und zielgerecht von einer Station zur anderen.

Vielleicht lag ihre ausgeprägte Balance daran, dass sie unterwegs immer aufrecht in der Manduca getragen wurde und nicht wie viele Babys die ersten Monate liegend in einem Kinderwagen verbracht hatte. Oder es lag tatsächlich auch an den afrikanischen Genen, denn das Kind einer Freundin aus Simbabwe lief sogar schon mit acht Monaten. Aus Tansania wusste ich, dass dort die Mütter ihre Babys leider schon mit vier Monaten zum Sitzen motivierten, während man so etwas in Deutschland aufgrund der noch weichen Knochen nicht fördern würde. Ob die afrikanischen Babys deswegen jedoch Schäden davontrugen oder nicht, das konnte wohl niemand beantworten.

Und doch empfand ich die deutsche Erziehungsweise nicht immer sonderlich am Kind orientiert. Manchmal hatte ich sogar das Gefühl, mit den Bedürfnissen von Tieren war man teilweise empathischer als mit denen von Babys und Kleinkindern. Während sich viele dafür einsetzten, dass Kälbchen nicht vom Muttertier getrennt werden sollten, wurden kaum Stimmen laut, wenn Kindern aufgrund von Karriere und Unabhängigkeitswunsch immer weniger Nähe zugestanden wurde.

Wenn ein Baby die Wahl hätte, würde es sich vermutlich nicht dafür entscheiden, mit Abstand in einem Kinderwagen vor Mama hergeschoben zu werden, wo doch Mamas Wärme und Herzschlag so viel Sicherheit vermitteln konnten. Genauso würde es wohl kaum lieber im eigenen Kinderbett nebenan schlafen und auf die beruhigende Sicherheit von Mama und Papa in der Nacht verzichten wollen. Waren es nicht diese materiellen Dinge, die uns am Ende nur im Weg standen, anstatt das Leben zu erleichtern? Julie schlief schon immer mit mir im Bett. Wollte sie gestillt werden, musste ich dazu nicht extra aufstehen, und meistens konnte ich sie im Halbschlaf schnell wieder beruhigen, sodass wir beide ungestörte Nächte hatten. Einen Schnuller, der immer wieder herausfallen konnte, kannte sie gar nicht – was aber nicht bedeutete, dass ich deswegen Dauerstillerin sein musste.

Die seltsamen Bemerkungen bezüglich des Stillens fingen schon an, als die ersten Zähnchen kamen. Was, du stillst noch? Hast du nicht Angst, dass sie dich mit den Zähnen beißt? Ich wunderte mich, ob all diese Leute wohl während des Trinkens auf einen Strohhalm bissen, nur weil sie Zähne hatten. Fakt ist jedoch, dass wir nackte Brüste aus Magazinen und Werbeplakaten als völlig normal empfinden, doch stillende Frauen in der Öffentlichkeit immer noch nicht voll akzeptiert sind, besonders wenn das Kind schon älter als ein Jahr ist – so als ob die Brüste mehr den Männern als den Kindern gehören würden.

Auch muss man die Brust beim Stillen ja gar nicht unbedingt zur Schau stellen, wie es beispielsweise Frauen in Tansania und Indien oft ungeniert inmitten des öffentlichen Lebens machen, indem sie die ganze Brust von oben aus der Bluse herausholen. Trotzdem stillen wohl viele Mütter unabhängig von den Bedürfnissen des Kindes vorzeitig ab, um sich unter anderem diesem sozialen Druck zu ergeben. Ich hatte mir anfangs tatsächlich auch dieses »maximale« gesellschaftliche Ziel von zwei Jahren gesetzt, aber Julie dachte sich wohl: »Nicht mit mir!« Sie ließ schon damals keine Gelegenheit aus, mir ihren starken Willen zu zeigen. Und schließlich hatte sie in diesem Fall auch vollkommen recht.

Zwischen ihren Bedürfnissen und den gesellschaftlichen Erwartungen lagen Welten. Dabei ging es natürlich nicht um Hunger oder Durst, sondern um ihren inneren Frieden, Wärme, Liebe, Trost und Geborgenheit. Genauso wie »ihre Milch« für sie tagsüber einen Energieschub bedeuten konnte, so verhalf sie ihr nachts zum Einschlafen. War sie einmal krank, so brauchte sie automatisch mehr Trost an der Brust. Die Natur hatte eben ihre eigenen Mittel, die vielleicht sogar besser wirkten als Paracetamol.

Auch mit drei Jahren war Julie noch lange nicht so weit, um sich vom Stillen von heute auf morgen zu verabschieden. Ab da beschloss ich, den völlig unnötigen Kampf sein zu lassen, und setzte mir keine Abstillziele mehr. Schließlich konnte man es mit seinem Kind gut aushandeln, dass nur noch ab und an zu Hause gestillt wurde oder letztendlich nur noch zum Schlafengehen oder vor dem Aufstehen.

Während in traditionellen Kulturen Kinder tatsächlich oft noch bis zu fünf Jahren gestillt werden und anthropologische Vergleichsstudien besagen, dass das biologische Abstillalter des Menschen zwischen zweieinhalb und sieben Jahren liegt, passen die natürlichen Bedürfnisse scheinbar nicht in das moderne Leben. Selbst in den Großstädten in Tansania habe ich die Erfahrung gemacht, dass man meint, Kinder sollten nur bis zu zwei Jahren gestillt werden. Vielleicht war die Empfehlung der Weltgesundheitsorganisation, dass Kinder bis zum zweiten Lebensjahr und darüber hinaus gestillt werden sollten, damals auch nicht passend formuliert. Denn das »und darüber hinaus« wird von den meisten Menschen einfach verschluckt.

Dazu kommt noch, dass manche Mütter in Afrika glauben, das teure Babypulver aus dem Laden sei besser für das Kind als die natürliche Muttermilch. Großkonzerne, die dieses Babypulver in Entwicklungsländern vertreiben und vermarkten, tragen sicher Mitschuld an diesem verkehrten Denken. Auch junge schicke Frauen, die finanziell besser dastehen, steigen allzu gerne auf das Babypulver um, um vermeintlich schlaffen Stillbrüsten vorzubeugen. Diejenigen, die das Babypulver hingegen wirklich brauchen, da sie beispielsweise aufgrund einer HIV-Infizierung nicht stillen können, scheitern dann am unverschämt hohen Preis.

Dass das Babypulver von den Armen kaum bezahlbar ist, zeigt deutlich, dass es nur ums Geschäft und nicht um den Menschen geht. Für ein verwaistes Baby kann dies sogar den Tod bedeuten, wenn es keine Alternativen wie etwa Ziegenmilch gibt. Auch der kleine Petro, der mit nur elf Monaten zu uns ins Kinderdorf in Tansania kam, hatte wohl aus diesem Grund seine vier Wochen alte Zwillingsschwester verloren …

3.

Das Gute, das du mir getan hast,
werde ich in meinem Leben nicht vergessen.
Jalia (10, Tansania)

Die Sonne schien bereits kräftig vom strahlend blauen Himmel. Nach tansanischer Zeitrechnung war es zwei Uhr morgens, denn der Tag fing mit dem Aufgehen der Sonne und nicht um Mitternacht an. Ich aß gerade ein Chapati, ein dünnes Fladenbrot aus Weizen, als der Wächter mich informierte, dass Gäste unten am Tor auf mich warteten. Als ich zum Fenster von Mama Farajas Kinderhaus hinausspähte, sah ich unten eine Autorikscha stehen und einen Mann und eine Frau auf der Bank sitzen. Ich schnappte mir den Schlüssel für das Büro, verließ das Haus und lief vorbei an unserem Spielplatz den Berg hinunter.

Der Mann stützte sich auf der Bank sitzend an einer Holzkrücke ab, während die Frau ein kleines Bündel im Arm hielt. Ihre Beine fielen schlaff zur Seite, es schien, dass sowohl sie als auch ihr Mann querschnittsgelähmt waren.

»Karibuni!«, hieß ich sie in unserem Kinderdorf willkommen. Nachdem die in Tansania üblichen Begrüßungsfloskeln ausgetauscht waren, begann der Mann zu erzählen. Das Schwesternheim in der Stadt habe ihm von uns erzählt, denn sie könnten seinem Neffen Petro nicht die Versorgung zukommen lassen, die er aufgrund seiner Behinderung eigentlich benötigte.

Ich wusste sofort, was der Mann meinte. Aus dem besagten Heim waren im letzten Jahr bereits drei andere vollpflegebedürftige Kinder zu uns transferiert worden. Die Schwestern dort kümmerten sich um bis zu vierzig Waisenkinder, die bestenfalls noch vor ihrem fünften Lebensjahr adoptiert werden sollten. Oft nahmen sie Findelkinder auf oder Säuglinge, deren Mütter verstorben waren. Bei manchem Kind stellten sie dann aber im Laufe der ersten Monate fest, dass es sich nicht normal entwickelte. Bevor es unser Kinderdorf gab, hatten sie jedoch immer vergeblich nach einem alternativen Heim gesucht, das sich auf solche Kinder spezialisiert hatte.

Als ich mich zu dem kleinen Petro hinunterbeugte, fiel mir als Erstes seine fahle Hautfarbe auf. Auch die anderen Kinder, die aus diesem Heim zu uns gekommen waren, hatten anfangs eine gelblich-fleckige Haut anstelle des schönen gleichmäßigen Brauns gehabt. Zum einen lag das wohl daran, dass ihnen viel zu große Essensportionen gegeben worden waren, die ihr kleiner Körper gar nicht richtig verarbeiten konnte. Selbst mitten in der Nacht weckte man sie zu bestimmten »Fütterungszeiten« auf. Zum anderen kamen die Kinder kaum ans Tageslicht. War ein Kind behindert, dann erlitt es in einem solchen Heim oft auch noch eine emotionale Verwahrlosung, da es nicht wie die anderen Kleinkinder in den Räumen herumkrabbeln oder sich mit Spielsachen selbst beschäftigen konnte. Man nahm diese Kinder gerade mal zum Füttern aus dem Bett heraus, um sie gleich darauf wieder zurückzulegen. Immer in derselben Position auf dem Rücken liegend – tagein, tagaus.

Petro machte einen sehr kranken Eindruck auf mich, und als ich ihm an die Stirn langte, erschrak ich, wie heiß sie war. Seine Tante bestätigte mir daraufhin, dass Petro seit ein paar Tagen krank war. Aber wieso das Heim ihn nun zu uns geschickt hatte und nicht auf dem direkten Weg ins Krankenhaus, konnte mir keiner beantworten. Seine Tante reichte mir jedoch die »Kadi ya Kliniki«, eine Klappkarte, auf der monatlich das Gewicht und die Impfungen von Kindern unter fünf Jahren festgehalten wurden. Laut der Karte war Petro gerade mal elf Monate alt und mit einem Gewicht von sieben Kilo unterernährt.

»Meine Schwester verstarb direkt nach der Geburt in einer Klinik in einem weit entfernten Dorf«, begann Petros Onkel nun zu erzählen. »Doch keiner von uns wusste davon. Sie war wohl Petros Vater dorthin gefolgt. Wie wir aber später erfahren haben, hatte er sie schon vor der Geburt längst sitzen gelassen. Wir kennen ihn nicht einmal. Genauso wenig kannte meine Schwester irgendjemanden in dieser Gegend. Die Dorfbewohner hatten zwar versucht, sich um Petro und seine Zwillingsschwester zu kümmern, aber nach einem Monat ist das kleine Mädchen verstorben. Sie war wohl einfach zu schwach«, sagte er und blickte dabei besorgt zu Petro.

»Die Ortsverwaltung ließ daraufhin intensiv nach den nächsten Verwandten suchen und konnte uns schließlich hier in Dar es Salaam ausfindig machen. Aber schau uns doch an!«, forderte er mich mit müden Augen auf, während er auf seine Füße zeigte. »Wir sind in unserer Kindheit beide an Polio erkrankt und können nicht laufen. Auch sind wir nicht mehr die Jüngsten, wie du siehst. Wir hätten uns gerne um den kleinen Petro gekümmert, aber es blieb uns nichts anderes übrig, als ihn in das Schwesternheim zu geben.«

»Pole sana …«, sagte ich auf Suaheli zu den beiden, um meine Betroffenheit auszudrücken. Ich hatte hier in Tansania schon von vielen schlimmen Schicksalsschlägen gehört, doch Petro war ja noch so klein und hatte bereits alles verloren – seine Mutter, seine Zwillingsschwester, seinen unbekannten

Vater … und nun stand es auch noch um seine Gesundheit schlecht.

Ich versicherte Petros Onkel, dass wir seinen kleinen Neffen gerne aufnehmen wollten, wenn seine Geschichte so stimmte und es tatsächlich niemanden in der Familie gab, der sich um ihn kümmern konnte. Es war aus Erfahrung immer wichtig, dass wir vor einer endgültigen Entscheidung selbst Nachforschungen betrieben oder auch Hausbesuche abstatteten, um sicherzugehen, dass man uns nicht nur aus Bequemlichkeit ein Kind aufdrücken wollte. Dabei wurden uns besonders von alleinerziehenden Frauen schon die cleversten Lügen aufgetischt, nur damit sie ihr Kind abgeben konnten. Für sie war es schließlich unmöglich, mit einem behinderten Kind einen neuen Partner zu finden, und so empfanden sie ihr Kind als Last, die sie daran hinderte, ein sorgenfreies Leben führen zu können.

Doch viel wichtiger als die Nachforschungen war nun, dass Petro sofort medizinische Behandlung bekam. Ich legte seinem Onkel daher nahe, in das nächste Krankenhaus aufzubrechen, um anhand eines Bluttests herauszufinden, ob Petro an Malaria oder, wie es bei behinderten Kindern häufig der Fall war, an einer bakteriellen Infektion erkrankt war. Danach sollte er ihn vorerst zurück in das Schwesternheim bringen, da es ein paar Tage dauern würde, bis Petro mit offiziellen Papieren über das Sozialamt zu uns transferiert werden konnte.

Leider sollte es jedoch noch länger dauern als gedacht, bis der kleine Petro ein neues Zuhause bei uns fand.

Wie ich am nächsten Tag vom Schwesternheim erfuhr, war Petro mit einer schweren Lungenentzündung ins Distrikt-Hospital eingewiesen worden. Das Fieber war so hoch gestiegen, dass er am Abend noch einen Fieberkrampf erlitten hatte. Als er dann aber nach zwei Wochen endlich wieder entlassen wurde, durften wir ihn schließlich direkt im Schwesternheim abholen.

Alle Angestellten im Kinderdorf freuten sich riesig über den süßen Neuankömmling, als er Mama Angelina, der Pflegemama unseres zweiten Kinderhauses, übergeben wurde. Zusammen mit einer Pflegehelferin sowie der Unterstützung unserer Krankenschwester und von Volontären aus aller Welt betreute sie sechs vollpflegebedürftige Kinder. Ihre eigene Tochter Angelina, die zwei Jahre alt und gesund und munter war, wuchs ebenfalls im Kinderdorf mit auf. Einen Vater gab es nicht.

Auch Mama Faraja, die nebenan im ersten Kinderhaus mit ebenfalls sechs vollpflegebedürftigen Waisenkindern lebte, hatte eine eigene Tochter mit dabei. Faraja war anderthalb Jahre älter als Julie und zu ihrer besten Freundin und Spielkameradin geworden. Sie hatten sich vom ersten Tag an blendend verstanden, als Mama Faraja mit der damals Vierjährigen zur Eröffnung des Kinderdorfs als erste Pflegemama mit Sack und Pack bei uns eingezogen war. Auch sie hatte keinen Mann an ihrer Seite, denn vor ein paar Jahren hatte er die Familie aufgrund von Schulden von heute auf morgen verlassen und kam nie wieder zurück.

Dieser Schicksalsschlag hatte Mama Faraja dermaßen hart getroffen, dass sie sogar einen Hirnschlag erlitten hatte und eine Zeit lang halbseitig gelähmt gewesen war. Sie stand damals vor dem absoluten Nichts, hatte kein Geld, um ihre Kinder zu ernähren, keine Arbeit und keine Hoffnung. Ihr Haus wurde versteigert, und sie wartete vergeblich darauf, ein Lebenszeichen von ihrem Mann zu erhalten.

Für uns war Mama Faraja ein Glücksfall, denn sie hatte eine zweijährige Ausbildung zur Kinderpflegerin absolviert und besaß mit ihren fünfundvierzig Jahren viel Lebenserfahrung. Mittlerweile war sie unersetzbar in unserem Kinderdorf geworden. Mit Herz und Seele hielt sie die Fäden zusammen und sorgte dafür, dass alle hervorragend im Team zusammenarbeiteten. Und auch unsere Volontäre fühlten sich aufgrund ihrer warmen afrikanischen Herzlichkeit immer sofort wohl bei ihr.

Die Mamas und Pflegehelferinnen leisteten in der Tat Großartiges. Schließlich konnten unsere Kinder weder selbstständig essen noch laufen noch sprechen, dabei war das älteste bereits zehn Jahre alt. Auch unsere Krankenschwestern mussten ein Fingerspitzengefühl dafür entwickeln, was die Kinder brauchten oder was ihnen fehlte. Besonders am Anfang, wenn sie in einem extrem schlechten Zustand zu uns kamen, musste man sehr aufmerksam sein. Manchmal entschieden nur wenige Minuten über Leben und Tod, wenn beispielsweise ein Kind aufgrund von Schluckbeschwerden am pürierten Essen zu ersticken drohte oder ein anderer medizinischer Notfall eintraf.

Auch Petro war trotz der Entlassung noch längst nicht gesund. Er war gerade mal zwei Tage bei uns, als Mama Angelina morgens im Bad einen Urinstau bei ihm feststellte. Wir entschieden uns dazu, Petro sofort ins Krankenhaus zu fahren, und als wir aufbrachen, ging es ihm noch relativ gut. Doch bereits während der Fahrt änderte sich sein Zustand dramatisch, und er bekam schlimme Krämpfe. Die nächste Klinik war sechs Kilometer von unserem Kinderdorf entfernt. Dort angekommen, hatte er über vierzig Fieber, und sein Herz raste mit 200 Schlägen pro Minute. Als die Ärztin ihm zur Krampflösung Diazepam verabreichte, verlor er mit einem Mal das Bewusstsein. Mein Herz stockte, als sie ihm daraufhin mit einer Taschenlampe in die Augen leuchtete. Beiläufig meinte sie dabei, sie wolle nur sehen, ob die Pupillen noch reagierten oder ob er hirntot wäre. Ihre gefühllose Aussage schockierte mich zutiefst, auch wenn sie daraufhin überrascht feststellte, dass Petro wohl doch nur bewusstlos war.

Ich hatte es nun eilig, mit Petro schnellstmöglich in das teuerste und beste Privatkrankenhaus der Stadt zu kommen. Wenn es so schlecht um ihn stand, dann würden sie ihm hier in dieser kleinen Klinik sicher nicht helfen können. Mit einer manuellen Beatmungsmaske in der Hand begleitete uns der Krankenpfleger der Klinik, um für alle Fälle gewappnet zu sein. Ich raste mit Warnblinklicht die fünfzehn Kilometer bis zur Fähre und hupte alle aus dem Weg, so als ob die Straße nur mir gehörte. Der Präsident von Tansania machte es schließlich auch nicht anders, nur wurden wegen ihm immer alle Autofahrer von der Polizei angehalten und in die Seitenstraßen in den Stau geschickt, damit die Hauptstraße frei war.

Auch am Einfahrtsweg zur Fähre reihte ich mich nicht hinter den anderen wartenden Autofahrern ein, sondern rief den Wächter an der Schranke wild winkend zu mir herüber. Ein kurzer Blick auf Petro reichte aus, dass er mir den einspurigen Weg der Fährenausfahrt sofort freigab. Ich hatte Glück, dass schon alle Autos herausgefahren waren, und so konnte ich als Erste auf die nächste Fähre gelangen und war nur fünfzehn Minuten später auf der anderen Seite der Hafenbucht. Das Aga Khan Hospital lag in Richtung des Fischmarktes direkt am Meer. Mit Petro auf dem Arm stürmten wir in die Notaufnahme, wo die Pfleger und Ärzte sofort reagierten. Im Nu war er an einem EKG angeschlossen und hatte einen Venenzugang gelegt bekommen.

Meine Anspannung legte sich ein wenig, hier war er in guten Händen. Dennoch war der Anblick herzzerreißend, wie auf seinem kleinen braunen Körper vier große Elektroden hafteten, während er mit offenem Mund und geschlossenen Augen reglos in dem weißen Krankenbett lag. Am Nachmittag wurde Petro in einen medizinisch gut ausgestatteten Einzelraum verlegt, wo rund um die Uhr ein Krankenpfleger an seiner Seite wachte. Der Arzt beruhigte mich schließlich, dass Petro bald aufwachen würde. Er habe wohl in der anderen Klinik eine Überdosis an Diazepam verabreicht bekommen, was zur Bewusstlosigkeit geführt hatte. Noch gefährlicher war seiner Meinung nach allerdings die Blutvergiftung, die bei einem Urinstau innerhalb weniger Stunden bereits zum Tod führen konnte. Diese würden sie nun mit einem Antibiotikum behandeln.

Oft war es zum Verzweifeln mit den Ärzten und Kliniken in Tansania. Besonders in den staatlichen Einrichtungen konnte man kaum jemandem trauen. Nicht selten bekam man gleich alles auf einmal diagnostiziert: Man habe Malaria, Typhus und dazu noch eine Blasenentzündung. Nur damit Ärzte und Kliniken gleich auch noch ihre Medikamente an einen verkaufen und viel Geld machen konnten. Das Aga Khan Hospital war da anders. Hier wurde professionell gearbeitet,und man konnte sich auf wahre Untersuchungsergebnisse verlassen. Während in vielen anderen Krankenhäusern die Krankenschwestern keinen Finger rühren und sogar in Kauf nehmen würden, das Leben des Patienten zu riskieren, steckte man ihnen nicht etwas Schmiergeld zu, war man hier im Aga Khan von freundlichen und qualifizierten Pflegerinnen und Pflegern bestens versorgt.

Dieser Service hatte natürlich auch seinen Preis. So kosteten uns drei Tage Intensivpflege für Petro über tausend Euro, die leider auch nicht von der Krankenversicherung, die wir für alle Kinder abgeschlossen hatten, abgedeckt wurden. Das Wichtigste war natürlich, dass wir Petro retten konnten. Ich durfte mir gar nicht vorstellen, wie die Sache ausgegangen wäre, wenn Mama Angelina nicht sofort reagiert hätte.

Wenn es ein Kind dann doch nicht schaffte, wie im letzten Jahr die zehnjährige Kathy, die mit einer chronischen Unterernährung und gerade mal elf Kilo aus einem anderen Kinderheim zu uns gekommen war, dann fragte man sich danach noch lange, was man hätte anders machen können. Kathy hatte von Beginn an schwere Atemprobleme gehabt, die wohl zum einen mit ihrem kleinen Gehirn zusammenhingen und zum anderen mit ihren Schluckbeschwerden. Trotz dieses Leids schenkte sie einem immer das strahlendste Lächeln. Nur nicht an dem verhängnisvollen Morgen, an dem sie bereits vollkommen schlaff aufgewacht war. Im Krankenhaus angekommen, hatte sie wenig später einen Herzstillstand erlitten. Wir hatten nichts mehr für sie tun können, aber ihr strahlendes Gesicht werden wir immer in Erinnerung behalten.

Behinderte Kinder haben es in Tansania sehr schwer. Es gibt kaum Hilfe für sie, besonders wenn ihre Behinderung so stark ist, dass die Kinder nicht einmal das Nötigste selbst tun können. Die wenigen Einrichtungen, die es gibt, nehmen nur die Kinder auf, die selbstständig essen können und beim Toilettengang keine Unterstützung brauchen. Für Straßenkinder, Waisenkinder, aids- oder krebskranke Kinder gibt es einige Programme und Einrichtungen, aber die pflegebedürftigen Waisenkinder, die werden vergessen, weggeschlossen und in einigen Fällen sogar von der eigenen Familie ermordet. Dabei gibt es so viele von ihnen, dass wir gar nicht groß nach ihnen suchen müssen. Oftmals ruft das Sozialamt bei mir an oder auch ein anderes Kinderheim in Tansania. Gründe sind meist, dass das behinderte Kind ausgesetzt wurde oder die Mutter verstorben ist.

Viele Eltern schämen sich, weil der Glaube vorherrscht, dass die Behinderung eine Strafe von höheren Mächten sei. Männer lassen ihre Frauen oftmals mit dem behinderten Kind allein zurück. Eine Mutter erzählte mir einst, dass ihr Mann sie direkt nach der Geburt sitzen ließ, nur weil das Kind eine – wohlgemerkt operativ behandelbare – Lippenspalte hatte. Manchmal waren es aber auch andere Familienangehörige, die der Mutter Vorwürfe machten, dass sie mit der Geburt eines behinderten Kindes Unheil über die Familie brachte.

Bei Ally, unserem ersten Kind im Kinderdorf, war genau das der Fall gewesen. Seiner Mutter blieb nach den heftigen Vorwürfen und Streitereien mit den Verwandten ihres Mannes nichts anderes übrig, als zu gehen und das Kind beim Vater zurückzulassen. Allys Vater war ein einfacher Hilfsarbeiter, der den Siebenjährigen dann den ganzen Tag in einem unfertigen Haus, das aus nur einem kleinen Zimmer bestand, allein zurückließ. Bis uns eine Krankenschwester aus dem Ort über das ständige Weinen eines behinderten Kindes informierte, das weggesperrt wurde.

Bei unserem Besuch lag Ally bäuchlings auf einer Plastikfolie, damit er das Bett nicht verschmutzte. Er war so schwach, dass er nicht einmal seinen Kopf drehen konnte und somit die ganze Zeit in seinem Speichel lag. Etliche Moskitos surrten in dem finsteren unverputzten Raum herum. Allys Vater hatte wohl noch kein Geld für die Fenster gehabt, sodass er die offenen Stellen einfach mit Brettern zugenagelt hatte.

In den ersten Tagen, die Ally bei uns war, dachten wir, er würde aufgrund seiner Behinderung nicht direkt auf unsere Ansprache reagieren können. Doch Ally zeigte immer mehr Reaktionen, bis er nach einigen Monaten sogar lächelte, wenn wir ihm sagten, dass er später einmal eine Schule besuchen würde. Zwischen seiner Pflegemama Mama Faraja und ihm baute sich eine innige Bindung auf, und ich vermutete sogar, dass Ally anfangs gar kein Suaheli verstanden hatte, da er so viele Jahre seines Lebens von der Außenwelt und seinen Mitmenschen isoliert gewesen war.

Manchmal lag es nicht nur an der Scham der Menschen, dass ein behindertes Kind versteckt wurde. Im Falle der Albinos machten die Familien das auch zu deren Schutz. Obwohl den Albinos außer ihren mit der Pigmentstörung einhergehenden Problemen mit der Sonnenstrahlung nichts fehlte, gab es in Dar es Salaam sogar ein Sonderschulinternat für behinderte Kinder, in denen nahezu die Hälfte der Kinder Albinos waren. Seit Jahren wurden diese weißen afrikanischen Kinder nämlich systematisch von Verbrechern verfolgt, die mit deren Gliedmaßen bei Hexern Geschäfte machten. Es war kaum vorstellbar, wie Menschen einem solchen Irrglauben verfallen konnten und unschuldige Kinder abschlachteten, nur um sich daran zu bereichern. Die Albinoverfolgung in Tansania war zu einem großen internationalen Thema geworden, und endlich hatte auch der Staat diesen Kindermördern den Kampf angesagt.

Unser Kinderdorf lag zwischen Palmen inmitten einer schönen Hügellandschaft am Stadtrand von Dar es Salaam auf der Halbinsel Kigamboni. Besucher und Volontäre schätzten die Nähe zu traumhaften Stränden am Indischen Ozean und begaben sich während ihres Aufenthaltes meist auch noch auf Safari im Land des Kilimandscharo, der Serengeti und der Insel Sansibar.

Mit dreizehntausend Quadratmetern war unser Grundstück in etwa so groß wie zwei Fußballfelder. Ziel war es, nach der Fertigstellung des Kinderdorfs Platz für bis zu dreißig vollpflegebedürftige Waisenkinder zu schaffen. Die Kinder lebten maximal zu sechst mit ihrer Pflegemama in einem der fünf Kinderhäuser, die kreisförmig um eine Wiese herum angelegt waren. In der Mitte wuchs unser selbst gepflanzter Schatten spendender Baum in die Höhe.

Die meisten Kinder, die zu uns kamen, litten an infantiler Zerebralparese, einer frühkindlichen Hirnschädigung durch Sauerstoffmangel – häufig aufgrund von unnötigen Geburtskomplikationen oder aber auch schweren Erkrankungen wie Malaria oder Meningitis. Es war kein Wunder bei der schlechten Versorgung in den staatlichen Krankenhäusern, dass entweder falsch oder zu spät reagiert wurde. Aufgrund der unzuverlässigen Stromversorgung kam es auch ständig vor, dass Mütter im Dunkeln gebären mussten. Es fehlte einfach an allem, sodass man Spritzen, Kanülen und andere medizinische Artikel in der nächsten Apotheke erst selbst besorgen musste. Manchmal trugen aber auch die Eltern Mitschuld, wenn sie mit ihrem stark fiebrigen Kind zu spät ins Krankenhaus gingen. Besonders bei Malaria oder einer Hirnhautentzündung zählte jede Minute.

Als wäre eine Behinderung nicht schon schlimm genug, traf das Schicksal unsere pflegebedürftigen Kinder doppelt hart. Manche ihrer Mütter waren noch im Krankenhaus wegen zu hohem Blutverlust gestorben, andere an Infektionen. Es war traurige Realität in Tansania, dass so ein wundervolles Ereignis wie die Geburt für beide Seiten derart schwerwiegende Folgen haben konnte. Und so war unser Kinderdorf für diese pflegebedürftigen Waisenkinder nicht mehr wegzudenken. Wer sollte diesen Kindern auch sonst helfen, wo sie sich selbst nicht helfen konnten? Wenn es keine Mutter mehr gab, fiel es den alleinstehenden Vätern schwer, das behinderte Kind selbst aufzuziehen. Selbst wenn sie nochmals heiraten würden, konnte man davon ausgehen, dass die neue Frau an ihrer Seite sich nur ungern um einen Pflegefall kümmern wollte. Selbst gesunde Kinder litten in Tansania oft unter den Torturen ihrer frustrierten Stiefmütter. Wie erging es dann erst behinderten Kindern, die nicht einmal sprechen konnten und so alles klaglos über sich ergehen lassen mussten!

Von vielen unserer pflegebedürftigen Kindern kannten wir die Eltern aber auch gar nicht, da die Kinder mit wenigen Tagen oder Wochen auf der Straße, hinter einem Zaun oder gar in einem Restaurant ausgesetzt und zurückgelassen worden waren. Ihnen musste man dann erst einen Namen geben, schließlich hatte man keinerlei Informationen über sie. Hierzu wurde meist auf der Polizeiwache der Vorname eines fallbetreuenden Polizisten beziehungsweise einer Polizistin genommen, und als zweiter Name wurde entweder der Fundort, eine bekannte Persönlichkeit oder gar der Name der Krankenstation verwendet, auf der das Kind gesundheitlich untersucht worden war. Wir im Kinderdorf gaben ihm schließlich noch den dritten Namen – den Familiennamen sozusagen –, und der war bei all unseren Findelkindern »Moyo«, was auf Suaheli »Herz« bedeutet. Das Alter war oft schwer einzuschätzen, doch besonders bei den Babys ein wichtiges Kriterium, um zu wissen, welche Nahrung sie brauchten. Spätestens wenn die ersten Zähnchen kamen, wusste man, ob man ungefähr richtiglag.

Zuletzt fanden auch stark vernachlässigte behinderte Kinder, deren Eltern sich getrennt hatten, bei uns ein neues Zuhause voller Liebe. Anfangs dachten wir noch, dass wir sie nach ein oder zwei Jahren zu einem Elternteil zurückgeben könnten, wenn sich die familiäre Situation gebessert haben sollte. Doch den Kindern ging es bis dahin dann so gut bei uns, dass wir ihnen ihr schönes Leben und ihr neu gewonnenes Lachen nicht wieder nehmen wollten. Leider war auch vonseiten der Eltern nie eine Besserung eingetreten, und keiner von ihnen wollte sein Kind selber versorgen. Wer aufgrund der finanziellen Lage dann auch noch in einem Armenviertel wohnte, musste sich häufig das Bad im Freien mit zehn anderen Mietern teilen. Das Bad bestand dann meist aus einfachen Mauern ohne Dach, einem Grubenloch für das Toilettengeschäft und einer kleinen Öffnung in der Hinterwand, wo das Duschwasser, das man sich mit einem Eimer übergoss, ins Freie abfließen konnte. Es war das reinste Paradies für Kakerlaken, und so gab es aufgrund der grauenhaften hygienischen Zustände keine Möglichkeit, ein behindertes Kind dort abzulegen, um es abduschen zu können.

Ein Kind, das nicht selbstständig stehen oder sitzen konnte, brachte eben große Herausforderungen mit sich. Je schwerer es wurde, umso schwieriger wurde die tägliche Versorgung. In unserem Kinderdorf legten wir daher als Kriterium fest, dass die Kinder bei der Aufnahme maximal zehn Jahre alt sein sollten. Nicht nur dass man in jungen Jahren noch die größten therapeutischen Fortschritte erreichen konnte, auch hatten wir uns auf diese Weise in den kommenden Jahren Luft verschafft, um mit ihren Bedürfnissen mitwachsen zu können. Als Teenager und Erwachsene könnten sie dann in andere Gebäude mit speziellen Bad- und Tragevorrichtungen ziehen, und sicherlich müssten wir dann auch männliches Pflegepersonal anstellen. Tatsache war, dass sie ihr Leben lang bei uns verbringen würden, denn schließlich gab es in Tansania auch gar keine Alternative für sie.

Die meisten unserer Kinder hatten nämlich nicht nur körperlich eine schwerwiegende Beeinträchtigung, sondern waren dazu noch geistig behindert. Es gab Kinder, die ihre Emotionen komplett abgeschaltet hatten, da sie in anderen Kinderheimen stark vernachlässigt worden waren und die ganze

Zeit über im Bett liegen mussten. Egal was man mit der damals siebenjährigen Lusia auch machte, sie reagierte weder auf Kitzeln noch auf Geräusche oder Schmerz. Sie befand sich wie in einem gefrorenen emotionalen Zustand und bewegte nicht einmal ihre Arme, die aufgrund der jahrelangen Liegeposition seitlich abgewinkelt nach oben zeigten. Nach zwei Monaten intensiver Liebe und Sinnesstimulationen zauberte eine Volontärin von uns das erste Lächeln auf Lusias Lippen. Mittlerweile zeigt Lusia uns täglich ihre Lebensfreude und bewegt dabei aufgeregt ihren Kopf und ihre Arme.

Auch unser Bryan hatte laut der Schwestern des vorherigen Heims noch nie in seinem Leben gelächelt, dabei war er bereits fünf Jahre alt. Es dauerte tatsächlich nur zwei Wochen, in denen er unserer Pflegemama bewies, dass er sehr wohl lächeln und glücklich sein konnte. Auch glaubten die Schwestern, er höre nicht, doch in Wirklichkeit reagierte er darauf, wenn man seinen Namen rief. Am fittesten von allen war aber Erick, der als Fünfjähriger aus einem Kinderheim in Moshi beim Kilimandscharo zu uns kam. Er verstand alles, was man zu ihm sagte, konnte allerdings nicht sprechen. Seine Bewegungen waren verlangsamt, doch konnte er sich auf dem Boden wie ein Frosch hüpfend fortbewegen. Auch war er stolz darauf, jedem Besucher mit Gesten und Lauten sein Zimmer und sein Bett zu zeigen.

Wir wollten den Kindern das Gefühl einer Familie vermitteln, und so gab es in jedem Kinderhaus neben zwei Schlafzimmern ein Wohnzimmer, Esszimmer, Bad und eine kleine Küche. In einem der beiden Schlafzimmer schlief die Pflegemama mit den ganz kleinen oder kritischeren Kindern, während in dem anderen zwei einzelne Kinderbetten und ein Stockbett für die Kinder standen, die weniger Schwierigkeiten hatten.

Die Küche jedes Hauses war mit ausreichend Geschirr ausgestattet, das die Pflegemamas und Helferinnen nach dem Essen jeweils selbst abwuschen. Um sie zu entlasten, wurde das Essen von zwei Köchinnen in unserer Kantine gekocht, die sich unweit der Kinderhäuser befand.

Die pfirsichfarbene Kantine bestand aus einem länglichen Gebäude, dessen Außenfassade bis zur Schulterhöhe mit Steinfliesen verziert war. Direkt vor der Kantine umrandete ein schönes Holzgeländer die Sonnenterrasse, auf der die Volontäre, Gäste und Bauarbeiter das Essen serviert bekamen. Durch die Hanglage hatte man von dort einen wunderbaren Ausblick auf das Kinderdorf und die benachbarten Hügel und Palmen, während man die roten Sonnenschirme aufspannte und die leichte Brise genoss.

Ein engagiertes Frauennetzwerk hatte unsere Kantine pünktlich zur Eröffnung mit modernen Küchengeräten ausgestattet. Wir waren nicht an das örtliche Stromnetz angeschlossen, und so wurde mit Gasherd, Gasofen und Gasfritteuse gekocht, gebacken und frittiert. Auch ein Solarkühlschrank und eine Solargefriertruhe wurden uns gespendet, um die Lebensmittel frisch halten zu können.

An manchen Abenden spannten wir am Kantinenvordach einfach ein Leintuch auf und verwandelten die Sonnenterrasse in ein Open-Air-Cinema. Über einen kleinen Beamer wurden den Angestellten dann Videoaufnahmen von unseren fröhlichen Festen und auch Fotos aus Europa gezeigt, die sie jedes Mal begeisterten. Es überraschte mich dabei immer wieder, wie viel Strom die Sonne erzeugen konnte. Wir hatten selbst nach solchen Abenden, in denen die Musik noch bis tief in die Nacht lief, ausreichend Strom.

Bei uns gingen im Gegensatz zu den Nachbarn nie die Lichter aus. In unserem eigenen Elektrizitätshaus, das mit 16

Solarmodulen ausgestattet war, befand sich neben den großen Batterien ein Spannungswandler, der es möglich machte, Wechselstrom für Handys, Computer, Küchenmixer, Kopiermaschine und sogar unsere halb automatische Waschmaschine in die Häuser zu leiten. Die Sonne schien fast jeden Tag, und so hatte ich mich bewusst für Solarenergie entschieden, anstatt mich mit der unzuverlässigen tansanischen Stromversorgung herumzuärgern. Nur in der Regensaison konnte es ab und zu vorkommen, dass abends die Steckdosen aufgrund der niedrigen Spannung nicht funktionierten, aber zumindest die Lampen an der Decke brannten mit Gleichstrom weiter.

Nicht nur mit Strom waren wir somit unabhängig, auch hatten wir einen eigenen Brunnen gebohrt und waren glücklicherweise auf salzfreies Wasser in einwandfreier Trinkqualität gestoßen. Die tansanische Wassergesellschaft hatte nach einer Prüfung versichert, dass sich unter uns ein wohl nie versiegender riesiger Wasservorrat befand. Ich war überzeugt, dass wir das beste Wasser in ganz Tansania oder vielleicht sogar auf der ganzen Welt hatten. Es schmeckte wunderbar und wurde aus sechzig Meter Tiefe mit einer Solarwasserpumpe zu unserem Fünfzehntausend-Liter-Tank oben am Berg hochgepumpt. Von dort reichte dann der Druck aus, um im ganzen Kinderdorf fließend Wasser zu haben. Auch hatten wir eine ein Kilometer lange Leitung bis zum Stall unserer Nutztiere verlegt und unterwegs Wasserzähler eingebaut, um die Nachbarn gegen Gebühr an unserem kostbaren Wasser teilhaben zu lassen. Damit ersparten wir ihnen das mühevolle Tragen mit Eimern von weit entfernten Brunnen mit minderwertigem und auch gesundheitsschädlichem Wasser.

Auch die überschüssige Milch unserer Kühe, die nicht für unsere Kinder gebraucht wurde, war bei unseren Nachbarn heiß begehrt. Mit dem Verkauf der Milch konnten wir die

Kosten für die Tierhaltung decken und machten sogar noch Gewinn. Nahe dem Kuhstall hatten wir außerdem noch zwei Hühnerställe gebaut. Unsere traditionellen Landhühner schenkten uns dabei die Eier, während die modernen Hühner, die schneller heranwuchsen, zu ihrem Leidwesen im Suppentopf landeten.

Auf eine gesunde und abwechslungsreiche Ernährung legten wir großen Wert und hatten daher mithilfe meiner Freundin Nina, einer Landschaftsarchitektin aus der Stuttgarter Region, einen eigenen Obst-und-Gemüse-Garten im Kinderdorf angelegt. Mit einer ausreichenden Bewässerung gedieh der Garten in voller Pracht. Ananas, Maracujas, Bananen, Mangos, Orangen, Papayas und Zuckerrohr wuchsen bei uns wie im Schlaraffenland. Auch mit Okra, Spinat, Tomaten und Auberginen konnten wir uns selbst versorgen.

Für die Gesundheit unserer Kinder war dies von höchstem Wert. Der kleine Nathan beispielsweise wog mit zweieinhalb Jahren nur knapp sieben Kilo, als er zu uns kam. Er hatte so lange Hunger leiden müssen, dass er anfangs sofort zu weinen begann, wenn es ihm beim Füttern nicht schnell genug ging. Mit der Zeit lernte er aber, darauf zu vertrauen, dass er hier im Kinderdorf immer satt werden würde. Auch das kleine Massaimädchen Mwema wog mit vier Jahren nur knapp über sieben Kilo und sah aus wie eine Einjährige. Ihr Magen musste sich erst Schritt für Schritt an normale Portionen gewöhnen, sodass man sie alle zwei Stunden mit kleineren Mengen füttern musste. Aufgrund der chronischen Hungerphasen hatte sie sich angewöhnt, ihre halbe Hand in den Mund zu stecken, um daran zu nuckeln.

Neben der Ernährung waren natürlich auch Stimulationen und Bewegungen von großer Bedeutung für unsere Kinder. Wir hatten dazu am Fuße des Kinderdorfs ein eigenes Rehabilitationszentrum gebaut, in dem sich unter anderem eine Therapiehalle mit modernen Geräten, einem bunten Bällepool und einem Snoozleraum mit verschiedenen Lichtern, Gerüchen und ertastbaren Gegenständen befand. Auch hatten wir dort ein Sonderschulklassenzimmer mit speziellen Rollstühlen, die Tische vorne dran hatten, eingerichtet.

Manche unserer Kinder hatten aufgrund ihrer Behinderung eine derart schwache Nackenmuskulatur, dass sie ihren Kopf kaum hochhalten konnten. Andere wiederum konnten mithilfe unserer Physiotherapeuten, die mehrmals in der Woche zu uns kamen, das eigenständige Sitzen oder das Stehen üben. Neben den physischen Übungen brauchten Kinder wie Erick aber auch einen Sprachtherapeuten, damit sie lernen konnten, einfache Wörter auszusprechen.

Sicher war es für alle ein langer Weg, doch die Erfolge ließen sich dennoch sehen. Die lebenslustige Consolatha beispielsweise, deren Mutter verstorben war, schaffte es mittlerweile, mit Drehungen und Wendungen überall hinzurobben, wo sie wollte. Wenn man ihr Kichern hörte und ihr Strahlen sah, ging jedes Mal die Sonne auf. Sicher, sie war schwerstbehindert, und doch hatte sie das fröhlichste und heiterste Gemüt, das man sich vorstellen konnte. Dicht gefolgt von Kelvin, der jedes Mal in schallendes Gelächter ausbrach, wenn er einen Menschen sah, den er mochte. Seine Lieblingsposition war die Buddhahaltung, doch vor lauter Lachen kippte er auch manchmal vornüber, da er seine Hände noch nicht so recht benutzen wollte.

Nicht nur unsere Kinder brachten eine gute Stimmung ins Kinderdorf, auch unsere Volontäre und die vielen Angestellten machten ihre Aufgaben mit Freude und Hingabe. Die Volontäre hatten in der oberen Ecke des Kinderdorfs eigene Unterkünfte und halfen tagsüber dabei, gegen freie Kost und

Logis die Kinder zu füttern, sie zu beschäftigen und zu unterhalten. Mit Ölmassagen, Gesang und Musik zauberten sie Lächeln auf ihre Gesichter. Es kamen Volontäre aus der ganzen Welt. So hatten wir einmal Susana da, eine Spanierin mit Ukulele, die im Nu einen kleinen Fankreis um sich versammelt hatte, der ihrer bezaubernden Stimme und dem Klang der Ukulele lauschte. Manch ein Kind schaffte es dann, trotz Behinderung vor Freude in die Hände zu klatschen und zu applaudieren.

Physiotherapeut Francesco aus Italien fühlte sich inmitten der ganzen afrikanischen Mamas pudelwohl und erheiterte alle mit seiner offenen, herzlichen und überaus lustigen Art. Schwede Albin hingegen versetzte uns dadurch in Staunen, dass er tausend Kilometer durch Afrika zu Fuß gelaufen war und unterwegs schon kräftig Suaheli gelernt hatte. Jeder bereicherte das Kinderdorf auf seine eigene Art. Besondere Qualifikationen brauchte man deswegen nicht mitzubringen. Selbst wenn man mit den Kindern nur spazieren ging, schenkte man ihnen schon viel Freude. Es gab ein Riesentrampolin mit einem bunten Dach, auf dem die Kinder vor Freude immer jauchzten, und es gab eine spezielle behindertengerechte Schaukel, in der sie wie in einer Wiege durch die Luft schweben konnten. Unser farbenfroher Rutschenturm, dessen Dach aus einem lachenden gelben Smiley mit lustigen Hasenohren bestand, bereitete besonders den gesunden Kindern der Angestellten Freude.

Die meisten Frauen, die sich neben den Pflegemamas um unsere Kinder kümmerten, wohnten mit uns im Kinderdorf. Dazu gehörten die Pflegehelferinnen und die Krankenschwestern, die alle einen Vollzeitjob bei uns gefunden hatten und jeweils ein Apartment in unseren Reihenhäusern bewohnten, die speziell für sie gebaut worden waren. Die Frauen waren alleinstehend, manche jedoch hatten auch ein uneheliches Kind bei sich. Wer später noch heiraten sollte, konnte auch mit dem Ehemann weiter bei uns wohnen. Der Vorteil war, dass wir auch in Notfällen immer eine unserer Krankenschwestern herbeirufen konnten. Auch auf das Gemeinschaftsgefühl hatte dies positive Auswirkungen. Wenn abends alle Aufgaben erledigt waren, setzte man sich gerne noch draußen mit einer Matte auf die Wiese, schaute in den Sternenhimmel und plauderte. Ab und zu entstand dann spontan ein kleines Fest. Dann wurden die Eimer aus den Häusern geholt, und es wurde mit Kochlöffeln getrommelt, während die Frauen und Kinder dazu sangen und tanzten. Es lag den Afrikanern einfach im Blut, sich gekonnt zur Musik zu bewegen und ohne Scheu Lieder zu singen. Sie hatten helle und klare Stimmen, die so schön klangen, dass man meinen konnte, alle hätten von klein auf einen Gesangsunterricht besucht.

Die anderen Angestellten wohnten in der Regel in der Nachbarschaft. Dazu gehörte auch mein stellvertretender Direktor Baba Tedi, den ich schon seit über zehn Jahren kannte. Damals war seine Tochter Tedi gerade mal vier Jahre alt gewesen, als ich für meine Diplomarbeit das zweite Mal ins Land gekommen war. Auch sie hatte wegen Geburtskomplikationen Hirnschädigungen erlitten und war sehr schwach gewesen. Ich finanzierte damals für Tedi den Transport, damit sie dreimal die Woche zur Physiotherapie gebracht werden konnte. Später unterstützte meine Mutter Tedi, indem sie für sie die Gebühren des Sonderschulinternats im weit entfernten Dodoma bezahlte. Mittlerweile war Tedi zu einer jungen Dame herangewachsen, die sich glücklich schätzen konnte, Eltern zu haben, die sie nicht zu Hause versteckten.

Mit der Hingabe, mit der Baba Tedi sich seit Jahren für Tedis Wohlergehen kümmerte, bewies er, dass er der richtige

Mann für unser Kinderdorf war. Egal ob spät am Abend oder mitten in der Nacht, Baba Tedi schaute nie auf die Uhr und war immer für uns da. Zusammen mit mir leitete er den weiteren Bau und bemühte sich, Lösungen für alle auftretenden Probleme zu finden oder auch mal Reibereien unter Angestellten zu schlichten. Baba Tedi war um die fünfzig und wusste, wie man mit Menschen respektvoll umging. Egal wie anstrengend manche Tage oder Situationen auch sein mochten, Baba Tedi brachte nichts aus der Ruhe. An der Wärme, die seine Augen ausstrahlten, konnte man ohne Zweifel erkennen, dass er ein herzensguter Mensch war. Mein Traum von einem Kinderdorf, das pflegebedürftigen Waisenkindern in schwerster Not ein liebevolles Zuhause schenken sollte, war auch zu seinem Traum geworden, und so half er unermüdlich jeden Tag, ohne auch nur einmal an seine eigene Freizeit zu denken.

Oft träumte ich davon, was für eine Erleichterung es bedeuten würde, wenn das Kinderdorf schon ganz fertig gebaut wäre. Auch Baba Tedi würde dann mit seiner Familie ins Kinderdorf ziehen können. Der Bau konnte einen viel Energie und Nerven kosten. Die Gebäude hatte ich alle selbst geplant und mit Bleistift und Lineal aufgezeichnet. In Tansania brauchte ich dazu kein Architekt zu sein, denn meine Grundrisse mit Maßangaben in englischen Fuß konnten auch von den einheimischen Bauarbeitern, die ihr Handwerk entweder in Kursen oder auch einfach von anderen Bauarbeitern gelernt hatten, verstanden werden. Für ein typisches Haus in Tansania brauchte es keine Isolierungen oder hoch komplizierten Bautechniken. Die Wände waren mit Blöcken aus einem Sand-Zement-Gemisch gebaut und wurden anschließend verputzt. Der Boden wurde schlicht mit einem Holzblock platt gestampft und anschließend dick mit Zement ausgegossen.

In der Regel bauten unsere Bauarbeiter alles sozusagen von

Hand, ohne größere Maschinen oder technische Geräte. Die wichtigsten Werkzeuge waren dabei Hammer, Wasserwaage und Winkel. Ab und zu kam auch eine Bohrmaschine zum Einsatz. Trotz dieser Umstände waren unsere Häuser äußerst stabil und hoben sich in ihrer Schönheit vom normalen Standard staatlicher Einrichtungen deutlich ab. Um Ideen zu sammeln, stöberte ich dabei immer wieder online nach Bildern von fertigen Gebäuden und schuf dann anhand der gesammelten Impressionen unser Kinderdorf im eigenen Stil.

Da ich zusammen mit Baba Tedi direkt vor Ort war, ging der Bau flott voran, und die meisten Fehler konnten vermieden werden. Einmal merkte ich aber gerade noch rechtzeitig, dass einer unserer fest angestellten Bauarbeiter den Plan der Personalhäuser verkehrt herum gehalten hatte und das Bad mit der Toilette dorthin bauen wollte, wo sich eigentlich der Hauseingang befand. Wir mussten beide lachen, denn entweder hatte er die Zahlen kopfüber gehalten oder sich beim Anschauen des Grundrisses rücklings dicht an unsere Kinderdorfmauer pressen müssen, ohne zu merken, dass der Hauseingang dann direkt vor der Mauer platziert gewesen wäre. Man lernte eben nie aus. Sicher würde ich das nächste Mal meine Pläne deutlicher kennzeichnen.

Jedes Mal wenn ich von oben am Berg das Kinderdorf überschaute, wunderte ich mich aufs Neue, wie wir es bloß schaffen konnten, so viele Menschen in Europa von unserem Projekt im weit entfernten Afrika zu überzeugen. Meist blieb mir keine Zeit, mich um Fördergelder zu kümmern, sodass all dies tatsächlich über die vielen kleineren und größeren Spenden von einzelnen Menschen, Firmen und privaten Organisationen möglich gemacht wurde. In meinem Verein Human Dreams e.V. konnte man schon für zehn Euro monatlich Fördermitglied sein oder auch für dreißig Euro im Jahr. Die Beiträge waren jedoch frei wählbar, und so waren die Fördermitgliedschaften für uns eine wichtige und zuverlässige Einnahmequelle. Auch Kinderpatenschaften boten wir an und freuten uns, wenn der Pate uns und sein Patenkind dann eines Tages in Tansania besuchen kommen wollte.

Die Beiträge und Spenden ermöglichten es uns, die monatlichen Kosten für den Unterhalt des Kinderdorfs und die Personalkosten zu decken. Mittlerweile beschäftigten wir mit Pflegepersonal, Hilfskräften, Bauarbeitern und Tierhütern bereits fünfundzwanzig Angestellte. Dazu brauchten wir jeden Monat um die viertausend Euro, während der Bau jeden Monat noch einmal genauso viel verschlang. Die relativ geringen Unterhaltskosten waren möglich, da das Leben in Tansania recht günstig ist und wir uns an den für Tansania üblichen Gehältern orientierten. Und doch boten wir unseren Angestellten mit ihren Familien ein völlig neues und besseres Leben. Kaum einer von ihnen war jemals fest angestellt gewesen, und so bot das regelmäßige Einkommen eine neue Möglichkeit für sie, den Umgang mit Geld zu erlernen und ihr Leben und ihre Zukunft zu planen.

Mit der Festanstellung war es ihnen auf einmal möglich, die Schulgebühren für ihre Kinder rechtzeitig zu bezahlen oder auch von uns einen Vorschuss für ihre privaten Wünsche zu bekommen, der spätestens innerhalb von drei Monaten abgezahlt werden musste. Bei der einfachen Bevölkerung in Tansania war es oft so, dass man das Geld, das man hatte, auch gleich wieder ausgab. Sparen war sozusagen ein Fremdwort. Während in unserer westlichen Kultur im besten Fall jeder schauen sollte, wie er sich selbst versorgen kann, ist es in Tansania noch tief verankert, dass Familienangehörige von anderen abhängig sind. Und so kam es häufig vor, dass jemand aufgrund von

Krankheit oder einer misslichen Lebenslage finanzielle Hilfe bei seinen Verwandten oder Freunden suchte. Egal wie fest man es sich auch vornahm, etwas für sich beiseitezulegen – es kam dann meist doch anders. Man lebte im Jetzt und dachte dabei nicht daran, was morgen sein würde, denn das wusste, wie die meisten meinten, schließlich sowieso nur Gott.

Um unseren Angestellten entgegenzukommen, gab es bei uns zwei Zahltage im Monat. Auch wenn es manchen bis heute noch schwerfiel, die Verwendung ihres Geldes in zweiwöchigen Abständen zu planen, so konnten wir besonders bei unserem weiblichen Pflegepersonal große Fortschritte erkennen. Aber auch bei den Bauarbeitern zeigten sich diesbezüglich mehr und mehr positive Veränderungen. Auch wenn in Tansania Frauen den Männern noch lange nicht gleichgestellt sind, so hörten sich unsere männlichen Angestellten dennoch meinen Rat an und respektierten mich als Direktorin. In Tansania konnte es zwar schnell passieren, dass man von Männern umgarnt wurde, doch ich versuchte dem durch meine neutrale Kleidung zu entgehen. Unsere weiblichen Angestellten hingegen betonten in der Regel gerne ihre Weiblichkeit durch schicke Röcke oder hautenge Leggings.

Meine langjährige Erfahrung im Zusammenleben mit den Ärmsten in Tansania ermöglichte es mir, mich in das Leben unserer Angestellten und in ihre Denkweise hineinzuversetzen. Suaheli war schon wie eine zweite Muttersprache für mich geworden und verhalf mir zu einer einwandfreien Verständigung.

Da mir viel am Wohlergehen unseres Personals lag, schlossen wir für alle eine Krankenversicherung ab, mit der sie in gut geführten Privatkrankenhäusern mit insgesamt vier weiteren Familienmitgliedern kostenlos behandelt werden konnten. Ich berief für die Übergabe der Versicherungskarten extra eine Versammlung ein, um mit meinen Angestellten diesen wichtigen Augenblick feiern zu können. Ich wollte, dass sie alle verstanden, was für ein gravierender Unterschied dies für sie bedeuten würde, und ermahnte sie dazu, nicht mehr die schlechten staatlichen Krankenhäuser zu nutzen – schließlich konnte einen das aufgrund der mangelhaften Zustände und der unmotivierten Arbeitshaltung des Pflegepersonals schnell das Leben kosten.

Auch für all unsere Kinder hatten wir diese wertvolle Krankenversicherung abgeschlossen. Für sie gab es auch einen Sondertarif, und so kostete es uns pro Kind nur zwanzig Euro für ein ganzes Jahr. Wer uns also hundert Euro spendete, konnte damit schon fünf Kindern ein Jahr lang die beste Gesundheitsversorgung bieten. Dennoch schlossen die wenigsten Kinderheime in Tansania solch eine Versicherung für ihre Waisenkinder ab. Voraussetzung dafür war auch, dass das Kind eine Geburtsurkunde besaß, die man erst beim Registeramt beantragen musste. Es war dabei nicht immer einfach mit den Beamten, wenn es darum ging, eine Geburtsurkunde für ein ausgesetztes Kind zu bekommen, dessen Daten unbekannt waren. Wir ließen jedoch nie locker, und wenn dies auch bedeuten konnte, dass wir die Angelegenheit bis zum Vorgesetzten trugen.

In der Tat war es so, dass ich als Weiße oft sogar mehr erreichen konnte als die Einheimischen. Zum einen mag das an meiner Hartnäckigkeit liegen. Zum anderen eignete ich mir meist schon im Voraus das nötige Wissen über das Internet an. Dadurch konnte ich viel vehementer auftreten als jemand, der sich beim kleinsten Widerstand gleich abwimmeln ließ, weil ihm die Argumente ausgingen. Man musste oft kämpfen, um ans Ziel zu kommen. Der tansanische Staat unterstützte uns in keinerlei Hinsicht, hatte aber Auflagen, die er selbst nicht einhielt. Wir konnten stolz darauf sein, dass wir dennoch alle erfüllten und so auch eines der wenigen Kinderheime waren, das eine offizielle Kinderheimlizenz zur rechtmäßigen Führung besaß.

Wie es sich für eine NGO, eine nicht staatliche Organisation, in Tansania gehörte, ließen wir unsere Abrechnung jedes Jahr von einem staatlich geprüften Auditor prüfen. Es freute mich immens, als dieser nach unserer ersten Prüfung voller Anerkennung zu mir sagte: »This is the best, the best, the best financial account!« Er war ein Mann im Pensionsalter, der in seinem Leben schon etliche Buchhaltungen von großen und auch kirchlichen Organisationen im Land geprüft hatte, und ausgerechnet bei der unseren brach er in eine derartige Begeisterung aus!

Es lag wohl daran, dass es für jede Ausgabe auch einen Beleg gab, ich alles sauber geordnet und dokumentiert hatte und jede Ausgabe auch Sinn machte. Das Finanzielle lag dabei allein in den Händen von Baba Tedi und mir, um sicherzugehen, dass das Geld sparsam und ehrlich verwendet wurde. Ich kannte die Herkunft von so gut wie jedem einzelnen Gegenstand, von den Fliesen bis zu den Möbeln und den Haushaltsgegenständen.

Das meiste davon hatte ich durch hartes Feilschen selbst besorgt, um immer das Günstigste, Beste und Schönste zu erhalten. Die Wege, die ich dabei für meine Besorgungen auf mich nehmen musste, hatten es jedoch teilweise in sich. Einmal hatte ich auf einer Schotterpiste mit einem Meer aus Schlaglöchern im letzten Augenblick noch gemerkt, dass ein Rad bereits drei von fünf Schrauben verloren hatte. Die Straßen waren so schlecht, dass selbst der Schrittzähler einer deutschen Freundin auf einer kurzen, gemeinsam im Jeep zurückgelegten Strecke über tausend Schritte angezeigt hatte.

Fuhr man hingegen auf asphaltierten Straßen in der Stadt, dann brachte einen der Verkehr zum Wahnsinn. Das Linksfahren war ich zwar schon gewohnt, doch nicht jeder hielt sich an die Regeln oder Straßenschilder – sofern diese überhaupt aufgestellt waren.

Das alles nahm ich wie selbstverständlich in Kauf, da es mir schon immer ein großes Anliegen war, mit Geld achtsam umzugehen. Mit den Spenden war es nicht anders. Bisher war es völlig ausreichend gewesen, dass ich unseren deutschen, den tansanischen und den indischen Verein nur über meinen Laptop verwaltete, ohne teure Büroräume mieten zu müssen. Einmal im Jahr versendeten wir die Spendenbescheinigungen per Post, aber ansonsten lief alles über kostenlose E-Mails. Die Verwaltungskosten in Deutschland setzten sich also allein aus dem Porto für Spendenbescheinigungen und Druckkosten für die jährlichen Grußkarten und Flyer zusammen. Dabei schaute ich, dass selbst diese Kosten durch die Beiträge unserer Vereinsmitglieder gedeckt werden konnten.

Inzwischen hatte ich dazu ehemalige Volontäre, die allesamt sehr engagiert und mit dem Herzen bei unseren Kindern waren, mit ins Boot geholt. Denn zum einen war es an der Zeit gewesen, einen Teil der immensen Aufgaben auf andere zu verteilen, und zum anderen sollte natürlich im Notfall der Verein auch ohne mich weiterfunktionieren können. Besonders Anne, unsere stellvertretende Vorsitzende, war schon von Anfang an mit dabei gewesen. Schon als mein erstes Buch *Sternendiebe* erschienen war, hatte sie in ihrer Heimatstadt im hohen Norden eine Lesung für mich organisiert. Und kaum hatte ich das Kinderpflegeheim in Indien eröffnet, war sie angereist gekommen und konnte unsere Kinder im Anschluss daran nie vergessen. Später reiste sie bis nach Tansania und scheute auch keine Mühe, unser alljährliches Human-Dreams-

Bergwochenende zu organisieren – auch wenn dies eine zehnstündige Zugfahrt mit ihrem Kleinkind bis ins Schwabenland bedeutete. Keine Frage, dass Anne sich dann auch bestens dazu eignete, die Kinderpatenschaftskoordinatorin für Human Dreams e.V. zu sein.

Ich konnte mich glücklich schätzen, dass wir mittlerweile sowohl in Deutschland als auch in unseren Projekten im Ausland tolle Menschen gefunden hatten. Denn die Anfänge waren nicht einfach gewesen. So hatte sich zu Beginn des Kinderdorfbaus unter unseren Bauarbeitern wohl das ein oder andere schwarze Schaf befunden. Es waren sozusagen wilde Zeiten, denn sowohl bei uns als auch in der Nachbarschaft und in anderen Kinderheimen wurde immer wieder eingebrochen. Hinterher war es offensichtlich, dass einer unserer Bauarbeiter wohl Infos an eine Verbrecherbande weitergegeben hatte, sodass diese genau wusste, wann Zahltag war und welche Häuser sie sich im Kinderdorf vornehmen sollten. Dumm für sie nur, dass ich am Tag des Überfalls die Gehälter noch nicht zur Auszahlung ins Kinderdorf gebracht hatte. Für unseren Verein entstand somit kaum ein Schaden, doch leider für die anderen Kinderdorfbewohner, die den Einbrechern ihr Bargeld, ihre Handys und auch Laptops überlassen mussten und dazu noch einen großen Schreck erlitten.

Das Problem lösten wir schließlich, indem wir eine Sicherheitsfirma mit drei Mann anstellten, wovon einer sogar bewaffnet war. Einem Nachbarn kauften wir noch zwei Hunde ab, die den Nachtwächtern eine Unterstützung sein sollten. Und das waren sie in der Tat. Es vergingen gerade einmal vier Wochen, da versuchten die Einbrecher es tatsächlich ein zweites Mal. Doch noch ehe sie überhaupt am Tor waren, schlugen die Hunde bereits an und alarmierten unsere Wächter. Den

Einbrechern blieb nichts anderes übrig, als laut fluchend und über die Hunde schimpfend wieder davonzuziehen.

Keiner von uns hätte gedacht, dass sie zwei Monate später wieder mitten in der Nacht einen Angriff starten würden. Sie fühlten sich wohl zu sicher, schließlich war allgemein in Tansania bekannt, dass Nachtwächter in der Regel lieber schliefen, anstatt die Stellung zu halten. Doch kaum war der erste von ihnen über die Mauer geklettert, fiel ein Schuss. Unser Wächter hatte nur den passenden Moment abgewartet und war zu allem bereit. Die Einbrecher jaulten auf und kletterten in Todesangst so schnell es ging wieder auf die andere Seite der Mauer.

Die lange Mauer um unser großes Grundstück und die recht isolierte Lage waren immer noch Risikofaktoren, sodass wir schließlich auch noch Glasscherben auf unserer Kinderdorfmauer einzementierten und vier Solarstraßenlaternen installierten, die in der Dämmerung automatisch angingen. Die Einbrecher kamen glücklicherweise nie wieder, sie hatten nun sowieso keine Chance mehr.

Nach und nach bekamen wir am Stadtrand von Dar es Salaam immer mehr Nachbarn, denn die Fünf-Millionen-Stadt wuchs und wuchs. Der neue Präsident räumte gleichzeitig kräftig auf im Land und kämpfte gegen Drogen, Korruption und Betrug. Es gab viel zu tun in Tansania, und keiner wusste so genau, was die Zukunft bringen würde.

Ich hatte den Eindruck, dass es vielen Menschen in der Stadt mittlerweile finanziell besser ging als noch vor fünfzehn Jahren, als ich mich das erste Mal im Land aufhielt und die Mittelschicht kaum zum Vorschein gekommen war. Besonders in unserem Stadtteil Kigamboni veränderte sich das Bild extrem. Um vom Stadtzentrum auf die Halbinsel Kigamboni zu gelangen, musste man eine Fähre über den Hafen nehmen.

Früher fürchteten sich die Leute noch davor, weil im Notfall auch kaum ein Tansanier schwimmen konnte. Und so entwickelte sich Kigamboni erst recht spät. Doch mittlerweile strömten die Menschenmassen auf die Fähren, die nach wenigen Jahren dann schon wieder gegen größere ersetzt werden mussten. Kam man dann in Kigamboni an, fühlte man sich schon fast wie auf überfüllten Plätzen in Indien oder auf einem lauten Rummelplatz.

Anstelle der traditionellen Wickeltücher und einfachen Flipflops trugen die afrikanischen Frauen mittlerweile schicke Kostüme und liefen auf Stöckelschuhen. Häufig trugen sie auch Perücken oder hatten ihr Haar gegen einiges Geld in einem Salon kunstvoll flechten lassen. Manche Frauen gaben ihr Geld zudem für teure Kosmetik aus, wie etwa für Wunderpillen, welche die Haut aufhellen sollten.

Es war wohl überall auf der Welt gleich. Der Mensch strebte nach immer mehr, und der Materialismus hatte alle fest im Griff – auch in Tansania. Besonders seit die Chinesen vor etwa zehn Jahren ins Land gekommen waren und alle Produkte von der Unterhose bis zum neuesten Smartphone günstig anboten. Ich hatte oft den Eindruck, die Leute in der Großstadt merkten gar nicht, dass es ihnen mittlerweile finanziell besser als früher ging, denn kaum hatte man etwas erworben, wollte man auch schon das Nächste haben. Oder aber das neu gewonnene Geld wurde von den Männern gleich in einer der Bars, die wie Pilze aus dem Boden schossen, verplempert. Kaum einer dachte daran, das Geld für die Ausbildung seiner Kinder oder auch als Notreserve für schwierige Lebenslagen anzulegen.

Oft sehnte ich mich nach dem einfachen und ruhigeren Dar es Salaam zurück, wie ich es Anfang der Jahrtausendwende noch kennengelernt hatte. Doch auch das andere Extrem, ein Leben in einem kargen afrikanischen Dorf, in dem es kaum etwas zu arbeiten oder zu kaufen gab, war für den Großteil der Tansanier nicht einfach. Vielerorts gab es immer noch keinen Strom, und selbst für Wasser oder einen Schulbesuch musste man kilometerweit laufen. Die Menschen lebten von den spärlichen Ernten ihrer mickrigen Felder, deren Bewässerung vom Regen abhängig war. Leider war das Wetter aber inzwischen auch in Tansania recht unberechenbar geworden, und so lebten viele Menschen auf den Dörfern in bitterer Armut.

Auch als Kinderdorfdirektorin wurde ich ständig damit konfrontiert, was Armut bedeuten kann. Es verging kaum eine Woche, in der nicht eine Mutter mit ihrem behinderten Kind vor unserem Tor stand, um uns um Hilfe zu bitten. Die Situationen ähnelten sich meist. Das Kind war aufgrund von Geburtskomplikationen schwerstbehindert, der Vater hatte die Familie verlassen, weil er es nicht ertrug, ein behindertes Kind großzuziehen, für das er aufgrund von dessen speziellen Bedürfnissen finanziell tief in die Tasche greifen müsste. Als Alleinerziehende konnte die Mutter nicht arbeiten gehen, da sich auch kein Hausmädchen finden ließ, das sich um ihr behindertes Kind zuverlässig kümmern würde. Ohne Arbeit kein Geld, ohne Geld kein Essen, keine Medizin und auch keine Therapien für das Kind. Es war ein wahrer Teufelskreis, und die Mütter taten mir mit ihren Kindern immer sehr leid.

Dennoch mussten wir aufgrund der großen Nachfrage streng mit unseren Kriterien sein. In unserem Kinderdorf wurde in der Regel kein Kind aufgenommen, das eine liebevolle Mutter hatte. Nur einmal machte ich eine Ausnahme, als eine recht junge Massai mit einem Bündel auf dem Rücken vor uns stand. Wir dachten, die Massaimama trüge einen Säugling in ihrem Kanga, doch in Wahrheit war das chronisch unterernährte Mädchen bereits vier Jahre alt. In der Massaigemeinschaft wollte sich keiner um das behinderte Kind kümmern, sollte die Mutter einmal abwesend sein. Nicht einmal die Oma liebte ihr Enkelchen. Anders sah es da bei seinem Geschwisterchen aus, einem gesunden Mädchen, das mit einem Jahr schon größer als ihre vierjährige Schwester war. Als der Mutter von anderen Massai sogar geraten wurde, das behinderte Mädchen doch zu vergiften, wandte sie sich in ihrer verzweifelten Lage an uns.

Anderen alleinerziehenden Müttern hatte ich anfangs immer geraten, eine Kindertagesstätte zu suchen, die bereit wäre, das behinderte Kind tagsüber mitzubetreuen. Aber es stellte sich bald heraus, dass die Mütter mit ihren Kindern immer abgewiesen wurden. Doch wer sonst konnte auf ein pflegebedürftiges Kind aufpassen, wenn es keine Familie gab und die Freunde keine Unterstützung waren? Es gab so viele dieser Fälle, dass meine Liste mit den Kontaktdaten wuchs und wuchs. Ständig flehten mich Mütter mit ihren Kindern im Schlepptau an, oder ich erhielt Anrufe von verzweifelten Frauen. Es musste eine zuverlässige Lösung her, sodass es den Müttern tagsüber möglich war, erwerbstätig zu sein. Nur so wären sie nicht mehr auf Almosen angewiesen und könnten ihr Leben selbst in die Hand nehmen. Wenn es also nirgends eine Kindertagesstätte gab, die vollpflegebedürftige Kinder aufnehmen wollte, dann musste ich eben die Initiative selbst ergreifen.

Eine glückliche Fügung wollte es, dass unser Nachbar sein Grundstück, das noch einmal genauso groß wie unseres war, zum Verkauf anbot. Es grenzte direkt an unseren Zaun, an dem während der Regensaison ein kleiner Bach entlanglief. Der Bach bildete sozusagen die Spiegelachse der beiden Grundstücke, denn von dort aus ging es beidseitig in der Hügellandschaft leicht hoch. Leider hatten wir zu dem Zeitpunkt überhaupt kein Geld übrig, um noch einmal ein Grundstück zu kaufen. Aber dann geschah etwas Unglaubliches. Ich unterhielt mich eines Tages mit Angela, einer deutschen Sonderschullehrerin, die mehrere Monate bei uns war, darüber, wie schön es doch war, dass unser Kinderdorf noch so mitten in der Natur lag. Wir liefen gerade den Weg zu den Kinderhäusern hoch, als ich zum Nachbargrundstück hinüberzeigte und davon sprach, dass es wohl bald in Parzellen aufgeteilt werden würde. Dies bedeutete auch, dass alles mit Häusern zugebaut werden würde und uns die zukünftigen Nachbarn dann im Kinderdorf sozusagen beobachten konnten.

Nie im Leben hätte ich damit gerechnet, dass Angela daraufhin spontan meinte, sie würde uns die dreißigtausend Euro für das Grundstück zinsfrei ausleihen! Ich war zunächst einmal sprachlos, denn mit so einer großzügigen Geste rechnet man schließlich nicht alle Tage. Schließlich meinte ich zu ihr, dass wir in drei Jahren, wenn der Bau fertig sein würde, sicher das Geld problemlos wieder zurückzahlen könnten. Und selbst wenn es nicht wie geplant laufen würde, könnte man das Grundstück mindestens zum gleichen oder sogar zu einem höheren Preis wieder verkaufen.

Zusammen mit einer Anwältin setzten wir also einen Vertrag auf und kauften dem Nachbarn das dreizehntausend Quadratmeter große Grundstück, auf dem einige Cashewbäume und Palmen standen, ab. Von nun an musste ich die alleinerziehenden Mütter in Not nicht mehr abweisen, sondern nahm ihre Personalien und Informationen über ihre Kinder in einem Register auf, mit dem Versprechen, dass wir sie kontaktieren würden, sobald es mit der Kindertagesstätte losgehen konnte. Natürlich würde es bis dahin noch eine Weile dauern, aber wir konnten den Müttern zumindest Hoffnung schenken. Ihnen stand die Erleichterung und Dankbarkeit ins Gesicht geschrieben. Zum ersten Mal konnten sie an eine Lösung ihrer Probleme und an eine bessere Zukunft für ihre Kinder glauben.

Auch wenn es für genauere Pläne noch etwas Zeit war, rechnete ich bereits damit, Platz für mindestens fünfzig pflegebedürftige Kinder zu schaffen, die von uns von morgens bis nachmittags therapeutisch, schulisch und medizinisch betreut werden würden. Mit eigenen Sonderschulbussen würden wir sie von zu Hause abholen und am Ende des Tages wieder heimbringen. Einige Mütter würden wir als Pflegehelferinnen, Putzfrauen oder Hilfsköchinnen anstellen können, und für die anderen würden wir uns weitere Arbeitsmöglichkeiten ausdenken, womit sie tagsüber beschäftigt sein würden und ihren Lebensunterhalt verdienen konnten.

In Hinblick auf die Gestaltung der Kindertagesstätte träumte ich von familiären Häusern wie die in unserem Kinderdorf, in denen die Kinder schöne und ruhige Tage verbringen konnten, und ich stellte mir freundliche Sonderschulklassenzimmer vor, in denen sie gefördert werden würden. Einem großen Rehabilitationszentrum, in dem Therapien stattfinden würden, wären ein Hydropool für Wassertherapie und ein Snoozle-Cinema, ein ganzes Stimulations-»Kino«, angeschlossen. Die Ideen gingen mir nie aus, nur bevor mein Traum Wirklichkeit werden konnte, musste ich es erst schaffen, dass mein Verein die dreißigtausend Euro an Angela zurückzahlen konnte …

4.

Wer sich entschieden hat, etwas zu tun,
und an nichts anderes denkt,
überwindet alle Hindernisse.
Giacomo Casanova

»So kann ich Ihnen leider nicht weiterhelfen«, hörte ich den TÜV-Gutachter ächzen, als er unter meinem Mini Cooper aus der Grube herausstieg. Er habe die komplette Anhängerkupplung nach einem dringend benötigten eingestanzten Prüfzeichen abgesucht, doch es schien so, als sei dieses entweder vergessen worden, oder das mitgelieferte Gutachten würde gar nicht zu meiner Anhängerkupplung gehören.

»Aber wie kann das sein, ich habe sie doch über einen Laden in Augsburg neu bestellt?«, fragte ich ihn mit bleichem Gesicht. Meine Fundraising-Tour sollte nach den Zeitungsberichten offiziell bereits in vier Tagen stattfinden, und ohne eine eingetragene Anhängerkupplung durfte mein Mini keinen Wohnwagen ziehen. Ich hatte vom TÜV nur mit Überredungskunst noch einen Termin am frühen Morgen bekommen. Und nun schien selbst dieser Termin geplatzt zu sein.

»Wenden Sie sich am besten an die Firma, die sie Ihnen verkauft hat. Eine andere Lösung gibt es nicht.« Das saß. Was sollte ich jetzt nur tun? Für mich stand fest, dass ich pünktlich losfahren musste, doch alles schien an der deutschen Bürokratie im letzten Moment noch zu scheitern. Dass man in Deutschland aber auch immer alles so eng sehen musste …

Aus Afrika war ich anderes gewohnt. Aber die Flexibilität musste eben hinter der Sicherheit zurückstehen, was natürlich auch in vielen Momenten sein Gutes hatte.

Nervös suchte ich noch an Ort und Stelle auf meinem Smartphone online nach der Telefonnummer der Firma in Augsburg. Ich brauchte jetzt sofort eine Lösung, auch wenn ich mir nicht vorstellen konnte, wie diese in Anbetracht der Kürze der Zeit aussehen sollte.

Schon seit Tagen hatte mir das Thema Anhängerkupplung schlaflose Nächte bereitet. Natürlich waren die kleinen Minis nicht dazu gebaut worden, Lasten hinter sich herzuziehen, und so war es immer noch in der Schwebe, ob ich meinen Traum tatsächlich verwirklichen konnte oder nicht. Auf die Erleichterung hin, dass sich auch sechzehn Jahre nach dem Produktionsstopp von Rover noch eine Firma finden ließ, die eine für mein Auto passende Anhängerkupplung verkaufte, folgte schnell ein weiteres großes Hindernis: Nachdem sie fachmännisch in der Mini-Werkstatt eingebaut worden war, erfuhr ich nämlich, dass man für die Eintragung vom TÜV noch eine Unbedenklichkeitserklärung des Herstellers brauchte, welche die freigegebene maximale Anhängelast aufführte. BMW hatte zwar Rover aufgekauft, doch hatten sie nichts mit den alten Mini-Modellen zu tun.

Nach erfolglosen Telefonaten hatte ich lange das Internet durchstöbert, bis ich in einem Mini-Forum von einer Fahrzeugservicestelle an der niederländischen Grenze gelesen hatte, die angeblich per E-Mail weiterhelfen konnten. Mit wenig Optimismus hatte ich mein Glück versucht und war völlig überrascht gewesen, dass ich zwei Stunden später eine von MG Rover ausgestellte Unbedenklichkeitserklärung aus dem Jahre 2001 ausdrucken konnte, die genau zu meinem Fahrzeugtyp passte.

Das Dokument führte dabei zwei verschiedene maximale Anhängelasten auf. Ein Wohnwagen, der kein eigenes Bremssystem hatte, durfte dabei viel weniger wiegen als ein gebremster. Doch ich hatte Glück. Dadurch, dass unser Eriba-Puck-Caravan aus dem Jahre 1966 stammte, war er aufgrund seiner einfachen Bauweise sozusagen ein Fliegengewicht und durfte auch ungebremst vom Mini gezogen werden.

Nach all diesen Herausforderungen hing ich nun also am Telefon und diskutierte mit der Firma in Augsburg, wie sie mir auf die Schnelle mit dem Prüfzeichen der Anhängerkupplung helfen konnten. Hinfahren war aufgrund der Entfernung keine Option, und so versprachen sie mir, bis morgen zumindest einen Aufkleber mit dem Prüfzeichen per Post an mich zu senden. Doch irgendwie hatte ich bereits im Gefühl, dass der TÜV damit wohl immer noch nicht zufriedenzustellen wäre. In meiner Not wandte ich mich an meinen Bekannten Martin, den Chef einer Fahrzeugtechnikfirma, die mit einem Betrag von fünftausend Euro Hauptsponsor unserer Tour war. Wäre es ihm vielleicht möglich, das Prüfzeichen selbst noch einzustanzen?

Auf Martin war in der Tat Verlass. Ich durfte gleich zu seiner Firma kommen, wo er mir im Nu alle Zahlen und Buchstaben einzeln mit einem Buchstabenset und einem Hammer auf einem gut sichtbaren Teil der Anhängerkupplung einstanzte. Jetzt hieß es, das Wochenende abzuwarten, denn der TÜV-Gutachter gab mir für Montag – den letzten Tag vor unserer geplanten Abreise – noch einmal eine Chance, mit dem Wagen vorzufahren.

Es war sehr knapp, doch das Schicksal meinte es gut mit mir. Dieses Mal geriet ich an einen sehr netten Herrn, der zwar meinte, dass das eingestanzte Prüfzeichen immer noch nicht gültig sei, da kein TÜV-Stempel mit eingestanzt war.

Doch das holte er kurzerhand eigenhändig nach, nur um mir zu helfen! Für diese Geste hätte ich ihm glatt um den Hals fallen können. Endlich konnte ich mich richtig auf unsere bevorstehende Tour freuen. Die Anspannung der letzten Tage wich mit einem Male von mir. In den kommenden zehn Wochen auf Reisen würde ich dann bestimmt auch genügend Gelegenheiten haben, um mich von den Strapazen der Vorbereitungen zu erholen. Es hatte nämlich vorab unheimlich viel zu organisieren, zu beschaffen und zu gestalten gegeben.

So hatte unser Designerfreund Walter anhand meiner Vorlage für die Beklebung des Wohnwagens wasserfeste Aufkleber erstellt und ausgedruckt und in mühevoller Arbeit mit seiner Frau Rosika rundherum angebracht. Auf die Tür kam unser strahlendes »Human Dreams e.V.«-Logo und daneben ein Foto von mir mit Julie und die Coverabbildungen meiner beiden Bücher. Zwischen bunten Prilblumen aus den Siebzigern, die den ganzen Wohnwagen ringsherum verzierten, prangte der Schriftzug »Autorin Nicole Mtawa auf Tour für Kinder in Afrika«.

Auf der anderen Seite des Wohnwagens fanden in einer Bilderkette acht Fotos von unseren fröhlichen Kindern in Tansania und eine Frontansicht des Kinderdorfs Platz. Der Slogan »Hilfe für vollpflegebedürftige Kinder« machte dabei auf den Zweck unserer Tour aufmerksam.

Auf die Heckseite, die während des Fahrens anderen Autofahrern besonders ins Auge stechen sollte, wurde das ganze Fenster mit einer auflockernden Idee beklebt: Lachen = zehn Euro, Überholen = zwanzig Euro, Hupen = fünfzig Euro, und Fotoschießen sollte stolze hundert Euro »kosten«. Wer also unsere Fundraising-Tour für Kinder in Tansania unterstützen wollte, konnte gleich per PayPal an help@humandreams.org spenden oder mich telefonisch kontaktieren. Auf beiden Seiten des Heckfensters klebten dann noch Fahnen von allen sechs Ländern, durch die wir auf unserer insgesamt siebentausend Kilometer langen Reise fahren würden. Während ursprünglich nur Deutschland, Schweiz, Liechtenstein, Österreich und Ungarn geplant waren, überlegte ich mir fürs nächste Jahr noch Italien auf einer weiteren dreiwöchigen Reise mit hinzuzunehmen.

Sponsoren, die uns bei der Beschaffung, Herrichtung, Ausstattung und Unterbringung unseres Gespanns kostenlos geholfen hatten, fanden namentlich mit aussagekräftigen Symbolen wie einem Garagendach, Werkzeug und einem Geldsack vorne am Bug Platz. Und die Logos von Firmen, die uns mit einer großzügigen Geldspende unterstützten, verzierten die Seite des Wohnwagendachs. Zuletzt musste natürlich auch der Mini noch zu seinem Caravan-Anhänger passen, und so bekam er ebenfalls fröhliche Prilblumen und das Vereinslogo auf seine Seiten draufgeklebt.

Nachdem die Außengestaltung fertig war, hatte ich mich um andere wichtige Schritte kümmern können. Damit es uns trotz der kleinen Wohnfläche im Wohnwagen an nichts fehlte, wollte ich unbedingt ein kleines Solarsystem installieren, das mir während der Reise nicht nur Strom für Licht, sondern auch für die Arbeit am Laptop und das Aufladen des Handys liefern würde. Auch Julie sollte die Möglichkeit bekommen, sich ab und zu zur Entspannung ein Cartoonvideo anschauen zu können. Mit dem Solarsystem würden wir dann auch unabhängig von kostenpflichtigen Campingplätzen sein und könnten so günstig wie möglich reisen.

Dadurch, dass unser komplettes Kinderdorf in Tansania mit Solarstrom versorgt wurde, hatte ich schon viel Erfahrung in diesem Bereich sammeln können. Online bestellte ich also ein 80-Watt-Solarmodul, das genauso breit war wie das elektrische Faltdach meines Mini, und schraubte es unter dessen Aluminiumrahmen an. Bei gutem Wetter würde das offene Faltdach dann den Sonnenstrahlen den Weg freigeben, während man es bei schlechtem Wetter wie gewohnt schließen konnte.

Um das System zu vervollständigen, brauchte es noch zwei Batterie- und Solarmodulanschlusskabel, die den Strom vom Mini zu einem Laderegler im Wohnwagen leiteten und von dort weiter zu einer speziellen Solarbatterie, um den Strom auch für die Nacht speichern zu können. Über einen kleinen Spannungswandler wurde der Gleichstrom dann in Wechselstrom umgewandelt, sodass ich meine technischen Geräte ganz normal über eine 24-Volt-Steckdose anschließen konnte. Ich hatte Glück gehabt, dass ich für die elektrische Installation nichts zu bezahlen brauchte. Marco, ein netter junger Mann, dessen Vater einen Elektrobetrieb besaß, hatte ohne zu zögern alles kostenlos für uns eingerichtet, und das, obwohl wir uns gar nicht kannten. Ich war ihm so dankbar dafür, denn die horrenden Preise in Deutschland für eine derartige Installation konnten einem wirklich Angst und Bange machen.

Hatzi, der mir den Wohnwagen zur Verfügung stellte, war dann auch noch so nett gewesen und hatte mir die dreihundert Euro, die mich das komplette Solarsystem gekostet hatte, zurückerstattet. Sogar die Haftpflichtversicherung für den Wohnwagen übernahm er vollständig. Hatzi musste wirklich ein ganz besonderer Mensch sein, dass er all das für uns tat. Um unterwegs dann auch bei etwaigen Pannen Unterstützung zu erhalten, schloss ich zur Sicherheit noch eine Versicherung bei einem Abschleppdienst ab.

Nun blieb nur noch, dafür zu sorgen, dass wir auch gegen kalte Nächte geschützt waren, die uns besonders in den Schweizer Bergen bevorstehen würden. Eine überdimensionale Daunendecke, unter der ich mich mit Julie bei kälteren Temperaturen von Kopf bis Fuß verkriechen konnte, erfüllte schließlich diesen Zweck. Positive Farben spielten dabei in meinem Leben eine wichtige Rolle, besonders seit ich das bunte Indien und Afrika bereist hatte. Schwarz und Grau hatte ich aus meinem Leben verbannt, genauso wie kältere und blasse Farben. Kein Wunder also, dass mein Handy rot und mein Laptop korallenfarben war. Die Daunendecke durfte also ebenfalls auf keinen Fall standardmäßig weiß sein – egal wie lange ich auch für meine besonderen Wünsche suchen müsste. Auch würde unsere breite Polsterfläche im Wohnwagen »Wohnzimmer« und »Schlafzimmer« in einem sein, sodass auch ein Bettüberzug für mich nicht infrage kam. Letztendlich fand ich dann übers Internet eine günstige magentafarbene Daunendecke aus Italien, die noch rechtzeitig geliefert werden konnte. Dazu passte eine flauschige orangefarbene Kuscheldecke, die als Leintuchersatz dienen würde.

Nachdem ich auch noch die tollen Eulenvorhänge – die zu Julies Freude sehr kindgerecht aussahen – aus einem Baumarkt umgenäht und an den Wohnwagenfenstern angebracht hatte, war ich vollkommen zufrieden mit dem Ergebnis. Jetzt mochte ich fremden Leuten unterwegs gerne Einblicke in unser farbenfrohes kleines Reich gewähren.

Hatzi hatte uns ursprünglich auch noch eine Gefriertruhe angeboten, aber ich lehnte dankend ab. Ich wollte stattdessen den spärlichen Platz lieber für eine Toilette nutzen. Erst dachte Hatzi, ich mache Witze, denn der Wohnwagen sei dazu wohl doch etwas zu klein. Aber das war mein voller Ernst. Ich suchte so lange im Internet, bis ich eine zusammenklappbare Porta-Potti-Toilette fand, die von den Maßen wunderbar unter unsere Liegefläche passte. Der obere Tank war dabei geformt wie eine richtige Sitztoilette und besaß eine Handpumpe, mit der man nach dem Toilettengang das Wasser in die Kloschüssel pumpen konnte. Davor machte man aber noch den Schieber vom unteren Zehn-Liter-Tank auf, in dem ein natürliches Zersetzungspulver für flüssiges Abwasser sorgte.

Die Kunst beim Reisen in einem knapp drei Meter langen und nur anderthalb Meter breiten Wohnwagen bestand wohl darin, dass man dennoch den ganzen Haushalt, den es für ein angenehmes Leben unterwegs brauchte, am rechten Platz zu verstauen in der Lage war. Dazu gehörten unsere Kleider, das Geschirr, Lebensmittel, Spiele, Puzzle und CDs für Julie. Selbst ein aufgeblasenes rotes Mickymaus-Boot hing von einem Haken an der Schranktür herunter und sorgte für die rechte Urlaubsstimmung.

Damit auch der Mini komplett ausgerüstet war, hatte ich mir ein günstiges Navi, eine Kinderwarnweste für Julie und ein neues Erste-Hilfe-Set beschafft. Auf die Rückbank kamen Kartons mit meinen Büchern, die ich unterwegs verkaufen wollte.

Am Morgen des achten August war es endlich so weit. Wir verabschiedeten uns von unseren Nachbarn, die uns sogleich die ersten Geldspenden mit auf den Weg gaben, und Julie nahm in ihrem schicken rot-orangenen Kindersitz als Beifahrerin direkt neben mir Platz. Das war möglich, da der alte Mini mit seinen über zwanzig Jahren noch nicht mit Airbags ausgestattet war.

Ich war ganz aufgeregt. Auf kurzen Strecken hatte ich das Fahren mit Wohnwagen hintendran zwar schon getestet, aber Situationen, in denen es einmal einen steilen Berg mit über zwanzig Prozent Steigung hinaufzufahren galt, kosteten mich noch viel Mut. Doch allem Anschein nach brauchte ich mir keine Sorgen zu machen. Mini schaffte das problemlos, wenn auch nur langsam und in den niedrigsten Gängen.

Der Wohnwagen war zum Glück auch nicht viel breiter als der Mini, sodass zumindest das Vorwärtsfahren kaum einen Unterschied machte. Aber ich musste zugeben, dass es mit dem Rückwärtssteuern des Anhängers noch nicht wirklich funktionierte. Man musste dazu ja auch immer verkehrt herum denken. Wollte ich den Wohnwagen nach hinten rechts steuern, musste ich links einschlagen, dazu aber auch noch den genauen Zeitpunkt erkennen, wann ich das Lenkrad wieder herumdrehen musste. Ich war jedoch zuversichtlich, dass ich mir dieses Geschick auf unserer weiten Reise schon noch aneignen würde.

Nun mussten wir aber schauen, dass wir pünktlich durchs Startband fuhren. Vom Ortsteil Herlikofen, wo ich für unsere alljährlichen Deutschlandbesuche noch ein Zimmer bei meiner Mutter hatte, waren es gerade einmal vier Kilometer bis zum Treffpunkt am Schießtalplatz in Schwäbisch Gmünd, der in den Zeitungen, den sozialen Medien und in meiner Rundmail bekannt gegeben worden war. Es war ein unglaublich tolles Gefühl, mit dem Mini den kurvigen Berg hinunterzufahren und dabei den auffälligen Wohnwagen mitzuführen. Ich war mir sicher, dass keiner der Entgegenkommenden so etwas schon mal gesehen hatte.

Wie viele Leute wohl kommen würden, um uns auf eine gute und erfolgreiche Reise zu schicken? Ich dachte an den überwältigenden Andrang von letzter Woche zurück, als unser erster Kurzfilm über das Kinderdorf in einem lokalen Kino gezeigt worden war. Der Saal war voll gewesen bis auf den letzten Platz. Über hundert Interessierte waren gekommen, um sich ein besseres Bild von unserem Kinderdorf machen zu können und im Anschluss daran unser fahrbereites Gespann von innen und von außen zu bestaunen. Mit ihren großzügigen Spenden und ihrer Begeisterung zeigten mir die Menschen an dem Abend deutlich, wie toll sie unsere Idee mit der Fundraising-Tour fanden.

Kurz vor Ankunft am Schießtalplatz sagte ich zu Julie, sie solle sich mit den Luftballons bereit machen, mit denen sie aus dem Fenster wedeln würde. Ich suchte über meinen Transmitter noch ein passendes Lied und drückte auf den Knopf des elektrischen Faltdachs, um das Solarmodul freizugeben.

Ein bunter Haufen fröhlicher Menschen winkte uns bei der Einfahrt jubelnd zu. Freunde und Bekannte waren gekommen, andere wiederum trafen wir zum ersten Mal. Mit dabei eine ältere Frau, der die Tränen in den Augen standen, als sie uns viel Erfolg wünschte. Die Anteilnahme rührte mich, und auch die Geschenke, mit denen unser treuer Fankreis gekommen war. So übergab uns die Bürgermeisterin eines Nachbarorts einen ganzen Überlebenskorb voll mit den verschiedensten Lebens- und Genussmitteln. Carmen, die einst meine Bücher gelesen hatte, brachte mir eine dicke CD-Mappe mit Kindervideos für Julie mit. Und plötzlich hielt ich sogar einhundert Schweizer Franken in der Hand, um damit in der Schweiz Benzin kaufen zu können.

Die Stimmung war einfach toll, besonders da meine ehemalige Schulkameradin ihren dreijährigen Sohn mit dabeihatte, der augenblicklich mit Julie auf dem Platz herumflitzte. Julie gefiel das so gut, dass sie begann, wild zur Musik zu tanzen und Pirouetten zu drehen.

Punkt zehn Uhr saßen wir dann aber im Auto, während meine Mutter mit Bürgermeisterin Eßwein das Startband hielt. Hupend und winkend fuhren wir schließlich in der Mitte durch und hörten den freudigen Jubel aller Anwesenden, als das Band einriss. Ich war voller Vorfreude auf all die Erlebnisse, Bekanntschaften und Abenteuer, die uns nun bevorstanden, und auch Julie war total aufgeregt. Nur für meine

Mutter war es sicher schwer, wieder in eine leere Wohnung ohne fröhliches Kinderlachen zurückzukehren.

Wenigstens über meinen Blog würde sie an unserer Reise teilhaben können, denn ich hatte mir vorgenommen, während der Tour regelmäßig Fotos und Berichte zu posten. Ich hatte vorher zwar noch nie einen Blog geschrieben, aber über Suchmaschinen fand man dazu ja zum Glück viele Informationen. Im Nu war die Adresse www.fundraisingtour.blogspot.com mit der Headline »Mini Cooper mit Oldie-Caravan fährt für Kinder in Afrika« eingerichtet gewesen, wo ich als ersten Post den selbst gestalteten Tourflyer hochgeladen hatte.

Auch für unterwegs würden die Flyer von großer Wichtigkeit sein, denn darauf stand unter anderem, wie man uns unterstützen konnte. Nicht nur über Spenden oder neue Mitgliedschaften würde ich mich dabei freuen, sondern auch über eine heiße Dusche und leckere Mahlzeiten. Eine kostenlose Übernachtung oder auch Spritgeld waren selbstverständlich ebenso willkommen wie die Unterstützung in Bezug auf die Fahrzeuginstandhaltung oder auch Kontakte zu Medien, um möglichst viele Menschen zu erreichen. Schließlich hatte ich mir ein sehr hohes Ziel gesteckt, das, wenn überhaupt, nur mithilfe von vielen gutgesinnten Menschen zu schaffen sein würde: In zehn Wochen sollten stolze fünfzigtausend Euro zusammenkommen! Damit würden wir dann nicht nur das Grundstück für die Kindertagesstätte zurückzahlen können, sondern hätten auch eine gute Startbasis für unsere neuen Pläne.

Nun, auf den ersten Kilometern unserer Tour, fragte ich mich allerdings, ob der große Betrag nicht vielleicht doch etwas zu gewagt war. Würden wildfremde Menschen tatsächlich ihr Herz für schwerstbehinderte Kinder im Tausende von Kilometern entfernten Afrika öffnen? Bevor ich weiter darüber nachdenken konnte, hörte ich schon Julie im typischen Ton einer Vierjährigen sagen: »Sind wir gleich daaa …?«

»Gelangweilte, nörgelnde Kinder, schlechtes Wetter? Für Eltern eine Horrorvorstellung – für Lufti kein Problem!« Die Begrüßung auf der Homepage des Indoor-Spielelands im Kreis Bodensee sprach mich sofort an, traf sie doch den Nagel auf den Kopf. Der Himmel war so grau, dass es grauer nicht mehr ging, und kalter Nieselregen konnte einem so richtig die Laune verderben. Bei solch einem Wetter verkrampfte sich in mir immer alles, und ich sehnte mich automatisch nach Afrikas tiefblauem Himmel zurück, der in der Regel nur während der kurzen Regensaison mit Wolken behangen war.

Es war erst unser dritter Tag der Tour. Julie beklagte sich zwar nicht über das Wetter, aber irgendwie hatte sie sich trotz großer Vorfreude noch nicht so ganz mit der neuen Situation anfreunden können. Sie hatte mit ihrer Oma in den letzten Wochen bei unserem Besuch viel Spaß gehabt, und so kamen ihr nun selbst die kurzen Abschnitte, die wir fuhren, viel zu lang vor. Am ersten Tag waren es schließlich nur anderthalb Stunden gewesen, bis wir auf einem kostenlosen Stellplatz in Pfullingen alles vorgefunden hatten, was man für die erste Rast brauchte: nette Wohnmobilnachbarn, Stromanschlüsse und sogar ein angrenzendes Freibad. Am nächsten Morgen hatten sich zu unserem Glück sogar noch ein paar Sonnenstrahlen gezeigt, während Julie mit anderen Kindern im Wasser geplanscht hatte. Nach weiteren hundert Kilometern hatten wir dann Ute, eine Freundin in Weingarten, erreicht, zu der sogar noch Simone mit Julies Spielkamerad Rafi und dessen kleiner Schwester dazugekommen war. Utes Sohn war ein Jahr älter als Rafi und Julie, doch obwohl sich die vier schon von klein auf kannten, war dieses Mal irgendwie der Wurm

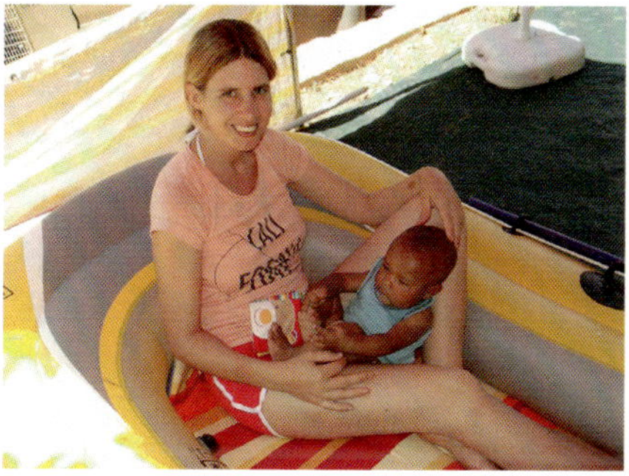

Julie, die kleine Weltenbummlerin:
geboren in Australien, aufgewachsen in Tansania und
ein Gummiboot als Laufstall in Kroatien

Wir erobern die Welt, auf dem Gotthard (2106 m)

Julie liebt den kleinen Mini und das Leben im Wohnwagen

Wir geben niemals auf!
Mit dem Abschleppdienst hoch den Berg und dann geht es fröhlich weiter …

Bild rechts: Im Alpendorf Andermatt

Bild unten: Das hart erkämpfte Foto vor dem Wiener Riesenrad im Prater

Ein unvergessliches Wochenende zu Hause bei Corinne Hofmann,
der weltberühmten »Weißen Massai«, in Lugano, Schweiz

Matteo Piano, der 2.09 m große mailändische Volleyballnationalspieler,
quetscht sich gern für ein Fotoshooting in den Mini …
… und tauscht zu Julies Erheiterung spontan Schuhgröße 51 gegen 26

Das Human Dreams Kinderdorf mit den Kinderhäusern in der Mitte und den Volontär-und Gästehäusern im Hintergrund

Für bis zu dreißig schwerstbehinderte Waisenkinder sind wir eine neue Familie

Für Spiel und Spaß ist im Kinderdorf gesorgt!

Ein tolles Team pflegt die vollpflegebedürftigen Kinder voller Liebe

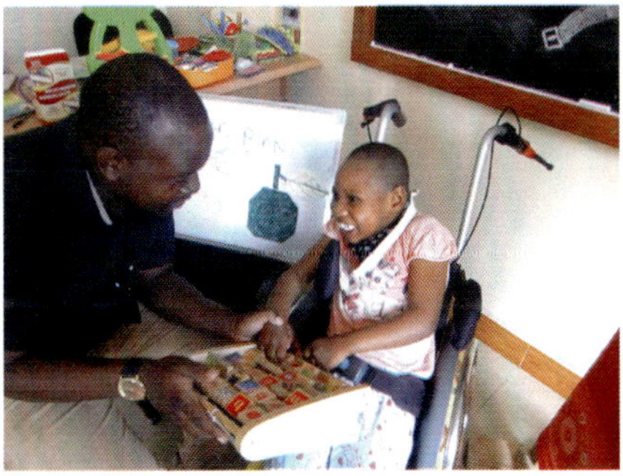

Im eigenen Rehabilitationszentrum erhalten unsere Kinder Physiotherapie, Sonderschulunterricht und medizinische Versorgung.

Julie hat viel Spaß in den Dünen. Für sie ist es der größte Sandkasten der Welt! Trotz der kargen Landschaft Namibias laufen uns sogar Zebras über den Weg. Unten: Mit dem Bulli auf Tour. Julie liebt das Camperleben

drin. Erst als wir am nächsten Morgen im Spieleland Lufti angekommen waren, kam bei allen endlich Freude auf.

Während ich mich mit Simone im Gastronomiebereich entspannen und unterhalten konnte, düsten Julie und Rafi mit Bobby-Cars und Dreirädern durch die Halle. Hatten sie genug davon, dann hüpften sie ausgelassen in der Dschungelhüpfburg herum und schmissen sich gegen die aufgeblasenen Palmen und Bananen, oder kraxelten im Kletterlabyrinth bis ganz nach oben, um die Wellenrutsche hinunterzujagen.

Das Spieleland konnte Kindern anscheinend nicht nur ein paar schöne Spielstunden schenken, sondern kleine Kinderseelen regelrecht verzaubern. Auch wenn wir nun die Fahrt wieder alleine fortsetzten, von nun an war Julie genauso aufgeregt wie ich auf alles Neue, was wir in den nächsten Wochen unterwegs noch erleben würden.

Bisher gab es nur einen groben Plan für einzelne Stationen, und so waren wir noch recht flexibel. Kurz vor dem Start hatte ich beispielsweise vom »Historischen Campen« beim Erwin Hymer Museum in Bad Waldsee erfahren. Zum Motto »Summertime! Pack die Badehose ein« sollte es kunterbunte, klitzekleine, riesengroße, elegante, skurrile, aber auch geniale Caravan-Gespanne zu bestaunen geben. Das klang vielleicht spannend! Ich wollte unbedingt mit unserem Mini Cooper und Eriba Puck daran teilnehmen, um mit anderen Oldtimerbesitzern Teil der lebenden Open-Air-Ausstellung zu sein und abends nach einer Camper- und Fahrerlagerparty mit Schlagern und Hits aus vergangenen Zeiten gemeinsam auf dem Gelände zu übernachten.

Dummerweise war die Anmeldefrist längst überschritten, und auch die Dame am Telefon konnte für mich keine Ausnahme machen. Aber wir würden schon sehen, so schnell wollte ich mich nicht geschlagen geben. Schließlich wäre das neben dem ganzen Spaß auch die perfekte Gelegenheit, um Spenden für unsere Tour zu sammeln.

Bereits am Vorabend des Oldtimer-Events trafen die ersten Camper vor dem Gelände des Museums ein. Auch wir suchten uns im Dunkeln eine Stelle auf dem riesigen Parkplatzgelände aus, damit ich am nächsten Morgen möglichst früh den Veranstalter noch bitten konnte, uns doch in der Ausstellung mit aufzunehmen. Gerade als wir uns die Decke über den Kopf ziehen wollten, klopfte es an der Wohnwagentür. Wer konnte das nur sein? Die Überraschung konnte nicht größer sein. Als ich die Tür öffnete, stand doch tatsächlich unser Wohnwagenspender Hatzi mit seinem schwanzwedelnden Tibet-Terrier davor!

Julie, der große Hundenarr, war sofort wieder hellwach, und auch ich freute mich riesig, dass Hatzi uns wieder einmal unterstützen wollte und extra den zweistündigen Weg auf sich genommen hatte. Wir zündeten seine mitgebrachten Teelichter an, die trotz des kalten Nieselwetters sofort eine wohlig warme Atmosphäre schafften, und berieten uns über den morgigen Tag. Zwar hätte er nicht viel Zeit mitgebracht, aber des Schrankfachs, das leider bereits am ersten Tag heruntergekracht war und beim Schlafen nun schräg über unseren Köpfen hing, wollte er sich morgen auf jeden Fall annehmen. Offensichtlich hatten wir es mit Julies Spielen, Puzzles und Büchern zu sehr überlastet, sodass die alten Schrauben nachgegeben hatten.

Plötzlich, als Hatzi seine Jacke an einen Haken neben der Tür hängen wollte, krachte auch dieser ab. Von nun an würden wir unseren Pucky – der trotz seines hohen Alters von einem halben Jahrhundert immerhin noch TÜV bekommen hatte – wohl nur noch wie Watte behandeln dürfen …

Am nächsten Morgen kam Hatzi dann mit einer heißen Tasse Tee und Keksen von seinem Wohnmobil wieder zu uns herüber. Als wir kurze Zeit später durch das Fenster sahen, dass sich so langsam etwas am großen Tor regte, machten wir uns zu Fuß dorthin auf. Die angemeldeten Oldtimer hingegen durften der Reihe nach alle auf die ihnen zugewiesenen Plätze im Museumsgelände fahren. Zum Glück hatte es dabei endlich aufgehört zu regnen, denn sonst wäre es sicher eher eine Matsch- anstelle einer Sommerparty geworden.

Der Kassierer am Tor hörte sich unser Anliegen an und gestattete uns, den Veranstaltungsleiter aufzusuchen. Als ich dann vor uns eine Lücke zwischen weiteren Eriba-Puck-Wohnwagen sah, die anscheinend noch nicht belegt war, witterte ich meine Chance. Als der Veranstaltungsleiter kurz darauf gefunden war, hoffte ich auf eine gehörige Portion Glück. Mit dem Hinweis auf unsere wichtige Fundraising-Tour für notleidende Kinder in Afrika und die Tatsache, dass es zwar schon ein paar Eriba Pucks zur Schau gab, allerdings keinen einzigen in der Kombination mit einem schönen alten Mini Cooper, brauchte es gar nicht so viel Überredungskunst: Der nette Herr gab uns den heiß ersehnten Platz!

Stolz fuhr ich wenig später an türkisblauen Isettas, orangenen VW Käfern, roten Fiats 500 und noch anderen blitzenden Autos vorbei und baute schließlich auf dem uns zugeteilten Platz unsere Werbeutensilien auf.

Auf Julies rotem Klappstuhl im Retrolook platzierte ich eine gläserne Mini-Cooper-Spardose für die Spenden. In ihrem Gummiboot fanden meine Bücher zum Verkauf aufgereiht vor dem Wohnwagen Platz, und schließlich brachte ich unsere Tourflyer und Vereinsbroschüren in durchsichtigen Kunststoffbehältern mit Saugnäpfen am Wohnwagenfenster an.

Damit auch Julie gut beschäftigt war, breitete ich ihren Straßenspielteppich auf der Wiese aus und holte ihren Sandkasteneimer und ihre Barbies zum Spielen heraus. Nachdem auch der Sonnenschirm aufgespannt war, erkannte Hatzi sofort, was unbedingt noch fehlte. Im Nu eilte er zum nächsten Laden, um mir noch einen Campingstuhl zu besorgen. Nun konnte ich also wirklich für die Besucher gut erreichbar sein, ohne mir stundenlang die Füße in den Bauch zu stehen.

Zur Mittagszeit war die Festatmosphäre bereits perfekt: Es tönten Schlager aus den 60ern und 70ern von der Bühne herüber, der Duft von Köstlichkeiten vom Grill erfüllte die Luft, und viele Leute waren in Originalkleidung der vergangenen Jahrzehnte gekommen. Julie zog dabei mit ihrem Blumenkleid im Hippielook und ihren wilden blonden afrikanischen Locken begeisterte Blicke auf sich. Es dauerte nicht lange, da hatte sie eine gleichaltrige Freundin gefunden, mit der sie die nähere Umgebung erkundete. Bald tanzten sie auf der Bühne ausgelassen zur Musik und spritzten sich an einem speziell fürs Fest errichteten Teich, in dem ein schwimmendes Caravan-Boot trieb, gegenseitig nass. Als sie der Hunger packte, gingen wir eine saftige Wurst mit Pommes kaufen und tranken dazu frisch gemachte Sommerdrinks.

Ich war froh, dass Julie so schnell Gesellschaft gefunden hatte, denn nur so konnte ich mich auf die vorbeikommenden Besucher einlassen, die interessiert Fragen zu unserer Tour und meinen Büchern stellten. Die Bilanz konnte sich am Ende des Veranstaltungswochenendes sehen lassen. Neben äußerst netten Kontakten waren über zweihundert Euro Spenden zusammengekommen. Dazu konnte ich noch zweihundert Euro Benzingeld und zweiundzwanzig verkaufte Bücher zählen. Letzteres war besonders für meine persönliche finanzielle Lage von großem Wert, denn meine eigenen täglichen

Ausgaben inklusive des Benzins wurden selbstverständlich nicht von den gesammelten Spendengeldern bezahlt. Auch hatte ich mir vorgenommen, nur auf Nebenstraßen zu fahren, um in den kommenden Ländern keine Maut bezahlen zu müssen. Eilig hatten wir es ja sowieso nicht, und größer als zweihundert Kilometer brauchten die Abschnitte aus Rücksicht auf Julie auch nicht zu sein.

Bevor wir aber in die Schweiz aufbrechen würden, machten wir noch einen viertägigen Abstecher in meinen ehemaligen Studienort auf der Schwäbischen Alb. Zwar bedeutete das einen Umweg, aber das herzliche Wiedersehen und die großartige Unterstützung von meinen langjährigen Freunden dort machte das schnell wieder wett. Bei meiner damaligen Nachbarin Carmen konnten wir ungestört vorm Haus im Wohnwagen campen, und bei Ilse, einer ehemaligen Hochschulbibliothekarin, wartete am nächsten Tag ein leckerer Kuchen darauf, von Julie und Ilses lieben Enkelinnen Carla und Elisa verzehrt zu werden. Mit Ilses Tochter erinnerte ich mich daran zurück, wie wir vor vier Jahren Julie und Carla nebeneinander synchron gewickelt hatten, als sie erst wenige Monate alt waren.

Wie die Jahre vergingen, wurde mir erst recht bewusst, als ich während unseres Aufenthalts in Albstadt auch noch Ruben alias »Robby« wiedertraf, den kleinen blonden Lausbub aus der Nachbarschaft, mit dem sich Juma bei seinem ersten Deutschlandbesuch dick angefreundet hatte. Ruben war zu Beginn meiner Studentenzeit so alt wie Julie gewesen, und jetzt war er zu einem gut aussehenden jungen Mann geworden, der mich um Kopfeslänge überragte.

Ansonsten kam es mir aber vor, als wäre die Zeit stehen geblieben. Der Besuch bei der Firma Haigis versetzte mich in Zeiten zurück, in denen ich als junger Ferienjobber vor den lauten schmierigen Maschinen gestanden hatte, um mir genug Geld für meine Auslandsreisen zu verdienen. Ich war heilfroh, dass ich mir mittlerweile mein Leben in Afrika vollkommen selbst gestalten konnte, ohne an einen monotonen Vierzigstundenjob gebunden zu sein. Wenn ich jemals in mein altes Leben zurückmüsste, dann käme mir das wohl so vor, als wenn man einen freien Vogel in einen Käfig sperren würde.

Über das Treffen mit Firmenchef Herrn Bürkle freute ich mich jedoch sehr. Er war schon immer sehr nett gewesen und hatte meinen Verein bereits öfters großzügig unterstützt. Auch dieses Mal sprach er mir wieder einen hohen Betrag zu. Für unsere Tour würde er tatsächlich zweieinhalbtausend Euro überweisen! Ich freute mich immens über diesen plötzlichen Spendenzuwachs. Auf meinem Reiseblog aktualisierte ich täglich den Spendenstand, und so konnte jeder sehen, dass sich etwas tat. Sicher, von unserem Ziel waren wir noch weit entfernt, aber nun machten wir uns mit viel Hoffnung auf den Weg in die Schweiz.

Ich traute meinen Augen nicht, als ich zusammen mit Franziska und Beat Barmettler die vielen Scheine in der Spendenbox zählte. Die Barmettlers hatten extra für mich einen Vortragsabend bei sich zu Hause organisiert und Freunde, Nachbarn und Bekannte zusammengetrommelt. Ich erinnerte mich, wie ich mich vor vielen Jahren kurz nach der Vereinsgründung darüber gefreut hatte, als einmal tausend Franken aus der Schweiz auf unserem Konto eingegangen waren. Zu dem Zeitpunkt kannte ich diese Familie aus der Nähe von Luzern noch gar nicht und bedauerte damals, dass ich mich nicht persönlich für die große Unterstützung und das Vertrauen bei ihnen bedanken konnte.

Nun, sieben Jahre später, waren wir uns also zum ersten Mal begegnet und freuten uns nach meiner Fotopräsentation gemeinsam über umgerechnet zweitausend Euro, die an nur diesem einen Abend zusammengekommen waren. Dabei hatten zu meiner großen Überraschung und Freude nicht nur die anwesenden Gäste kräftig gespendet, sondern mir wurden von Franziska sogar Briefumschläge mit Geldscheinen und Grußkarten von verhinderten Gästen übergeben. Über so viel positive Anteilnahme von Menschen, die einen nicht einmal persönlich kannten, konnte man gar nicht dankbar genug sein.

Am nächsten Tag nach einem ausgiebigen Frühstück bedankte ich mich bei Franziska und Beat für ihre wundervolle Gastfreundschaft und machte mich mit Julie auf den Weg nach Horgen, um dort mit Mini und Pucky den Zürichsee mit der Fähre zu überqueren. Wieder waren wir einer Einladung gefolgt, und zwar von Ulrike, die uns wenige Wochen zuvor ehrenamtlich im Kinderdorf als Physiotherapeutin unterstützt hatte. Es war einfach wunderbar, wie sich über meine Bücher und die Projekte so viele nette Bekanntschaften ergaben, sodass wir immer wieder irgendwo kostenlos unterkommen und Ideen austauschen konnten. Der Besuch im nahe gelegenen Kinderzoo in Rapperswil, der vom schweizerischen Traditionszirkus Knie betrieben wird, sollte in mir dabei einen ganz neuen Impuls setzen. Hier begegnete ich zum ersten Mal Miniponys und war genauso wie Julie völlig fasziniert.

In der Höhe maßen diese Miniponys nicht einmal einen Meter, sodass selbst große Hunde mithalten konnten. Ich stellte es mir schon bildlich vor, wie sie auf dem großen Grundstück unseres Kinderdorfs friedlich grasen und dazu noch unsere Kinder erfreuen würden. Wer weiß, wohin mich die Idee noch führen würde. Ich nahm mir vor, mich irgendwann bei Gelegenheit einmal näher mit dem Thema Miniponys zu befassen. Jetzt allerdings zog Julie kräftig an meiner Hand, da sie auf keinen Fall die Seelöwenvorführung verpassen wollte.

Auf den Stufen vor dem überdachten Pool hatten bereits ringsherum viele fröhlich plappernde Kinder mit ihren Eltern Platz genommen und warteten gespannt darauf, dass die Show losgehen würde. Julie zupfte aufgeregt an meinem Arm herum, als plötzlich die Ansage einer Frau aus den Lautsprechern ertönte, dass die Mähnenrobben Chippy, Lupe, Pauline und Che bereit waren. Und da kamen sie auch schon eine nach der anderen herausgetänzelt und nahmen gleich den direkten Weg zum Rutschenturm hoch. Die Stimmung war bombastisch, als die erste Robbe bäuchlings kerzengerade ins Wasser runterschoss, gefolgt von einer anderen Robbendame, die die Rutsche lieber watschelnd hinunterlief. Die Kinder jubelten und klatschten, und Julie lachte laut auf, als der Dompteur auch noch anfing, mit einer aufrecht stehenden Robbe zu tanzen.

Erfüllt von dem schönen Tag, fuhren wir bis zum Abend weiter nach Mollis, wo über das Wochenende ein großes British-Car-Treffen auf dem lokalen Flugplatz stattfinden würde. Wir campten mit unserem Wohnwagen einfach direkt neben einem Hangar und hofften, es würde niemanden stören. Die mächtige Bergkulisse um uns herum verursachte bei mir eine große Vorfreude auf die kommenden Wochen. Ich liebte Berge und konnte es kaum erwarten, schon bald weit oben zu sein.

Auch wenn unserer Tour ein professioneller Eventmanager fehlte, der bestenfalls alles im Voraus für mich hätte organisieren können, so hatten wir doch auch dieses Mal Glück und durften ganz spontan am britischen Oldtimertreffen teilnehmen. Der Veranstalter machte sich dazu auch noch intensiv

Gedanken, wo wir uns am geschicktesten positionieren könnten. Seine Wahl traf auf den Eingangsbereich, direkt zwischen dem Bierzelt und der Hüpfburg, wo sich mit Sicherheit die meisten Leute aufhalten würden. Als besonderer Hingucker waren wir auch noch direkt neben einem knallroten, seltenen Sportflitzer platziert, der so tief gelegt war, dass er beinahe den Boden berührte. Gegen Mittag spielte dann eine Dudelsackgruppe in Schottenröcken direkt vor unserem Platz und lockte viele Leute zu uns herüber.

Der Tag war wieder einmal ein voller Erfolg. Neben verkauften Büchern und einer klingelnden Spendenkasse hatte Julie ihren Spaß mit anderen Kindern auf der Hüpfburg gehabt. Am späten Nachmittag packten wir alles zusammen und nahmen die Route zum Vierwaldstättersee mit dem nächsten Ziel: Berge!

»Sind wir gleich oben?«, fragte Julie mit gedehnter Stimme neben mir. »Hoffentlich …«, antwortete ich angespannt. Als sie noch viele weitere Fragen hinterherschickte, bat ich sie, kurz stillzuhalten, denn ich musste mich sehr konzentrieren. Ich hätte in den Navi-Einstellungen einfach nicht die kürzeste Route eingeben sollen, denn nun fuhr ich auf einem schmalen einspurigen Landweg steil den Berg hinauf – direkt neben mir der tiefe Abgrund … Die bergige Landschaft war wunderschön, keine Frage, doch ich betete, dass wir bald heil oben ankommen würden und uns kein Fahrzeug entgegenkommen würde. Weder gäbe es eine Wendemöglichkeit, noch war Platz zum Ausweichen, und an das Rückwärtsfahren mit Anhänger brauchte ich erst gar nicht zu denken. Sicher erwartete auch niemand, auf dieser Strecke einem Wohnwagen zu begegnen, und so hupte ich vor jeder Kurve, um auf uns aufmerksam zu machen.

Oben an der Hauptstraße angekommen, atmete ich dann erleichtert auf und meinte zu Julie, dass sie jetzt gerne wieder weiterschnattern könnte. Und dann trafen wir auch schon auf dem schönen Ferienhof Rüti ein, der auf achthundert Meter Höhe über dem Vierwaldstättersee mit herrlicher Panoramasicht liegt. Direkt neben den Campingstellplätzen gab es einen tollen Spielplatz mit einem Baumhaus und einem riesigen Trampolin. Die vielen Kleintiere aller Art inklusive zweier zahmer Schweine, die Julie besonders lustig fand, sprachen für einen tollen Aufenthalt. Für diejenigen, die der Natur noch näher kommen wollten, bot der Hof sogar »Schlafen im Stroh« an.

Ich zog mit Julie dann doch lieber unsere bequemen Polster im Wohnwagen vor, doch ich musste erst noch mit der Betreiberfamilie reden, ob sie denn vielleicht auf ihre Weise unsere Tour unterstützen wollten. Bisher hatten wir auf unserer Reise nämlich noch kein Geld für eine Übernachtung ausgeben müssen, und es wäre natürlich wunderbar, wenn das so bleiben könnte.

Am Eingang des Empfangshäuschens hing ein nettes Holzschild mit der Aufschrift »Willkommä bi dä Familiä Schuler«, das die ganze Familie mit den Eltern und drei Kindern in geschnitzter Form abbildete. Mutter Irma und Vater Richard trafen wir dann hinter der Theke der Rezeption an, die zugleich auch ein Laden für alltägliche Gebrauchsartikel und Souvenirs war.

Die beiden waren mir auf Anhieb sympathisch, und ehe ich michs versah, sagten sie uns tatsächlich drei kostenlose Tage bei sich zu! Ich freute mich sehr, dass sie mir damit nicht nur Geld ersparten, sondern mir auch Ruhe schenkten. Endlich konnte ich mich intensiver mit dem Schreiben meines Blogs beschäftigen und unsere Erlebnisse für alle Interessierten online stellen, während Julie auf dem wunderschönen Hof viele Spielkameraden fand.

Gut erholt setzten wir anschließend unsere Reise in die Schweizer Alpen fort. Auf der Gotthardstraße sollte es dabei bis auf 1447 Meter nach Andermatt im Kanton Uri hochgehen. Bereits vor dem Anstieg war ich recht nervös, denn es würde das erste Mal über Serpentinen so hoch hinaufgehen.

Die Sonne knallte gnadenlos vom Himmel, und vor uns schleppten sich die Autos aufgrund von Baustellen nur langsam den Berg hinauf. Immer wieder gab es mitten an den Steigungen rote Ampeln, welche die andauernden Arbeiten regelten. Wir waren noch nicht einmal die Hälfte der Serpentinen hochgekommen, da sah ich schon, wie die Nadel der Temperaturanzeige immer weiter nach oben wanderte …

Das war wohl das Schlimmste, was einem inmitten einer Autoschlange an einem Berg passieren konnte. Dem Mini wurde es bei den dreißig Grad mit der schweren Last hintendran eindeutig zu heiß, und ich betete, dass sich vor uns schnell eine Bucht auftun würde. Ich malte mir schon Horrorszenen aus, wie ich mitten auf der Straße gezwungen wäre, den Motor abzustellen, bevor die Nadel den roten Bereich erreichte. Einen Motorschaden durfte ich schließlich auf keinen Fall riskieren. Meine Güte, wie unangenehm das wäre, wenn wir deswegen nun die Straße blockieren müssten und sich wegen uns alles noch mehr aufstauen würde!

Endlich schaltete die Ampel vor uns wieder auf Grün, und es ging in eine schattige Galerie hinein. Hinter der Galerie kam dann auch schon eine Bucht, in die ich sofort einbog, um das Auto ausmachen zu können. Eine Viertelstunde wartete ich ab, bis der Motor sich ein wenig abgekühlt hatte, doch dann musste ich wohl oder übel den restlichen Berg irgendwie hinter mich bringen. Das Schlimmste lag wohl aber schon hinter uns, und von nun an ging der Verkehr ohne weitere Baustellen zügig voran. Der Fahrtwind tat meinem Motor gut, und es waren zum Glück tatsächlich nur noch wenige Serpentinen, bis wir oben waren. Kaum hatten wir die Steigungen hinter uns, war mein Mini dann auch schon wieder der Alte, der locker leicht den Wohnwagen hinter sich spazieren fuhr.

Nach so viel Adrenalin überkam mich ein umso größeres Glücksgefühl inmitten der mich umgebenden Felsen und Berge hoch oben im Alpendorf Andermatt! Auch Julie schaute begeistert zum Fenster hinaus. Um eine kleine Rast zu machen, fuhren wir auf den großen Seilbahnparkplatz direkt neben dem Gotthard Camping. Die frische Bergluft machte Julie hungrig, sodass ich ihr dort sogleich eine Portion Spaghetti auf unserem Gasherd zubereitete. Um während des Kochens aufrecht stehen zu können, hatte ich zuvor bereits das Hubdach hochgestellt. Es war einfach so praktisch, wenn man von der Küche bis zum Bett alles immer mit dabeihatte und dennoch so schön mobil war. Das immense Freiheitsgefühl, das man bei dieser Art des Reisens empfinden konnte, war kaum zu übertreffen.

Schließlich machten wir mit Mini und Pucky noch ein Fotoshooting neben dem Höhenschild mit einer traumhaften Bergkulisse im Hintergrund und dann noch eines inmitten der hübschen Altstadt, durch die eine schmale gepflasterte Straße vorbei an Souvenirläden, Gäste- und Fachwerkhäusern führte, an denen Schweizer Fahnen wehten.

Julie wollte nun aber unbedingt weiter. Seit ich ihr erzählt hatte, dass wir mit Mini und Pucky heute noch Zug fahren würden, konnte sie an nichts anderes mehr denken. Auch ich fand die Vorstellung aufregend, dass wir allesamt mit der Matterhorn-Gotthard-Bahn durch den fünfzehn Kilometer langen Furkatunnel düsen würden. Auf dem Furkapass galt nämlich Anhängerverbot, und so war die Fahrt mit dem Autoverlad die einzige Möglichkeit, um mit einem Wohnwagen in den Kanton Wallis zu gelangen. Dort auf der anderen Seite wollten wir schon bald in einem Schweizer Berghotel gegen freie Unterkunft und Verpflegung mit anpacken.

Am Bahnhof in Realp schauten wir gespannt zu, wie ein Reisebus schräg über eine Rampe aus dem angekommenen Zug herausfuhr. Wenig später bekamen wir das Zeichen, auf den Autotransportwagen zu fahren. Julie hüpfte vor Freude in ihrem Sitz auf und ab, als wir holpernd von einem überdachten Zugwagen zum anderen bis an das vordere Ende fuhren. Als kurze Zeit später hinter uns die Reihe voll mit Autos war, hörten wir das pfeifende Signal, dass die Fahrt nun losgehen konnte.

Nach wenigen Hundert Metern ging es schon in den finsteren Bergtunnel hinein, und der Zug nahm zügig an Geschwindigkeit auf. Julie jauchzte laut, denn mit den an uns vorbeischießenden Tunnellichtern, dem Rütteln, Rattern und lauten Donnern fühlte man sich tatsächlich ein wenig wie in einer Dunkelachterbahn. Fünfzehn Minuten später erblickten wir dann an der Endstation Oberwald wieder das Tageslicht und tauchten anschließend in die Walliser Welt ein, die so ganz anders war als das, was wir bisher gesehen hatten.

In den Walliser Siedlungen, durch die wir fuhren, machten Häuser aus sonnengeschwärztem Lärchenholz, mit Fundamenten aus Naturstein und Schindeldächern das Bild aus. Alte Stadel, die auf Holzstelzen mit runden Steinplatten obendrauf getragen wurden, wirkten wie aus dem Mittelalter. In diesen Speichern war früher Korn gedroschen und Fleisch getrocknet worden, während dabei die Steinplatten als Barriere für Nagetiere und Ungeziefer dienten.

Nach einem Picknick an einem sprudelnden, klaren Fluss brachen wir auf, um noch vor Einbruch der Dunkelheit im Hotel Emshorn zu sein. Nicht dass wir etwa das Geld zum Übernachten in einem Hotelzimmer gehabt hätten, aber auf meine Anfrage über die Online-Plattform Workaway hatten wir von der Betreiberfamilie eine Einladung bekommen, zwei Wochen in ihrem Berghotel mitzuhelfen.

Auf Workaway konnte man sich die tollsten und interessantesten Aufenthalte heraussuchen, und das auf der ganzen Welt. Man konnte unter anderem sogar bei der Arbeit mit Schlittenhunden in Norwegen oder in einem Dschungelhotel in Guatemala mithelfen. Auch Babysitten in Süditalien oder Englisch-Unterrichten in Costa Rica waren unter den beliebtesten Angeboten mit dabei. Sowohl bei Familien als auch in Schulen, auf Farmen oder auch in der Tierpflege, überall gab es Möglichkeiten zum Erfahrungen-Sammeln und kostenlosen Wohnen, wenn man dazu bereit war, vier Stunden am Tag mit anzupacken.

Ich war nun ganz gespannt auf die Arbeit im Schweizer Berghotel. Von unten im Tal ging es erst einmal viele Kilometer steil den Berg hinauf, doch mittlerweile hatte ich mich schon an das Fahren in den Bergen gewöhnt. Auf 1345 Meter Höhe thronte schließlich das mehrstöckige Hotel mit einer großen Sonnenterrasse hoch oben am Berg. Die Aussicht auf die umliegenden Berner Alpen von dort aus war umwerfend. Für eine heimelige Atmosphäre im Hotel sorgte das Geschwisterpaar Renata und Franziska, die uns sogleich ihren Vater Herbert vorstellten und uns unser gemütliches Zimmer im zweiten Stock zeigten.

Am nächsten Tag saß ich mit Julie bereits in der Küche und schälte Äpfel für einen Kuchen, während mein kleines Helferlein sie in kleine Stücke schnitt. Anschließend entfernte sie hoch konzentriert alle Steine aus den Zwetschgen, um sie nach Renatas Anweisung für die Herstellung von Marmelade vorzubereiten. Der Duft typischer Schweizer Gerichte erfüllte die Küche, als Franziska Walliser Schnitzel und Rösti für das Tagesmenü briet und ihr Vater Herbert seine Spezialität Älpler-Makkaroni zubereitete.

Als es Julie in der Küche dann doch zu langweilig wurde, spielte sie im Wirtsraum mit Legos und Klötzen. Leider waren keine Schulferien, und so kamen kaum andere Kinder den Berg hinauf. Musste ich nach einer gut belegten Nacht einige Betten machen und Zimmer putzen, dann konnte Julie sich derweil Zeichentrickfilme anschauen oder mit ihren Barbies spielen. Irgendeine Lösung fand sich doch immer, wenn man offen für Herausforderungen war. Die vier Stunden Mithilfe gegen Vollverpflegung waren schließlich auch schnell vorbei, und dann gab es auch Tage, an denen wir komplett freihatten und die wunderschöne Umgebung erkunden konnten.

Am tollsten war dabei unser Sonntagsausflug in ein Thermalbad, das inmitten imposanter Berge lag. Nach dem Planschen im heißen Wasser und jeder Menge Spaß mit den Riesenrutschen fuhren wir mit einer Seilbahn noch ein Stück höher, sodass Julie mit ihren vier Jahren sogar zum ersten Mal Schnee an den verbliebenen Stellen berühren konnte. Als sie dann überrascht feststellte, dass Schnee rutschig war, schlitterte sie vergnügt über einen Schneefleck nach dem anderen. Walliser Schwarznasenschafe grasten mit bimmelnden Glöckchen friedlich um uns herum, als wir später damit beschäftigt waren, unserem ersten Schneemann Augen und eine Nase zu verpassen. Zur Krönung des Tages nahmen wir dann auf dem Heimweg noch drei französische Tramperinnen den Berg mit hinunter. Dabei drehte ich meine Oldie-Songs laut auf, und alle sangen fröhlich zu »California Dreaming« mit. Am Ende steckten mir die Damen sogar noch eine Spende zu, die weit größer war als das, was sie für einen Bus hätten ausgeben müssen …

Es sollte nicht die einzige nette Bekanntschaft während unseres Aufenthaltes sein. An einem anderen freien Tag wanderten wir zu einem türkisfarbenen Stausee, der von herrlichen Bergketten und Gletschern umgeben war. Die wilde und romantische Natur mit purpurfarbenen Erikasträuchern schien auch Julie gut zu gefallen, denn so weit war ich mit ihr noch nie gewandert. Auf dem Rückweg machten wir dann auf einer Wiese neben dem Wegrand Rast und steckten uns gegenseitig gelbe Bergblüten ins Haar. Wir zogen den Duft der Natur tief in uns ein und genossen die Stille um uns herum.

Als auf einmal ein Pärchen den Weg entlangkam, platzte Julie ganz spontan in zuckersüßer Stimme mit der Frage »Wie heißt duuu?« heraus. »Barbara«, kam als Antwort von der lächelnden Wanderin zurück. Auch ihr Mann Simon war sofort offen für Julies Neugierde, und so entwickelte sich ein nettes Gespräch. Die beiden hatten tatsächlich in der Woche zuvor unseren Mini mit Pucky schon einmal unterwegs gesehen und erkannten uns anhand des Bildes von Julie und mir darauf wieder. Ehe ich michs versah, hielt Julie eine Spende von einhundert Schweizer Franken in den Händen! Was für ein Glück, dass wir selbst in solch einer abgeschiedenen Berggegend unserer Mission wieder ein Stück näher kommen konnten.

Nach zwei Wochen Arbeitseinsatz hatte schließlich auch noch Renata eine große Überraschung für mich parat. Feierlich verkündete sie mir beim Abschied, dass sich ihre Familie dazu entschieden habe, uns fünfhundert Schweizer Franken für die Tour zu spenden. Die Nachbarin habe auch noch einhundert Euro zu Hause gehabt und mit dazugelegt. Außerdem wolle sie meine Projekte noch ihrer Frauengruppe vorstellen, sodass wir sicherlich zur Weihnachtszeit noch einmal etwas von ihnen hören würden. Ich war wirklich gerührt und fühlte mich wieder einmal darin bestätigt, wie toll es doch war, auf diese Weise Menschen kennenlernen zu können. Wären wir einfach nur bezahlende Hotelgäste gewesen, dann wäre sicherlich kein so intensiver Kontakt entstanden. Aber so wurde man im Nu zum Teil einer Familie und hatte neue Freunde gefunden.

Es war bereits Mitte September, und die Nächte in den Bergen konnten richtig kalt werden. Bei meiner Routenplanung war es nicht immer ganz einfach, herauszufinden, wo wir mit Wohnwagen fahren durften und wo nicht, beziehungsweise welcher Weg für uns geeignet war. Ich hoffte, dass wir mit der Überquerung des Oberalppasses wieder aus den Schweizer Alpen herausfinden würden, und das bestenfalls noch bevor der Schnee kam.

Die Serpentinen, die uns hinauf auf den Oberalppass führten, waren schön breit angelegt, und es war für meinen Mini ein Kinderspiel, uns bis auf 2046 Meter Höhe hinaufzubringen. Oben angekommen, überkam mich ein Gefühl, als hätten wir die Welt erobert. Mit anderen Wohnmobilen campten wir am großen Bergsee inmitten mächtiger schneebedeckter Felsberge. Einen schöneren und dazu noch kostenlosen Platz konnte es für einen Camper wohl kaum geben. Hier, hoch oben an der Quelle des Rheins, konnte man einfach nur glücklich sein. Besonders wenn man dann auch noch einfach so Zwetschgenkuchen von einem Fremden geschenkt bekam. Der slowenische Saisonarbeiter war gerade von einer Wanderung zurückgekommen und hatte schon von Weitem unentwegt zu uns herübergeschaut. Er war so fasziniert gewesen, unser buntes Gespann mit den Afrikafotos zu sehen, dass er direkt auf uns zukam und ohne zu zögern seine ganzen Taschen bis auf den letzten Rappen vor mir entleerte.

Aber mit einer Spende allein war es für ihn noch nicht getan. Er versprach uns, gleich wiederzukommen, und tauchte wenig später mit zwei Zwetschgenkuchen, Gabeln und Servietten aus dem Wirtshaus, in dem er arbeitete, auf. Bei so viel spontaner Hilfsbereitschaft musste es einem einfach warm ums Herz werden.

Doch nicht nur das Herz brauchte Wärme – für die kalte Nacht bei nur sechs Grad zündete ich mit Julie vierzehn Teelichter an, die Hatzi uns für die Reise mitgegeben hatte. Seine nette Geste wusste ich spätestens jetzt sehr zu schätzen, denn mit den Teelichtern wurde es in unserem kleinen Wohnraum schnell wohlig warm und richtig gemütlich. Dabei hatten wir sogar noch Glück. Für die nächste Nacht hatte der Wetterbericht für den Oberalppass nämlich minus zwei Grad vorhergesagt! Bis dahin würden wir aber schon längst den Berg wieder runter sein.

»Das ist aber doof, dass Heidi gestorben ist … Das ist doch meine Freundin«, jammerte Julie und zog eine Schnute. Was hatte ich da nur angerichtet? Ich wollte Julie mit dem Besuch des Heididorfs in Maienfeld eine Freude machen, schließlich hatten wir alle Heidifolgen in Zeichentrick und auch den Heidifilm gesehen, um so richtig Lust auf die Zeit in den Bergen zu bekommen. Nur jetzt, wo wir vor dem Touristencenter im »Dörfli« standen, kam ich in Erklärungsnot. Julie war schwer enttäuscht, dass Heidi nur eine Geschichte aus vergangenen Zeiten gewesen sein sollte. Das Heididorf verursachte jedoch nicht nur für eine Vierjährige Verwirrung. Ganze Busse voll mit Japanern, Arabern und anderen Touristen waren

Tausende von Kilometern in die Schweiz angereist, um das angeblich echte Heidihaus in Maienfeld und die Heidi-Alphütte zu besichtigen. An den Eingängen der zu besichtigenden Gebäude waren dabei automatisierte Drehtüren angebracht, die allerdings nicht so ganz in das Bild einer Geschichte aus dem neunzehnten Jahrhundert passten.

Während die Besucher ihre Schweizer Franken nur allzu gerne für Heidibriefmarken, Heidiwürste und Heidikaffee ausgaben, schaute ich, dass ich Julie so schnell wie möglich davon überzeugen konnte, weiterzureisen. Wenigstens konnte sie sich noch über »Heidis« Ziegen freuen, für die man sogar Patenschaften übernehmen konnte. Mit knapp hundert Euro im Jahr kostete dabei eine Ziegenpatenschaft mehr als das Dreifache verglichen mit unseren Fördermitgliedschaften für schwerstbehinderte Kinder in Not …

Der Besuch im Heididorf hatte sich für uns zwar nicht wirklich gelohnt, doch einen Umweg hatten wir deswegen auch nicht auf uns genommen. Maienfeld lag nämlich direkt auf unserer Strecke nach Vaduz, wo wir gegen Nachmittag auf dem großen Parkplatz neben dem Stadion ankamen. Liechtenstein war somit das dritte Land auf unserer Tour und natürlich auch bei Weitem das kleinste: Um das Fürstentum zu durchqueren, musste man an der längsten Stelle maximal fünfundzwanzig Kilometer zurücklegen und an der breitesten sogar nur zwölf. Das Stadtbild von Vaduz war vorwiegend geprägt von schick gekleideten Menschen und noblen Karossen. Um den Tag sinnvoll zu nutzen, suchte ich spontan die Vaduzer Tageszeitung auf, wo man mir nach einem Interview versprach, einen Artikel über unsere Tour zu bringen. Ich versuchte jede Gelegenheit zu nutzen, um auf unser Projekt aufmerksam zu machen. Mit dem derzeitigen Spendenstand von etwas mehr als zehntausend Euro waren wir nämlich immer noch weit entfernt von den gewünschten fünfzigtausend. Der unverhoffte Besuch einer Dame, die ein Fan von meinen Büchern war, machte mir allerdings wieder Mut. Sie war extra anderthalb Stunden von Zürich aus hergefahren, um uns in Vaduz persönlich vierhundert Schweizer Franken zu übergeben!

Nachdem wir später als geplant in Vaduz aufgebrochen waren, waren wir nun also hier in Stuben am Arlberg gestrandet. Draußen schneite es, als wäre es ein ganz normaler Wintertag, dabei war es doch erst Mitte September. Und ich hatte mir schon ausgemalt, wie wir in einer Woche am Ufer des Balaton in Bikinis den Spätsommer genießen würden, stattdessen musste ich nun Mütze und Schal hervorholen.

Nachdem ich die angelaufenen Scheiben frei gemacht hatte, ließ ich den Motor an. Julie war in ihrem Kindersitz in eine warme Decke eingewickelt und bestaunte ihre Handschuhe, die zum ersten Mal zum Einsatz kamen. Ich würde einfach langsam und vorsichtig über den letzten Pass fahren, der noch vor uns lag. Eine andere Option gab es sowieso nicht. Noch blieb der Schnee zumindest nicht auf der Straße liegen. Es war wohl besser, gleich loszufahren, bevor es noch schlimmer wurde.

Die Serpentinen kamen wir überraschenderweise gut hoch, doch oben angekommen, verschlechterte sich die Sicht, und es schneite noch heftiger als zuvor. Ich hoffte inständig, dass die Straße nicht glatt sein würde, wenn es nun den Berg wieder hinunterging. Zum Glück war nicht viel Verkehr, sodass mich zumindest keine drängelnden Fahrzeuge noch nervöser machten. Als sich in Talnähe die Schneeflocken dann endlich in Regen verwandelten, war die Gefahr vorüber. Was war ich erleichtert! Jetzt konnte ich auch wieder die Musik laut aufdrehen, um zusammen mit Julie singend unsere Abenteuerreise fortzusetzen.

Nun wollte ich aber schnellstmöglich mit Julie ins wärmere Ungarn kommen und das triste, verregnete Wetter in Österreich hinter uns lassen. Laut Vorhersage sollte die ganze Woche der Himmel grau bleiben und die Nächte kalt. Siebenhundert Kilometer waren bis dahin noch zu schaffen, doch dann machte auf halber Strecke unser Mini schlapp …

Es fing bereits an einer Tankstelle an, als der Mini nach dem Tanken nicht mehr ansprang. Nach einer halben Stunde kam zum Glück die Pannenhilfe, aber auch wenn der nette Mann unser Auto mit dem Starterkabel wieder zum Laufen brachte, war das Problem noch nicht gelöst. Wie er schon vermutet hatte, war wohl der spröde Keilriemen das Problem, denn gegen Abend bemerkte ich, wie unser Licht immer schwächer wurde und auch die Scheibenwischer ihre Arbeit nur noch in Zeitlupe verrichteten. Es blieb uns nichts anderes übrig, als einen Campingplatz zu finden, an dem ich unsere Autobatterie über Nacht mit dem Ladegerät wieder aufladen konnte. Der altersschwache Keilriemen schaffte es einfach nicht mehr, die Lichtmaschine anzutreiben.

Trotz der misslichen Lage musste ich auch darüber lachen. Jetzt war unser Mini doch tatsächlich zum Elektroauto geworden, das an der Steckdose aufgeladen werden muss! Zumindest für meinen Reiseblog lieferte das einen erheiternden Beitrag. Und damit nicht genug. Am nächsten Tag durchsuchte ich das Internet, wo wir unterwegs am besten Hilfe bekommen könnten. Leider gab es aber, wie nicht anders zu erwarten, nur sehr wenige Werkstätten, die sich auf die alten Mini Cooper spezialisiert hatten. Gerade mal vier konnte ich auf die Schnelle ausfindig machen, wovon drei sich auch noch im weit entfernten Wien befanden. Ich setzte also meine ganze

Hoffnung auf die Classic-Garage in Knittelfeld, die glücklicherweise nicht weit von uns entfernt auf dem Weg nach Ungarn lag.

Mein WhatsApp-Hilferuf wurde sofort von Helmut erhört. Ich dürfe gerne bei ihm in der Werkstatt vorbeikommen, und er schaue dann, was er für uns tun könne.

Was für ein Glück wir doch hatten. Während Helmut am nächsten Morgen an meinem Mini rumschraubte, erzählte er mir nebenher, dass ihn nur die Liebe von Wien nach Knittelfeld geführt hatte. Hier kümmerte er sich nun um klassische Autos jeglicher Art und genoss das Kleinstadtleben in der Steiermark. Am Ende fragte ich Helmut, was ich ihm denn für die Keilriemenreparatur geben könne, doch er winkte nur ab und meinte: »Komm, nimm deine Tochter mit. Wir gehen rüber auf die andere Straßenseite zu meiner Lieblingseisdiele – ich lade euch ein!«

Ich war sprachlos. Solche Menschen wie Helmut brauchte die Welt. Beschwingt von so viel Freundlichkeit und Hilfsbereitschaft, machten wir uns nach einer leckeren Portion Schokoladeneis mit einem voll funktionsfähigen Mini auf den Weg in das Land meiner Kindheitserinnerungen. Ich hatte Bilder mit Kukorica vor mir – saftigem süßem Mais mit geschmolzener Butter, den Straßenhändler in mobilen Rollwagen verkauften. Und von Gulaschsuppe, die aus riesigen Kesseln geschöpft wurde, während man in einem romantischen Restaurantkeller mit Zigeunermusik und Folklorevorführungen unterhalten wurde, wobei Rosenverkäufer ihre Runden machten. Unvergessen auch die duftenden Stände am Balaton entlang, an denen die Menschen für Lángos, die traditionellen ungarischen Fladenbrote, und Kürtöskalacs, süße Hefeteigrollen, Schlange standen.

Als Kind konnte ich mit meinem Bruder von den mit Netzen eingefassten Trampolinen, die es an öffentlichen Plätzen in den Städten gab, nicht genug bekommen. Auch mussten meine Eltern während unserer Sommerurlaube des Öfteren unterwegs anhalten, weil wir von der Straße aus lichterfrohe Karusselle und Fahrgeschäfte entdeckt hatten. Ich erinnerte mich auch an die Herzlichkeit und große Gastfreundschaft der Menschen und an warme Sommernächte, in denen sich die Hunde der ganzen Nachbarschaft miteinander unterhalten hatten.

Das alles war nun schon nahezu dreißig Jahre her, und ich war neugierig, wie ich Ungarn nun aus erwachsener Sicht wahrnehmen würde und ob es Julie dort ebenso gut gefallen würde wie mir damals. Ich bedauerte nur, dass mein Vater, der ursprünglich aus Budapest stammte, mit mir als Kind nicht ungarisch gesprochen hatte. Es wäre so einfach gewesen, auf diese Weise eine Sprache zu lernen, so wie Julie von klein auf mit Deutsch, Suaheli und Englisch aufgewachsen ist. Aber sicher würden wir uns auch so durchschlagen können. In Bezug auf die Tour hoffte ich außerdem auf viele deutschsprachige Urlauber, die wir dort noch antreffen und vom Anliegen unserer Tour überzeugen könnten.

Leider ging meine Rechnung jedoch nicht auf. Als wir zwei Stunden nach dem Passieren der ungarischen Grenze in Balatonfüred direkt am Plattensee einen Campingplatz anfuhren, waren weit und breit keine Campinggäste mehr zu sehen. An der Rezeption erfuhr ich, dass morgen schon der letzte Tag der diesjährigen Saison sein würde. Dass der Spätsommer auch in Ungarn schon so schnell vorbei sein sollte, hätte ich nicht gedacht. Das sommerliche und lebendige Flair aus meinen Kindheitserinnerungen konnte ich so natürlich nicht mehr antreffen.

Auch ein Besuch in einem Shoppingcenter verlief ziemlich

ernüchternd. Dadurch, dass Ungarn mit in der EU war, schien es auch hier anstelle von traditionellen Kaufläden nur noch die gleichen eintönigen Discounter wie in Deutschland zu geben. Es gab also genau dieselben Schuhe, Kleider und Waren wie in Deutschland, nur waren sie um einiges teurer.

Ich konnte mir beim besten Willen nicht vorstellen, wie den Ungarn ihr Geld reichen sollte. Schon in Deutschland empfanden viele das Leben als zu teuer, aber wie war es dann erst für die Ungarn, deren Gehälter in der Regel weit niedriger ausfielen? Ich sollte bald schon die Gelegenheit dazu haben, mit Julie am wahren Leben der ungarischen Menschen teilhaben zu können.

Für den nächsten Tag hatte uns eine sechsköpfige Familie mit hundert Ziegen in einem winzigen Dorf nahe dem Plattensee über Workaway willkommen geheißen, sie gegen freie Unterkunft und Verpflegung zu unterstützen. Unsere Gastgeber hatten mit ihren Kindern, dem eigenen Biokäse-Geschäft und den Tieren alle Hände voll zu tun, und so waren sie froh, wenn ich ihnen im Haushalt oder im Garten etwas Arbeit abnehmen konnte. Sie sprachen sogar beide Deutsch und erzählten mir viel über ihr bescheidenes Leben, in dem das Geld zwar nicht auf Bäumen wuchs, sie aber dennoch mit sich und der Welt im Einklang standen. Und genau darum ging es auch bei Workaway: um den kulturellen Austausch und die Möglichkeit, die Lebensart von anderen Menschen kennenzulernen.

Die drei großen Jungs der Familie waren schon außer Haus und gingen auf ein Internat, aber mit den anderen Kindern hatte Julie jede Menge Spaß. Eines der beiden Mädchen war nur ein Jahr älter und genauso tierlieb und naturverbunden wie Julie. Als sie uns auf die Koppel zu ihren schneeweißen Lieblingsziegen führte, ging Julie das Herz auf. Auch Esel Mikulás tat es ihr an, ganz besonders als er sich nach wenigen

Tagen bereits an uns gewöhnt hatte und uns immer schon von Weitem entgegensprang. Ein sprechender Papagei und kleine Miezekätzchen rundeten das Tiererlebnis ab.

Nach einer erfahrungsreichen Woche, in der wir auch mit dabei sein konnten, wenn die Ziegen gemolken wurden und der Käse zum Verkauf angeboten wurde, ging es weiter zum am weitesten entfernten Ziel unserer Tour: Budapest!

Seit unserem Start bis zum Erreichen der ungarischen Hauptstadt war mein Kilometerstand bereits auf stolze dreitausend Kilometer angewachsen. Am späten Abend, bei starkem Regen, spiegelnden Lichtern und auf mehrspurigen Straßen, hatte uns mein Navi dann sicher über die Donau und wohlbehütet bis zu einem riesigen Parkplatz in Városligeti, dem vom Stadtzentrum nur drei Kilometer entfernten »Stadtwäldchen« von Budapest, geführt. Hier konnten wir zumindest bis zum Morgen kostenlos stehen, aber danach brauchten wir eine andere Lösung.

Im krassen Gegensatz zum einfachen Dorfleben musste man sich in einer Großstadt wie Budapest allerlei Informationen aneignen, um zu wissen, wo es langging. Schließlich wollte ich nicht unnötig Geld für eine Unterkunft bezahlen, wo wir unser Bett doch bei uns hatten. Auf Google war zum Glück immer Verlass, und so bot sich Arena Plaza, das größte Einkaufszentrum, das ich jemals besucht hatte, idealerweise dazu an, Mini und Pucky den ganzen Tag kostenlos in der warmen Tiefgarage stehen zu lassen. Nachts ging dann einfach das gleiche Spiel von vorne los: zwei Kilometer zum Stadtwäldchen fahren, um sich dann gut ausgeschlafen am nächsten Morgen im Arena Plaza wieder ein wenig aufzuwärmen und tagsüber die Stadt zu erkunden.

Mit dem 24-Stunden-Budapest-Ticket konnten wir für nur fünf Euro alle möglichen öffentlichen Verkehrsmittel nutzen, und davon gab es jede Menge. Für Julie wurde das kurzerhand zum Spiel, beziehungsweise artete es in eine Sightseeingtour der etwas anderen Art aus: Kreuz und quer ging es durch die Stadt – von der Metro in die Tram, von der Tram in den Bus, dann noch kurz auf ein Schiff warten, um auf der anderen Seite der Donau mit einem Oberleitungsbus die Reise fortzusetzen. Selbst Zahnradbahn und Standseilbahn standen zur Auswahl.

Das Highlight war dann noch die Fahrt mit der Kindereisenbahn. Kinder und Jugendliche bedienten dabei die nostalgische Dampflokomotive und waren in den Waggons für das Kontrollieren der Fahrkarten verantwortlich, während die Fahrt über die Hügellandschaft Budapests und durch wunderschöne Waldgebiete führte. Den jungen uniformierten Zugbegleiter, der eine schicke Mütze trug und vielleicht gerade mal zehn Jahre alt war, bat ich zur Erinnerung um ein Foto zusammen mit Julie, und so lächelten sie beide keck in die Kamera.

Julie hatte sowieso Talent, für Fotos zu posieren. So machten wir am Nachmittag dann noch eines mit ihr und dem wohl bekanntesten Wahrzeichen Budapests im Hintergrund – dem majestätischen Parlament. Auch vor der grünen Freiheitsbrücke spickelte mein Grinsebäckchen ins Bild rein. Als ich die »Beweisfotos« auf meinem Blog hochlud, war ich richtig stolz auf uns, dass wir es bis hierher geschafft hatten. Jetzt musste nur auch noch auf dem Rückweg alles glatt laufen.

Nach zwei Tagen Budapest war ich dann aber doch froh, als es mit unserem Mini und Pucky wieder raus aus dem Großstadtdschungel ging. Ich war schon gespannt, welche Erfahrungen wir in Österreich noch machen würden, denn jedes Land reagierte etwas anders auf unser Gespann. In Deutschland drehten sich die Leute meist zu uns um und lächelten, wenn wir vorbeifuhren. In der Schweiz kam es vor, dass manch einer so aus dem Häuschen war, dass er sein Auto wendete und uns hinterherfuhr, um mehr über unsere Tour zu erfahren. Und in Ungarn klebten die Menschen ab und zu fast an unserer Wohnwagenscheibe, um ihre Neugierde zu stillen.

Nachdem wir eine Nacht wild gecampt und die andere auf einem Campingplatz mit heißen Quellen verbracht hatten, steuerten wir Wien an. Es fehlten uns nur noch fünfzig Kilometer, da hatte auf einmal mein Mini wieder ein Wehwehchen. Wenn ich an einer Ampel stand, ging einfach der Motor von alleine aus. Bei einer stark befahrenen Kreuzung kam ich dann richtig ins Schwitzen, da der Motor auch erst wieder zeitverzögert ansprang. Solche Situationen waren wirklich immer unangenehm. Besonders wenn man nicht wusste, wer das Problem auf die Schnelle wieder lösen konnte oder welche Kosten auf einen zukommen würden. Statt zum Prater ging es also auf direktem Weg und unangemeldet in die nächste Mini-Werkstatt.

Diese hätte man zwischen den hochgezogenen Wohnblöcken, vor denen lückenlos Autos parkten, glatt übersehen können, hätte nicht die Vorderfront eines Mini zur besseren Erkenntlichkeit neben dem Torbogen aus der Wand herausgeragt. In der Werkstatt Minisprint brauchten zwei Mini-Liebhaber nur wenige Minuten, um das Problem zu lösen. Als sie die Motorhaube aufmachten, waren sie zuerst allerdings recht erstaunt, wie original und unberührt mein Mini mit seinen über zwanzig Jahren noch war … Sicher, ich hatte seit dem Kauf noch nie viel für Reparaturen und Ersatzteile ausgegeben, da er ja auch die meiste Zeit über in Deutschland unbenutzt in der Garage stand. Aber zum Glück brauchten die beiden nur die spröden und verfallenen Gummis einer Druckleitung auszutauschen, und schon war Mini wieder reisefit. Als sei es ein Ehrenkodex in Österreich, so mussten wir auch dieses Mal nichts für die Reparatur bezahlen!

Unserem Besuch im Wiener Prater stand danach nichts mehr im Wege. Doch nicht nur Julie sollte sich an den Karussellen erfreuen können, auch Mini und Pucky sollten auf ihre Kosten kommen. Ein Fotoshooting vorm berühmten Wiener Riesenrad hatte ich mir fest in den Kopf gesetzt. Doch wie nicht anders zu erwarten, durfte man nur mit Ausnahmegenehmigung vorbei an Madame Tussauds zu diesem Wahrzeichen Wiens vorfahren.

Sollte ich es riskieren, trotz Videoüberwachung schnell rein- und mit gemachtem Foto wieder rauszufahren, oder würde mir die Praterverwaltung wirklich so kurzfristig eine Zusage geben können? Manchmal musste man für etwas Außergewöhnliches einfach auch mal Grenzen überschreiten, auch wenn es einen viel Mut kostete. Ich rang mit mir, doch was mich dann letztendlich zurückhielt, war die allgemeine Angst in Europa vor terroristischen Attacken. Nicht dass sie noch dachten, ich lagere eine Bombe in unserem unschuldigen Pucky …

Mit wenig Hoffnung wählte ich die Nummer, die mir eine Rezeptionistin gegeben hatte. Nach zwei Telefonaten und viel Überzeugungskraft erhielt ich zu meiner großen Freude tatsächlich das Okay! Am Ringelspiel vorbei fuhren wir in Schrittgeschwindigkeit auf den Riesenradplatz und positionierten uns genau vor dem Eingang. Mit seinen langen roten Waggons, die beidseitig jeweils sechs Fenster besaßen und damit wie Metroabteile in Kleinformat aussahen, hatte das Wiener Riesenrad in der Tat eine ganz besondere Ausstrahlung. Mit Julie stand ich mit erhobenen Armen jubelnd zwischen Mini und Pucky auf der Deichsel, als ein Passant das hart erkämpfte Foto für uns schoss und mir sogar spontan noch ein Buch abkaufte.

Nachdem auch diese Mission erfüllt war, gingen wir zur

eigenen Belohnung erst einmal eine saftige Bratwurst essen und tauchten anschließend in die Jahrmarktswelt mit den lichterreichen Karussellen, angsteinflößenden Geisterbahnen und variantenreichen Fahrgeschäften ein. Das gefiel Julie natürlich viel besser, als ein weiteres Mal eine zweihundert Kilometer lange Strecke im Auto zurückzulegen. Aber sie konnte sich nicht beschweren, unser Programm war schließlich durchweg abwechslungsreich.

So lud uns beispielsweise zwei Tage später eine nette Inderin, die mit ihren perfekt angeeigneten Deutschkenntnissen mein Buch *Sonnenkinder* gelesen hatte, zu sich nach Linz ein und führte uns am nächsten Tag mit ihren Freunden in die Grottenbahn, wo wir in einem Drachenzug in eine funkelnde, bunt beleuchtete Lichterhöhle eintauchten. Vorbei ging es an fleißigen Zwergen, Lebkuchenhexen und Waldtieren, während der Duft von Moos und feuchtem Gestein die Luft erfüllte. Ich hatte mindestens genauso viel Spaß wie Julie, allerdings war ihr der Drache nicht so ganz geheuer. Nachdem er dann am Ende auch noch Rauch gespuckt hatte, wollte Julie lieber schnell weiter. Also gingen wir im Anschluss an die Zwergenwelt die Stufen in ein Kellergewölbe hinunter, wo wir in den Nischen lebensgroße Figuren dabei bestaunen konnten, wie sie bekannte Märchenszenen nachspielten. Auch die Linzer Altstadt im Kleinformat faszinierte mit den nachgebildeten Miniaturhäusern und Gassen.

Über meine Newsletter, die ich alle drei Monate versendete, war ich außerdem schon seit Jahren mit Leuten in Kontakt geblieben, die unsere Gäste gewesen waren, als ich mit Juma während der Sommermonate in Italien für die Reinigung von mietbaren Wohnwagen und Mobilheimen in Campingdörfern zuständig gewesen war. Wie schön war es, als wir dann während unserer Tour von einigen von ihnen eingeladen wurden und wir uns nach so langer Zeit wiedersahen. Sie alle unterstützten uns nicht nur in Form von Mahlzeiten, weichen Betten, heißen Duschen oder Benzingeld, sie sorgten auch dafür, dass unser Spendenstand in die Höhe schnellte.

Ich war immer froh, wenn sich Einladungen oder auch die Realisierung eines Vorhabens noch spontan ergaben. Auch meinen Verlag hatte ich beispielsweise schon lange anschreiben wollen, ob ich denn mit Julie gegen Ende unserer Tour in München bei ihnen vorbeikommen könnte, um meine neue Buchidee vorzustellen. Aber dann war ich immer so sehr mit anderen Dingen beschäftigt gewesen, dass ich meine damalige Lektorin erst zwei Wochen vorher angeschrieben hatte. Prompt kam die automatische Meldung zurück, dass sie sich gerade im Mutterschutz befände …

Nun plagte mich aber wirklich das schlechte Gewissen. Hatzi hatte mit dem Kauf des Wohnwagens so viel für uns getan, und sein einziger Wunsch war gewesen, dass ich dann noch ein drittes Buch schreiben sollte. Ohne viel nachzudenken versprach ich ihm dies, auch wenn ich mir beim besten Willen nicht vorstellen konnte, wann ich die Zeit dafür finden würde, ein weiteres Buch zu schreiben. Doch jetzt, mit der verspäteten Kontaktaufnahme bei meinem Verlag, schien es so oder so, dass ich meine Chance verpatzt hatte.

Die automatische Antwort beinhaltete zumindest die Kontaktdaten einer Vertretung. Ich versuchte also erneut mein Glück und schilderte in einer weiteren Mail unseren Wunsch. Unglücklicherweise bekam ich aber wieder eine automatische Antwort, dass die Vertretung sich gerade im Urlaub befand. Das konnte doch wohl nicht wahr sein, manchmal waren die Dinge aber auch wirklich kompliziert. Aber ich wusste schließlich: Wenn man etwas erreichen will, dann muss man dranbleiben.

Ich würde einen dritten Anlauf starten, und zwar anhand der E-Mail-Adresse der Vertretung ihrer Vertretung. Und siehe da, die nette Dame meldete sich wenig später, dass wir am kommenden Freitag tatsächlich vorbeikommen könnten, auch wenn sich viele Verlagsangestellte gerade auf der Frankfurter Buchmesse befanden. Sie sei sehr gespannt auf unsere Geschichte, fügte sie noch hinzu.

Dass der Termin nun auch noch ausgerechnet auf Freitag, den Dreizehnten, fiel, sollte hoffentlich kein schlechtes Omen sein. Positives Denken war mir schon immer sehr wichtig gewesen. Ich war überzeugt davon, dass man sich mit Pessimismus lediglich selbst Steine in den Weg legte und das Negative regelrecht anzog. Glaubte man stattdessen, dass alles möglich war, dann erfüllte sich auch das meiste davon. Und wenn sich etwas doch nicht erfüllen ließ, hatte das sicher seinen guten Grund.

Auch an diesem Tag ließ das Glück nicht lange auf sich warten. Kaum hatten wir vorm Verlagshaus geparkt, sprach mich eine ältere Dame auf unser auffälliges Gespann an. Ich erwähnte, dass wir gerade auf der Heimreise seien und während der Tour Spenden für Afrika gesammelt hatten. Da drückte sie mir doch sogleich einen Zehner in die Hand und meinte: »Tiere sind sowieso besser als Menschen.« Reflexartig nahm ich das Geld entgegen, da war die gute Frau auch schon wieder weg. So schnell, dass ich nichts mehr berichtigen konnte. Vermutlich hatte sie gedacht, wir setzten uns für Wildtiere in Afrika ein …

Bevor ich den Wagen abschloss, hatte ich noch Spielzeug für Julie in meine Tasche gepackt, um störungsfreie Gespräche führen zu können. Doch dann hörte ich auf einmal von Weitem dieselbe Frau rufen. Rasch kam sie auf uns zugelaufen und wedelte dabei aufgeregt mit dem Flyer, den ich ihr noch in die Hand gedrückt hatte. Ich solle ihr doch bitte die zehn Euro wieder zurückgeben, denn sie hätte jetzt gelesen, was wir genau in Afrika taten. Also holte ich ihren Schein wieder hervor und schaute verwirrt zu, was als Nächstes passieren würde. Die Dame kramte eine Weile in ihrer Handtasche und streckte mir nun im Gegenzug einen Fünfzigeuroschein entgegen. Freudig überrascht bedankte ich mich bei ihr und dachte mir dabei schmunzelnd, dass bei ihr Menschen im Vergleich zu Tieren wohl doch gar nicht so schlecht wie zuerst angenommen abschnitten.

Auch das Gespräch mit der Lektorin verlief sehr nett. Julie war währenddessen zum Glück brav und spielte mit ihren Barbies. Am Ende entstand noch ein nettes Foto mit ihr und der ebenso wie sie blond gelockten Lektorin. Es würde sich aber erst in ein paar Wochen zeigen, ob an dem Aberglauben bezüglich Freitag, dem Dreizehnten, etwas dran war oder die Antwort des Verlages positiv ausfallen würde. Ich hoffte ganz fest, dass es klappen würde mit dem dritten Buch. Schließlich hatte ich in den vergangenen Jahren schon wieder so viel erlebt und mich persönlich weiterentwickelt – da würde es mir gerade recht kommen, wenn ich über mein jetziges Leben und meine aktuelle Sichtweise schreiben könnte. Schließlich lagen die Geschehnisse, von denen ich in meinen letzten Büchern berichtet hatte, schon eine ganze Weile zurück. Auch würde ich so auf meine neuen Projekte aufmerksam machen können, für die wir noch viel Unterstützung von gutherzigen Menschen brauchten.

Bereits in den letzten Tagen unserer Tour bedauerte ich, dass die schöne Zeit im Wohnwagen nun bald vorüber sein würde. Mit den täglich neuen Begegnungen und Entdeckungen war die Zeit so intensiv und abwechslungsreich gewesen, dass ich das Leben als Camper sicher vermissen würde. Nicht nur ich, auch Julie genoss es so sehr, in unserem kleinen mobilen Zuhause zu reisen und zu leben. Wir liebten es, wenn bei Einbruch der Dunkelheit die Vorhänge zugezogen waren, im warmen Licht den Abend ausklingen zu lassen. In all den Wochen hatten wir uns eine angenehme Routine angeeignet, sodass das Kochen auf engstem Raum, die begrenzten Unterhaltungsmöglichkeiten und die Suche nach einem Nächtigungsplatz zu einer Selbstverständlichkeit geworden waren, die Spaß machte. So wie der Mensch die Luft zum Atmen brauchte, so brauchte wohl der Camper das Gefühl der Freiheit und des intensiven Lebens.

Auch unser Pucky schien nicht so ganz damit einverstanden zu sein, dass diese wunderbare Zeit nun vorbei sein sollte. Wir wollten gerade zu einer ehemaligen Kommilitonin weiterfahren, als ich am Morgen merkte, dass kaum mehr Luft in einem seiner Räder war. An einer nahe gelegenen Tankstelle konnte ich den Reifen zwar wieder auffüllen, doch bis wir bei meiner Kommilitonin Alexandra und ihrer Familie angekommen waren, war wieder kaum mehr Luft drin. Kurzerhand holte ihr Mann eine Fahrradhandpumpe aus dem Keller und begann kräftig zu pumpen.

Natürlich fiel unsere Reifenpanne ausgerechnet auf ein Wochenende, und nach erfolglosen Telefonaten wussten wir dann auch, dass wohl alle Werkstätten in der Umgebung geschlossen waren. So als ob unserer Tour noch die nötige Spannung fehlte, passierte uns das ausgerechnet hundertfünfzig Kilometer vor dem Ziel. Dabei hatten wir einen festen Termin, wann und wo wir durch das Zielband fahren mussten. Nicht nur die Zeitungen hatten bereits davon berichtet, auch stand es auf den Flyern und in den sozialen Medien überall geschrieben, dass wir am Sonntag, dem fünfzehnten Oktober, um siebzehn

Uhr auf dem Schießtalplatz in Schwäbisch Gmünd einfahren würden.

Ich wusste bereits von dem Vater einer ehemaligen Schulfreundin, dass uns außerdem im Ziel noch eine große Überraschung erwarten sollte. Was es genau war, das wusste noch niemand. Fest stand nur, dass wir pünktlich sein mussten. Was wäre es doch für ein Albtraum, wenn wir jetzt auf dem letzten Abschnitt noch abgeschleppt werden müssten.

Als wir uns von Alexandra und ihrer Familie verabschiedeten, schenkte sie mir kurzerhand die Pumpe. Ich würde nun jede Stunde pumpen müssen, damit wir es doch noch alleine schafften. Es trennte uns nur noch eine Nacht von dem großen Tag, die wir bei unseren Freunden in Dillingen verbrachten. Julie freute sich sehr, wieder mit Rafi und seiner kleinen Schwester Samiya spielen zu können, während ich Simone von den Erlebnissen unserer Tour erzählte.

Über Nacht hatte ich alle vier Stützen des Wohnwagens heruntergelassen, damit er später nicht auf dem luftlosen Reifen aufliegen würde. Und am Morgen, bevor wir dann nach Schwäbisch Gmünd aufbrachen, musste ich wieder kräftig von Hand pumpen. Dabei kam ich ganz schön ins Schwitzen. Zwar war das Rad vom Wohnwagen mit nur zehn Zoll recht klein, aber schließlich lasteten trotzdem ein paar Hundert Kilo Gewicht darauf.

Es muss wirklich zu komisch ausgesehen haben, wie ich mich da am Straßenrand mit der Pumpe abmühte. Simone drehte extra ein kleines Video, während ich auf und ab pumpte und dabei in die Kamera rief, dass es doch gelacht wäre, wenn wir es nicht bis ins Ziel schafften. Mit der Überschrift »Pucky muss noch kurz vorm Ziel beatmet werden« hatte unsere missliche Lage zumindest wieder für einen unterhaltsamen Blogeintrag gesorgt. Das Beatmungsgerät in Form einer Handpumpe würde uns sicher noch lange in Erinnerung bleiben.

Je näher wir dann dem Ziel kamen, umso mehr legte sich meine Spannung. In einer Stunde hätten wir es geschafft. Unser Spendenstand war in den letzten zehn Wochen auf stolze 17 310 Euro gestiegen. Das war natürlich jede Menge, und ich erinnerte mich dabei auch an die netten Gesten von Menschen zurück, denen wir unterwegs begegnet waren. In Österreich hatte ein Camper uns einmal ein halbes Kilo Kakao mit auf den Weg gegeben, und passend dazu bekamen wir eines Tages in Ungarn einen Liter warme Milch von einer netten Frau geschenkt. In der Schweiz gaben uns Freunde Disney-Stofftiere für die Kinder im Kinderdorf mit, und in Deutschland sprang eine Verkäuferin extra aus der Bäckerei, um uns auf der anderen Seite des großen Parkplatzes fünf Euro zu spenden. Auch in Liechtenstein machte ich gute Erfahrungen, als ich für einen Stellplatz eigentlich hätte zahlen müssen, stattdessen aber eine Spende erhielt.

Als wir am Ortsschild von Schwäbisch Gmünd vorbeifuhren, sagte ich Julie, sie solle sich langsam bereit machen. Ich wählte wie damals bei unserer Abfahrt ein fröhliches Lied aus und drückte Julie unsere Prilblumenschilder in die Hand, mit denen wir unterwegs manchmal Werbung gemacht hatten. Drehte man die blütenförmigen Kunststoffscheiben nämlich um, standen auf der anderen Seite Eurobeträge als Anregung zum Spenden drauf.

Mein Herz klopfte vor Aufregung, als wir zum Schießtalplatz einbogen und die Menschentraube sahen, die auf uns wartete. Julie begann mit den Prilblumen aus dem Fenster zu winken, und ich hupte rhythmisch mit dazu.

»Schau mal, was da steht!«, rief Julie mit großen Augen, als wir näher kamen. »Auch ein kleiner Wohnwagen!«

Tatsächlich, zwischen den wartenden Menschen parkte ein weiß-gelber Wohnwagen, dessen Form wie ein Tropfen aussah. Er wirkte sogar noch kleiner als unser Eriba Puck und trug die Aufschrift »Bobbimobil«. Nun wollte ich nur zu gerne wissen, was es mit der Überraschung auf sich hatte. Wir blieben dicht an dem Bobbimobil stehen und wurden beim Aussteigen stürmisch von Freunden und Bekannten begrüßt.

Dann kam Herr Kienhöfer, der Vater meiner damaligen Schulkameradin, auf mich zu und gratulierte mir im Namen der Agnes Philippine Walter Stiftung zur erfolgreichen Tour. Ich kannte die Stiftung bereits aus dem vorigen Jahr, wo sie uns eines der Kinderhäuser im Kinderdorf finanziert hatte, und so freute ich mich, die Vorstandsvorsitzende Schwester Benedicta wiederzusehen. Auch Herr Dr. Riede, ein in Schwäbisch Gmünd angesehener Arzt, und Christa Rösch, die sozial engagierte Mutter einer gleichaltrigen Bekannten von mir, waren vom Stiftungsrat mit dabei.

Zum ersten Mal traf ich nun auf den Geschäftsführer Herrn Welzel, der uns sogleich die Tür zum Bobbimobil öffnete, um damit besonders Julies große Neugierde zu stillen. Er erläuterte uns, dass das Bobbimobil normalerweise für die Erwachsenenbildung genutzt wurde, und so stand anstelle eines Bettes ein Tisch mit Informationsbroschüren darin. Es dauerte nicht lange, da entdeckte Julie den dicken braunen Jutesack am Eingang, der oben mit einer Kordel zusammengebunden war. Was konnte da bloß drin sein?

Julie durfte mit anpacken, als der gefüllte Jutesack allen Anwesenden vorgeführt wurde. Doch bevor sie hineinspicken durfte, reihten wir uns mit der Stiftung vor unseren beiden Wohnwagen auf, damit die angereisten Tageszeitungen live mitverfolgen und bildlich festhalten konnten, wie die Überraschung gelüftet wurde.

Julie und ich standen zwischen Schwester Benedicta und einer weiteren Schwester in Nonnentracht, während die Stiftungsräte ein Schild verdeckt hielten und den vermeintlichen Geldsack fest umschlossen hielten. Herr Welzel begann nun mit einer kleinen Rede vor allen Anwesenden und lobte unseren Mut, während wir beide über viertausend Kilometer mit einer »rollenden Spendendose« durch fünf Länder gereist waren, um damit noch mehr Kindern in Not helfen zu können. Die Stiftung sei über so viel Engagement dermaßen berührt gewesen, dass man sich einstimmig dazu entschieden hatte, unser Human Dreams Kinderdorf zum zehnjährigen Jubiläumsprojekt auszuerwählen. Das Ergebnis ihres diesjährigen Jubiläumsspendenmarathons mit hundertfünfzig geladenen Gästen hatte sich dabei zeigen lassen können, fügte Herr Welzel mit einem Augenzwinkern verheißungsvoll hinzu. In dem Moment hob Herr Kienhöfer den schweren Sack in die Höhe, und Frau Rösch drehte das blanke Schild auf die andere Seite um: 32690 Euro stand darauf!

Ich traute meinen Augen nicht … Ein fünfstelliger Betrag, der unser Spendenziel auf die erhofften fünfzigtausend Euro aufrundete! So viel Geld hatten wir noch nie bekommen, nicht einmal annähernd. Es war kaum zu glauben. Das Vertrauen, das mir von der Stiftung entgegengebracht wurde, verursachte nicht nur bei mir, sondern auch bei allen anderen Anwesenden einen Gänsehauteffekt. Von einer Minute auf die andere war damit die Basis für die Kindertagesstätte für vollpflegebedürftige Kinder in Not geschaffen. Mit der Spende würden wir nun sorgenfrei das geliehene Geld für das wunderschöne Grundstück direkt neben dem Kinderdorf zurückzahlen können und hatten dann sogar noch Geld übrig für weitere anfallende Kosten.

Ich stellte mir schon jetzt die strahlenden Kindergesichter

vor. Ich wusste, wir würden damit so viele Kinder mit Fürsorge, Therapien und schulischer Förderung glücklich machen können, deren alleinerziehende Eltern mit den schwierigen Lebensumständen bislang völlig überfordert waren. Ich stellte mir glückliche Mütter vor, die dadurch die Chance bekamen, eine Erwerbstätigkeit aufzunehmen, und so endlich genug Geld verdienen würden, um ein sorgloses, gesundes und zufriedenes Leben mit ihren Kindern zu führen. Sicher würde manch eine alleinerziehende Mama sogar bei uns Arbeit als Hilfskraft finden können. Erfahrungen mit der Pflege eines behinderten Kindes brachten sie ja schließlich schon mit.

Während ich mich bei der Stiftung überschwänglich für die großartige Unterstützung bedankte, machte sich Julie über die Geldsackattrappe her. Statt Geldscheinen flogen nun Konfetti und Korken durch die Luft, und die Stimmung wurde ausgelassen. Eine nette Dame drückte Julie sogar noch einen riesengroßen Teddybär in den Arm, der uns sicher auf einer unserer nächsten Reisen begleiten würde.

In der Nacht dachte ich noch lange über die wunderbaren Ereignisse nach. Es war doch unglaublich, was sich alles aus einer anfänglich noch vagen Idee mithilfe vieler begeisterter Unterstützer hatte realisieren lassen. In meinem Blogeintrag erstellte ich schließlich noch eine Bilanz. Nicht nur fünfzigtausend Euro waren gesammelt, auch gefühlten tausend begeisterten Lächeln und Daumenhochs waren wir unterwegs begegnet. Mit über fünfhundert Euro Benzinspende war unsere Tour unterstützt worden, und durch freies Campen und Einladungen von netten Menschen hatten wir in den letzten zehn Wochen mehr als sechzig Mal kostenlos übernachten können.

Es brauchte oft nicht viel zum Leben, und durch den Verkauf meiner Bücher an Reisebekanntschaften konnte ich sogar einen Großteil unserer Ausgaben decken. Durch die achtzig geleisteten Arbeitsstunden gegen freie Kost und Logis im Schweizer Berghotel und auf der ungarischen Ziegenfarm hatten wir zudem viel Geld sparen können und dabei auch noch tolle Menschen kennengelernt. Auch wenn wir auf weniger als fünf Quadratmetern inklusive Klo und Küche gehaust hatten, so hatten wir doch das Gefühl gehabt, uns gehöre die ganze Welt. Das Abenteuer, die Reise und die Freiheit hatten mir neue Energie verschafft, mit der ich nun die letzte Bauphase unseres Kinderdorfs in Tansania voranbringen würde.

5.

Ideale sind wie Sterne.
Man kann sie nicht erreichen,
aber man kann sich an ihnen orientieren.
Carl Schurz

Nervös trippelte ich mit den Fingern auf den Unterlagen des Abschleppdienstes herum, während ich schon eine gefühlte halbe Stunde in der Warteschleife hing. Das sollte also eine Notrufnummer sein? Im Grunde war ich ja ein geduldiger Mensch, doch jede Sekunde konnte mein Schweizer Guthaben zu Ende sein, und dann würde ich hier mitten in den Bergen mit Julie alleine festsitzen. Musste das ausgerechnet heute passieren, wo wir doch morgen bei der weltberühmten »weißen Massai« in Lugano eingeladen waren?

Wie schon im letzten Jahr war ich mit Julie wieder auf Tour. Nach unserer Rückkehr in Tansania hatte ich oft mit Julie über die wunderbare Zeit im Pucky geredet, und irgendwie hatten wir dann beide den Wunsch gehabt, dass es unbedingt eine Wiederholung geben musste – einfach weil es so schön gewesen war. Dabei hatte ich dieses Mal für die Sommerferien Italien im Visier, wo wir ohne Zweifel auf viele deutschsprachige Urlaubsgäste stoßen würden, denen ich von meinen Plänen, eine Kindertagesstätte in Tansania zu bauen, erzählen könnte. Als neue Herausforderung wollte ich für unsere zweite Fundraising-Tour allerdings unbedingt einen Promi finden, der für ein Fotoshooting mit Mini Cooper und Oldie-Caravan bereit war. Doch dann hatten sich die Kontaktaufnahmen trotz vieler Bemühungen als äußerst schwierig herausgestellt …

Während Kai Pflaumes Management auf mein Schreiben hin gleich am nächsten Tag abgesagt hatte, wartete man bei anderen Promis vergeblich auf eine Antwort. Besonders problematisch war es mit Hardy Krüger junior, der laut Presse wohl schon einmal Erfahrungen mit Stalkern gemacht hatte. Nachdem mir sein Management nicht geantwortet hatte und die Anfragen meiner Lektorin ebenso unbeachtet blieben, versuchte ich ihn per Facebook zu erreichen. Als auch dies fruchtlos blieb, schrieb ich auf seinen persönlichen Blog einen Eintrag, der zwar freigeschaltet und veröffentlicht wurde, doch ebenfalls unkommentiert blieb. Nach all den vergeblichen Versuchen befürchtete ich schon, Hardy Krüger junior könnte mich auch für eine Stalkerin halten. Nerven wollte ich auf keinen Fall, und so fühlte ich mich machtlos, weil es so schwierig war, an das heranzukommen, was ich mir vorgenommen hatte. Doch dann sollte sich das Blatt im letzten Moment noch wenden.

Das Schicksal hatte mich gerade noch rechtzeitig zu Corinne Hofmann geführt, der Autorin des Weltbestsellers *Die weiße Massai*. Eine Freundin von mir hatte das Foto von ihr und ihrer mittlerweile neunundzwanzig Jahre alten Tochter Napirai auf Facebook gelikt, und so wurde es mir auch auf meinem Account angezeigt. Die hübsche Napirai hatte auf dem Bild wie Julie wunderschöne afrikanische Locken, die dazu auch noch blond aussahen. Kurzerhand verfasste ich einen Brief an Corinne und fügte einen Schnappschuss von meinem Lockenkopf Julie mit hinzu. Wie nett würde es doch aussehen, wenn die beiden blonden Mischlinge – die eine groß, die andere klein – mit uns vor dem Mini und dem Caravan stehen würden!

Und selbst wenn Napirai nicht mit dabei sein könnte, so wäre ein Fotoshooting mit Corinne schon das absolute Highlight für unsere zweite Tour. Immerhin hatte sich ihr Bestseller *Die weiße Massai,* in dem sie von der leidenschaftlichen Liebe zu einem Massaikrieger im afrikanischen Busch erzählt, millionenfach verkauft und war in über dreißig Sprachen übersetzt worden. Spätestens als das Buch dann auch noch verfilmt wurde, war sie weltweit bekannt geworden.

Mein Brief jedoch, den ich in einer Mail an sie angehängt hatte, war unbeantwortet geblieben. Trotz der ganzen Enttäuschungen wollte ich die Flinte aber nicht ins Korn werfen. Ich fand zufällig heraus, dass Corinne zwei Apartments im oberen Geschoss ihrer Villa auf Airbnb vermietete. Auf dieser Plattform hatte auch ich kürzlich mein einfaches afrikanisches Haus in Tansania für wenig Geld online gestellt, hatte jedoch bislang wegen der derzeitigen Regensaison noch keine Anfragen von Urlaubsgästen bekommen.

Neue Hoffnung stieg in mir auf, als ich auf der Seite sah, dass Corinne in der Regel innerhalb weniger Stunden antwortete. Das war doch meine Chance. Sicher, ich würde mir so ein Apartment bei ihr nicht leisten können, doch es war eventuell eine Gelegenheit, ihr mein wahres Anliegen vermitteln zu können:

Liebe Corinne, nun komme ich mit einer etwas ungewöhnlichen Airbnb-Anfrage, denn ein Parkplatz vor Deinem Haus beziehungsweise ein Treffen mit Dir würde schon ausreichen :-) (…) Diesen Sonntag werde ich mit meiner fünfjährigen Tochter Julie mit meinem alten Mini Cooper und Oldie-Caravan für Kinder in Afrika auf Tour gehen, da ich in Tansania ein Kinderdorf für vollpflegebedürftige Waisenkinder ins Leben gerufen habe. (…) Du könntest eine große Unterstützung für mein Projekt sein, wenn Du Lust und Zeit für ein kleines Fotoshooting hast. (...)

Ausführlich schrieb ich ihr von meinem Vorhaben und verwies auf die bereits vor Wochen versendete E-Mail mit den näheren Details. Hoffnungsvoll drückte ich schließlich auf den Sende-Button. Würde ich jetzt mehr Glück haben, oder war einfach alles schon viel zu knapp?

Ich glaubte, meinen Augen nicht zu trauen, als keine fünf Minuten später tatsächlich eine kurze Nachricht von Corinne hereinflatterte:

Hallo, Nicole, habe E-Mail gefunden, werde bezüglich Treffen dort schreiben ... Liebe Grüße, Corinne

Ich hätte lauthals losjubeln können! Was freute ich mich, endlich eine positive Reaktion auf meine Bemühungen zu bekommen! So einfach konnte es also sein. Ich spürte sofort, dass Corinne eine ganz unkomplizierte spontane Frau sein musste. Kaum eine halbe Stunde später schrieb sie mir tatsächlich eine ausführlichere Antwort:

Liebe Nicole, sorry für das Untergehen Deiner Mail – es war gerade viel Trubel und auch noch Ferien. Gerne können wir uns treffen für ein Fotoshooting, und ihr könnt auch bei mir parken, irgendwie geht das dann schon vom Platz her. Würde euch dann auch verköstigen an diesem Tag. (...) dein Projekt ist natürlich super und bewundernswert. Wir können auch gerne über WhatsApp telefonieren. (...) Bin gespannt :-)
Liebe Grüße einstweilen
Corinne

Das war vor zehn Tagen gewesen, und seither hatte ich inständig gehofft, dass auch ja nichts dazwischenkommen sollte und wir die fünfhundert Kilometer von Schwäbisch Gmünd bis nach Lugano ohne Probleme schaffen würden. Ich war schon so gespannt gewesen, wie unsere Begegnung verlaufen würde und was sich sonst noch so alles daraus ergeben könnte, und nun passierte das: Wir hatten zum ungeschicktesten Zeitpunkt tatsächlich eine Panne!

Ich schaltete mein Handy auf Freisprechen und legte mir im Wohnwagen eine warme Fleecedecke um. Kalt war es hier oben in den Bergen. Zum Glück aber waren wir direkt neben einem Höhencafé stehen geblieben, wo sich sogar ein kleiner Spielplatz befand. Während sich also Julie warm eingepackt auf der Rutsche vergnügte, ärgerte ich mich über die sich ständig wiederholende Ansage in der Warteschleife und das nervtötende Lied.

Nun war auch noch mein Akku komplett leer, sodass mein Handy über ein kurzes Kabel von der Wohnwagenbatterie gespeist werden musste. So eine verflixte Situation aber auch! Ich versuchte mich zumindest damit zu trösten, dass bestimmt alles seinen Sinn hatte und das ganze Theater nur wieder nötig war, damit ich spannende Geschichten schreiben konnte. Sicher würde alles gut ausgehen … Allerdings fragte ich mich, was der Abschleppdienst in meiner Situation wohl entscheiden würde. Uns zurück nach Luzern bringen? Das wäre wohl die denkbar schlechteste Lösung. Auf keinen Fall wollte ich zu irgendeiner Werkstatt geschleppt werden, die in der falschen Richtung lag, und dadurch dann unser Treffen mit Corinne Hofmann verpassen. Womöglich hatte sie auch nur dieses Wochenende Zeit und war unter der Woche mit anderen Dingen beschäftigt.

Als ich schon nicht mehr daran glaubte, nahm endlich ein Mann meinen Anruf entgegen. Gerade konnte ich ihm noch sagen, dass ich eine Panne irgendwo am Gotthardpass hatte, da war auf einmal die Verbindung weg. Ich hatte es doch geahnt! Meine fünf Schweizer Franken Guthaben konnten einfach nicht lange für ein Gespräch nach Deutschland ausreichen.

Dennoch hatte ich Glück im Unglück. Der gute Herr rief mich sofort zurück, sodass ich ihm schließlich auch über mein Navi die Koordinaten durchgeben konnte, wo wir uns befanden. Er versprach, dass in etwa einer halben Stunde jemand vom Abschleppdienst vorbeikommen würde. Ich hatte ihm bereits beschrieben, dass unser komplettes Kühlwasser sich kochend auf die Straße ergossen hatte, doch am Telefon konnte er mir überhaupt nichts dazu sagen, wie die Panne behoben werden könnte.

Es war zwar ein kleiner Trost, dass sich nun jemand um uns kümmern würde, aber immer noch befürchtete ich, dass wir unsere Tour unterbrechen müssten und es zu starken Verzögerungen kommen würde. Was, wenn wir tatsächlich nach Luzern zurückmüssten und es dann vielleicht nicht einmal Ersatzteile für meinen alten Mini geben würde? Ich stellte mir schon vor, wie ich mit Julie tagelang vor einer Werkstatt campen würde und Corinne absagen müsste …

Es dauerte nicht lange, da kam ein knallgelbes Abschleppauto mit der Aufschrift »Gotthard-Garage« auf uns zu. Schon beim Aussteigen hörte ich den Mann im orangefarbenen reflektierenden Dienstanzug kopfschüttelnd sagen: »Um Gottes willen, diese Kiste gehört hier doch nicht rauf!«

»Doch, klar gehören wir hier rauf. Mein Mini hat schon steilere Berge hinter sich und schafft das auch trotz Wohnwagenanhänger normalerweise mit links«, verteidigte ich uns.

»Nur jetzt hat er eben ausnahmsweise ein kleines Problem ...«, fügte ich kleinlaut noch hinzu.

Obwohl es Freitagabend kurz vor Sonnenuntergang war und andere sich sicherlich auf ihren Feierabend freuten, war der Mann, der sich als Marco vorstellte, trotz seiner provokativen Begrüßung richtig nett. Man merkte ihm an, dass er so jemandem wie uns nicht alle Tage begegnete und es bestimmt recht mutig fand, wie sich eine Mutter allein mit Kind in einem alten Mini und einem ungewöhnlich kleinen Wohnwagen hintendran den Berg hochtraute.

Nachdem Marco festgestellt hatte, dass mein Mini mit frisch aufgefülltem Kühlwasser zwar wieder lief, aber das wahre Problem nicht an Ort und Stelle repariert werden konnte, fragte er mich mit einem hilflosen Lächeln: »Und nun? Was machen wir da jetzt?«

»Na, rauf auf den Berg! Was denn sonst? Ich muss unbedingt nach oben!«, schlug ich ihm auffordernd vor.

»Klar, was anderes bleibt uns auch gar nicht übrig«, meinte Marco lapidar. »Kommt, ich hänge euch hinten dran. Schalte du das Warnblinklicht ein und leg den Leerlauf ein.«

Vor lauter Freude und Erleichterung überfiel mich ein tiefes Glücksgefühl. Das war jetzt vielleicht wieder ein tolles Abenteuer! Unsere Fahrt sollte weitergehen, und unsere Verabredung mit der »weißen Massai« schien gerettet zu sein. So ärgerlich unsere verzwickte Situation eben noch gewesen war, umso mehr konnte ich mich nun über die positive Wende und das außergewöhnliche Erlebnis freuen.

Julie war vor Aufregung ganz zappelig, als wir mit einem roten Seil hinter dem großen Abschleppauto hingen und grelle Warnlichter von allen Seiten aufblinkten. Es ruckelte kurz, und schon ging es los. Julie lachte immer wieder auf und winkte allen vorbeikommenden Autofahrern überschwänglich zu. Während die anderen Sprit verbrauchten, durften wir es uns also in den Sitzen bequem machen und das Panorama rund um den steilen Berg genießen. Wir fühlten uns ein wenig wie Götter in den Bergen. Es dauerte jedoch nicht lange, da wurden wir in eine dichte Wolkenwand gezogen, die alles um uns herum vernebelte. Oben angekommen auf 2106 Metern, konnte man dann kaum mehr fünfzig Meter weit sehen.

Marco zog uns oben auf der Ebene an einen Seitenstreifen ran und stieg anschließend lachend aus. »Ich hab gar nicht gemerkt, dass ihr hinten mit drangehangen seid, so leicht wart ihr!« Bevor Marco uns alleine ließ, versicherte er mir, dass es nun bis Lugano hundert Kilometer nur noch den Berg hinunterging und unser Mini das schaffen würde. Aber dann sollten wir dringendst eine Werkstatt aufsuchen, denn bei der nächsten Steigung würde der Defekt in unserem Kühlwassersystem wohl wieder Probleme machen. Zum Dank für das tolle Abschlepperlebnis signierte ich ihm noch eines meiner Bücher, damit er es seiner Frau als Geschenk mit nach Hause nehmen konnte.

Nun musste ich aber schauen, wo ich mit Julie die Nacht verbringen würde. Der Nebel hatte sich mittlerweile so dicht zusammengezogen, dass man die Umgebung neben der Straße nicht mehr erkennen konnte. Dabei waren wir doch gerade erst mit Marco an einer Stelle vorbeigekommen, wo ich einige Wohnmobile hatte parken sehen. Wir irrten umher, bis wir schließlich in der Nähe eines Bergrestaurants die Ausfahrt fanden, die uns zu den anderen Campern führte. Nach so viel Abenteuer war es umso schöner, kostenlos und geschützt zwischen den anderen Reisenden zu stehen, die flackernden Teelichter anzuzünden und den Kochtopf für ein leckeres Essen hervorzuholen.

Freudig schrieb ich Corinne Hofmann, dass wir uns gerade

hoch oben auf dem Gotthardpass auf eine gemütliche Nacht vorbereiteten und morgen Mittag wie geplant bei ihr eintreffen würden. Mit 2106 Metern hatten wir sogar unseren Höhenrekord vom letzten Jahr auf dem Oberalppass gebrochen. Draußen waren es zwar nur acht Grad, aber schließlich waren wir für die Nacht wohlig warm in unserer Daunendecke eingepackt.

Am nächsten Morgen begrüßte uns strahlender Sonnenschein, als wir neben der Statue des heiligen Godehard und Wohnmobilen aus verschiedenen Ländern aufwachten. Julie holte sogleich ihr rotes Bobby-Car aus dem Kofferraum des Minis und flitzte fröhlich den klaren See entlang. Eigentlich fehlte nur noch der Pucky-Caravan im Kleinformat hintendran, um das Bild mit den schroffen Felsen im Hintergrund und der wunderschönen Alpenflora perfekt zu machen.

Nach einem ausgiebigen Frühstück und netten Gesprächen mit unseren Nachbarn machten wir uns schließlich auf den Weg zu Corinne. Ich war ganz schön aufgeregt, was Corinne so alles über ihr spannendes Leben berichten würde. Ob sie wohl noch oft von Afrika träumte oder bereits ihr vollkommenes Glück in Lugano gefunden hatte? Ich war neugierig auf ihre Lebenserfahrungen und hoffte, dass unser Treffen mich mit meinen zukünftigen Plänen und Projekten weiterbringen könnte.

Die Fahrt talabwärts verlief ohne jegliche Probleme, doch dann gab es die nächsten Komplikationen … Der letzte Straßenabschnitt vor Lugano war mautpflichtig, und ich hatte natürlich keine Vignette, weil ich bisher nur Nebenstraßen gefahren war. Ich merkte zu spät, dass der alternative Weg, den mir mein Navi vorschlug, mich über einen Berg mit beträchtlicher Steigung führen würde. Kurz überlegte ich noch, umzukehren und eine Strafe zu riskieren, doch dann entschied ich mich fürs Weiterfahren – ganz nach dem Motto »Augen zu und durch«. Ich merkte dann aber auch, dass der Mini nicht direkt mit dem Berg ein Problem hatte. Die Temperaturanzeige blieb nämlich vollkommen normal. Mir fiel nun ein, dass er immer erst zu »sabbern« angefangen hatte, wenn ich den strapazierten Motor nach einer Bergfahrt ausgeschaltet hatte, woraufhin dann das kochende Kühlwasser unkontrolliert herausgespritzt war.

Ein Tramper, den ich gestern Vormittag mitgenommen hatte, hatte deshalb sein kostbares Trinkwasser in meinen Kühlwassertank leeren müssen. Er hatte sich schon Sorgen gemacht, dass er mit seinem Backpack, den wir mit Müh und Not in den Kofferraum gestopft hatten, zu schwer für den Mini sein könnte. Bestimmt war es aber Schicksal gewesen, dass er ausgerechnet zu dem Zeitpunkt am Straßenrand gestanden hatte, als ich wenig später tatsächlich Hilfe mit dem Auto brauchte. Er hatte sich als Alex vorgestellt, nachdem ich spontan mitten auf der Straße gebremst hatte, um den gut aussehenden Backpacker auf die Rückbank des Mini zu platzieren. Da saß er dann mit angewinkelten Beinen zwischen Kartons voller Bücher, und wir unterhielten uns angeregt über unsere jeweiligen Reiseabenteuer. Alex war lustigerweise auf dem Weg nach Südamerika und hatte vor, von der Schweiz aus nach Frankreich und Portugal zu trampen, auf den Kapverden wollte er dann nach einem Schiff nach Brasilien Ausschau halten.

Ich liebte solche Geschichten, die einem nur begegnen konnten, wenn man sich hinaus in die weite Welt traute. Seine Pläne erinnerten mich an meine eigene Abenteuerreise vor ein paar Jahren, als ich mit zwei mit Kühen und Säcken voll beladenen afrikanischen Frachtschiffen und einem Katamaran über zwanzig Tage von Tansania nach Madagaskar unterwegs gewesen war und auf dem letzten Abschnitt von der Komoreninsel Mayotte aus sogar mit fünf Franzosen auf einer Jacht mittrampen konnte. Dieses wunderbare Lebens- und Freiheitsgefühl, das man auf solchen Abenteuerreisen empfand, war einfach unbeschreiblich.

In Lugano angekommen, führte uns mein Navi eine steile und schmale Panoramastraße zu Corinnes Anwesen hinauf. Wir fuhren an wunderschönen Villen in ruhiger Wohnlage vorbei, zwischen denen wir immer wieder einen fantastischen Ausblick auf den im Tal liegenden und melodisch klingenden Lago di Lugano erhaschen konnten.

Corinne stand mit ihrem Partner Dario schon winkend am Wegesrand und gab mir ein Zeichen, wo wir parken konnten. Als ich mit Julie ausstieg, um die beiden zu begrüßen, ließ ich den Motor sicherheitshalber laufen. Was wäre peinlicher gewesen, als wenn mein Mini hier in dieser gehobenen Gegend direkt vor Corinnes Villa die Straße mit rostbraunem Kühlwasser vollspritzen würde …

Corinne und ich umarmten uns herzlich, während Julie ein leises »Hallo« flüsterte. Sicher würde es kurz dauern, bis auch sie warm wurde. Meistens hing das ganz klar vom vorherrschenden Angebot an Spielsachen ab. Dario schüttelte mir mit einem freundlichen Lächeln die Hand und hieß uns willkommen. Ich erklärte den beiden, dass wir den Mini lieber noch eine Weile im Schatten laufen ließen, bevor ich es wagen würde, den Motor auszuschalten. Trotz der umständlichen Situation war ich einfach nur froh, dass wir es bis zu Corinne geschafft hatten und nun ein interessantes Wochenende mit ihr und ihrem Partner Dario verbringen konnten.

Wir gingen die Stufen zum Parterre hinunter, wo Julie im Garten sogleich den Pool entdeckte. Sicher konnte sie es kaum erwarten, darin zu planschen, doch dem herrlichen Duft, der von der Küche zur Terrasse herüberzog, konnte auch sie nicht widerstehen. Kaum angekommen, tischte uns Corinne eine leckere selbst gemachte Gemüsepizza auf und goss frischen Fruchtsaft in unsere Gläser.

Die Aussicht auf den See, die Berge und die Stadt unten im Tal war einfach traumhaft. Corinnes terrakottafarbene Villa, die sich in verschiedenen Ebenen an den Hang schmiegte, war von Palmen und Pflanzen umgeben, die im mediterranen Klima blühten und gediehen. An Liegestühlen, Sonnenschirmen und Sonnenschein mangelte es nicht, sodass man unweigerlich in Urlaubsstimmung kam. Während Corinne aus einer hintersten Ecke noch eine Spielzeugkiste für Julie herauszauberte, mit der ihre Napirai bestimmt vor über zwanzig Jahren das letzte Mal gespielt hatte, ging ich kurz hoch, um den Mini auszumachen. Abgekühlt verursachte er dann zum Glück tatsächlich keine Sauerei.

Endlich konnte ich mich nun ungestört mit den beiden unterhalten und lauschte aufmerksam ihrer herzerwärmenden Geschichte, wie sie sich eines Morgens beim Wandern kennengelernt hatten. Ganz nach dem Sprichwort »Die Liebe findet ihren Weg« kamen einige glückliche Zufälle zusammen, begann Corinne zu erzählen. Ausgerechnet an jenem Tag war sie aus Zeitgründen eine Strecke gewandert, die sie sonst nie genommen hatte. Sie rechnete nicht damit, in dieser einsamen Berggegend überhaupt jemandem zu begegnen, doch dann sah sie auf einmal, wie ein Mann an einem See spielerisch seinem Hund Stöckchen zuwarf.

Aufgeschlossen, wie sie war, rief Corinne ihm ein fröhliches »Buongiorno« zu, sodass der Mann sich zu ihr umdrehte und sie unverwandt mit seinen blauen Augen anschaute. Die Chemie musste von Anfang an gestimmt haben, denn nach einem angenehmen Gespräch nahm sich Corinne fest vor, diesen Mann wiederzusehen, der seiner Erzählung nach in einem Granithaus in den Bergen ohne Strom und ohne fließendes Wasser lebte. Sie hatte ihm bei der Verabschiedung versprochen, ihn dort auf einen Kaffee bald einmal besuchen zu kommen. Nur leider hatte sie nicht wissen können, dass sie trotz der Beschreibung und aller Bemühungen die Steinhütte nicht finden würde.

Corinne erzählte mir auch, dass es seit Jahren mit der Liebe nicht so recht geklappt hatte. Selbst ihre Freundinnen hatten schon mit ein wenig Voodoo in Form einer Glück bringenden Wunschkugel nachhelfen wollen. Für Corinne stand daher fest, dass sie weiter nach diesem tollen Mann suchen musste, der ihr nicht mehr aus dem Kopf ging.

Trotz des relativ kurzen Gesprächs hatte sie selbst ihrer Tochter von dieser magischen Begegnung vorgeschwärmt – ohne zu wissen, dass es Dario ebenso erging und er seinem Sohn von der fröhlichen und attraktiven Wanderin erzählt hatte. Schließlich meinte es das Schicksal dann doch noch gut mit ihnen – Corinne fand seinen Namen auf einem sozialen Netzwerk und bekam auch prompt die erhoffte Antwort: »Du bist mir jeden Tag präsent«, schrieb er und lud sie spontan zu einem Picknick ein. Dass die beiden seither im siebten Himmel schwebten, das war nicht schwer zu erkennen. Ein Schätzli hier und ein Küsschen da – mit verliebten Augen und liebevollen Gesten zeigten sie der Welt, wie schön das Leben zu zweit sein konnte.

Auch wenn Corinne wohl die Erfahrung gemacht hatte, dass ihr Erfolg und ihre frühere Liebesgeschichte in Afrika auf manche Männer eher abschreckend wirkten, so hatte sie in Dario einen Partner gefunden, der sie für ihre Stärke, Träume und Überzeugungen liebte. So holte Corinne auch Alben von früher heraus, um mir anhand der Fotos von damals zu erzählen, als ihr Glück im afrikanischen Busch bei den Massai noch perfekt schien. Auf einem der Fotos lachte ihr Massaikrieger Lketinga entspannt, während er die kleine Napirai im Arm hielt. Auf anderen war Corinne mit Napirai bereits in der Schweiz zurück. Corinne erzählte, dass ihre Tochter seit dem Wiedersehen vor ein paar Jahren per Smartphone Fotos und Nachrichten zu ihrem Vater nach Afrika schickte. Es war doch wirklich erstaunlich, was heutzutage mit der Digitalisierung alles möglich war.

»Mama, können wir jetzt in den Pool gehen?«, fragte Julie, der es mittlerweile mit den Spielsachen offensichtlich langweilig geworden war. Es war ja auch wirklich dermaßen heiß, dass eine kleine Abkühlung nicht verkehrt sein konnte.

»Los komm, Julie, schnapp dir das Gummiboot. Auf ins kühle Nass! Kannst du denn schon schwimmen?«, fragte Dario sie.

Julie schüttelte den Kopf, war aber schon eifrig dabei, ihr Sommerkleidchen gegen ihren schicken »Hello Kitty«-Bikini auszutauschen.

»Von unserem Kinderdorf in Tansania sind es nur wenige Kilometer bis zum Meer, aber bei den Wellen hat sich Julie das Schwimmen bisher nicht getraut. Und für einen Schwimmkurs sind wir immer zu kurz in Deutschland«, sagte ich zu Dario, der als Erster im Pool war.

»Na, dann wollen wir mal sehen. Julie, heute bin ich dein Schwimmlehrer. Komm, spring ins Wasser zu mir!«, forderte Dario sie nett auf.

Das ließ sich Julie nicht zweimal sagen und sprang Dario mit einem lauten Platscher direkt in die Arme. Immer wieder schwamm sie mithilfe von Dario zurück zum Beckenrand, nur um dann wieder mit vollem Schwung vom Rand zu ihm ins Wasser zu springen. Sie konnte gar nicht genug davon haben und quietschte dabei immer vergnügt auf. Und dann schaffte sie tatsächlich auch ein paar Züge ohne Darios Hilfe, der sie überschwänglich für ihre ersten Schwimmerfolge lobte. Als nach der ganzen Tollerei die Kräfte langsam nachließen, ließ sie sich von Corinne gemütlich in einem riesigen Ananas-Schwimmring durchs Wasser ziehen.

Nachdem alle wieder »an Land« waren, wurde es allmählich Zeit für unser geplantes Fotoshooting. Die Sonne durfte dafür ja schließlich nicht zu weit sinken. Corinne schmiss sich eine Ponchobluse über und schlüpfte in eine weiße Sommerhose, während ich Julies Lockenschopf mit einem Handtuch trocken tupfte.

Dario stellte sich bereitwillig als Fotograf zur Verfügung, während wir uns in verschiedenen Posen vor dem Pucky und dem Mini ablichten ließen. Corinne hatte die Idee, ein Büchertauschfoto zu machen, also hielt sie mein *Sternendiebe*-Buch in die Höhe und ich ihr erstes Buch *Die weiße Massai*. Später, als wir die Fotos auf dem Bildschirm betrachteten, gefiel mir besonders das, auf dem Julie und Corinne fröhlich lachend synchron eine Hand und einen Fuß aus der Wohnwagentür streckten. Bei einem Foto, auf dem Corinne in meinem Mini am Steuer sitzt und aus dem Fenster »luägt« – wie man in der Schweiz so schön sagt –, hatte ich allerdings das Gefühl, dass der Mini eine Spur zu klein für sie war. Vermutlich hätte sie bei ihrer Größe eine Nacht in unserem Pucky mit angezogenen Beinen nicht so bequem gefunden, aber sie fand es trotzdem toll und mutig, wie wir unterwegs waren.

Am Abend kümmerte sich Corinne wieder um unser leibliches Wohl und machte dabei auch bei Salvatore, einem italienischen Bekannten, der zu Besuch vorbeigekommen war, mit Erfolg kräftig Werbung für unsere Tour. Ich war verblüfft, wie gut Corinne und Dario Italienisch sprachen, aber wie sollte es auch anders sein hier im Tessin. Ich war schon gespannt auf unseren nächsten Tourabschnitt durch Italien. Meine Italienischkenntnisse waren schon lange eingerostet, aber irgendwie würde man sicher immer durchkommen können.

Wir saßen noch eine ganze Weile draußen auf der Veranda beisammen und unterhielten uns in der lauen Sommernacht über Afrika, das Reisen und das Leben als Autor, während von überallher Lichter im Dunkeln funkelten. Julie schlief mir dabei bereits im Schoß ein. Die Bergluft am Morgen, unsere Reise und dann auch noch das Planschen im Pool hatten mein Energiebündel ganz schön müde gemacht.

Als auch mir beinahe die Augen zufielen, führte uns Corinne am Wohnzimmer vorbei zu ihrem Gästezimmer in der unteren Etage. Ihr ganzes Haus war geschmackvoll und mit vielen afrikanischen Souvenirs eingerichtet. Man spürte sofort, dass Corinne eine künstlerische Ader besaß, die sie in ihrer freien Zeit voll und ganz auslebte. In dem hübschen Gästezimmer hingen selbst gemalte Ölbilder im afrikanischen Stil an der gelben Wand. Mitten auf der weinroten Bettdecke war liebevoll ein rosa Herzkissen platziert. Wie mir schienen auch Corinne kräftige Farben, die eine positive und angenehme Stimmung ausstrahlten, wichtig zu sein. Es war eben wie im bunten lebendigen Afrika. Dort konnte man sich ja auch dem grauen farblosen Schleier, der besonders in den kälteren Monaten nicht nur die Kleiderschränke, sondern auch das Gemüt vieler Menschen unserer Breitengrade überschattete, entziehen.

Nach einer Nacht, in der wir wie auf Wolken geschlafen hatten, stärkten uns Corinne und Dario noch mit einem ausgiebigen Frühstück und einem leckeren Bananenmilchshake mit gemahlenen Nüssen. Nun konnten wir also erholt unsere

»Safari« nach Bella Italia starten – mit nächstem Ziel: George Clooney.

Doch ehe es losging, hatten die beiden noch eine große Überraschung für uns parat: Mit sagenhaften tausend Euro wollten sie unsere Tour unterstützen! Ich freute mich riesig über diese Zusage, mit der ich ganz und gar nicht gerechnet hatte. Ich wusste auch gar nicht, wie ich mich für das besondere Wochenende bei ihnen, die herzliche Gastfreundschaft und die Offenheit, mit der sie uns empfangen hatten, bedanken sollte. Innerhalb kürzester Zeit hatten wir das Gefühl, neue Freunde gefunden zu haben, die wir vielleicht irgendwann einmal wiedersehen würden – sei es in der Schweiz, in Afrika oder sonst wo auf der Welt. Als wir schon im Auto saßen und die Türen zumachten, steckte mir Dario augenzwinkernd zum Abschied tatsächlich auch noch fünfzig Schweizer Franken Benzingeld zu. Die beiden winkten uns noch lange nach, bis wir hinter der nächsten Kurve verschwunden waren.

Dear George Clooney,
yes, we indeed visited your village Laglio at Lake Como, but my little Julie was sleeping, our Mini Cooper still had a problem with the cooling system and really I could not see any villa around this place??!! Also we did not want to disturb you. So just continue to live in harmony in this tranquil place where even the pizzerias were closed. And always drive carefully with your moped on Italian roads! With best wishes
Nicole + Julie
P.S.: And please don't hesitate to support our Mini Cooper with Oldie-Caravan Tour for severely disabled orphans in Tanzania – To be forwarded to George Clooney – Please share !!

Nicht immer lief alles nach Plan. Zwar war es von Corinne nicht weit bis zum Comer See, doch irgendwie hatten wir den Tag vertrödelt. Erst am späten Nachmittag waren wir beim Grenzübergang unter dem blauen Länderschild ITALIA durchgefahren und befanden uns auf einen Schlag in einer anderen Welt. Entlang der humpeligen Hauptstraße reihten sich Wohnklötze mit renovierungsbedürftigen Fassaden, an denen Balkone verschiedenster Art prangten. Vespas knatterten an uns vorbei, und durch die offenen Autofenster wehte der Duft von Pizza herein. Es war das erste Mal, dass ich auf italienischen Straßen selber fuhr, und so war ich unweigerlich auch recht nervös. Begegnungen mit Verkehrsrowdys ließen auch nicht lange auf sich warten, und schon an der ersten großen Kreuzung war ich aufgrund der unverständlichen Verkehrsbeschilderung verwirrt. Doch mein Navi würde uns schon nach Laglio führen, einem kleinen Ort, den George Clooney zu seiner Sommerresidenz gemacht hatte.

Julie war bereits unterwegs eingeschlafen, und mir dröhnte der Kopf vor Hitze und vor lauter Anspannung. Auch wenn ich keinen konkreten Plan hatte, so wollte ich es dennoch nicht unversucht lassen, in irgendeiner Weise an George Clooney heranzukommen. Vielleicht wäre er ja genau zur rechten Zeit am richtigen Ort und fände unsere Tour unterstützenswert? Bei nur neunhundert Einwohnern dürfte die Chance, sich zu begegnen, bedeutend größer sein als in seinem amerikanischen Wohnsitz in Beverly Hills. Oder vielleicht würde uns ja auch ein Einheimischer bei der Kontaktherstellung weiterhelfen können?

Eine schmale Uferstraße führte rechts entlang des Comer Sees nach Laglio hinein. Ehe ich michs versah, hatte ich den winzigen Ort aber auch schon wieder hinter mir gelassen, ohne ein Haus zu sehen, das auch nur annähernd einer Villa gleichkam. Selbst das Wenden wurde zur Herausforderung, weil es einfach keinen Platz zum Anhalten oder Umdrehen gab. Als ich es schließlich doch schaffte, hielt ich vor dem roséfarbenen Hotel San Mario an, mit der Absicht, uns erst einmal mit einer Pizza zu stärken und dabei hoffentlich Auskünfte über George Clooney zu erhalten. Wieder musste ich den Motor eine Weile laufen lassen, damit das Kühlwasser schön drinblieb. Ich konnte nur hoffen, dass ich gleich nach dem Wochenende eine gute Werkstatt finden würde.

Julie wachte verschlafen auf, doch als sie das Wort »Pizza« hörte, war sie mit einem Mal hellwach. So etwas Leckeres gab es schließlich nicht bei uns in Tansania und war somit immer etwas Besonderes. Wir liefen die Stufen zur Pizzeria hinauf, der ein Swimmingpool und eine Terrasse mit Blick auf den stillen See angeschlossen waren. Doch genauso verschlafen, wie schon Laglio auf mich gewirkt hatte, war auch hier tote Hose angesagt. Eine Bedienung, die nur Italienisch verstand, machte mir klar, dass es um diese Zeit hier nichts zu essen gab.

Enttäuscht gingen wir in unseren Wohnwagen zurück und kochten uns an Ort und Stelle noch ein paar Nudeln ab. Gerne hätten wir dabei George Clooney zum Essen eingeladen, doch der klopfte leider nicht an unsere Tür. Also entschied ich mich dazu, ein paar Beweisfotos von Laglio zu schießen und George Clooney einen Brief zu schreiben. Wie sagte man doch so schön: Die Hoffnung stirbt schließlich immer zuletzt …

Am darauffolgenden Tag konnte Mini nun endlich noch einmal zum Autodoktor gehen. Eine glückliche Fügung wollte es so, dass uns der fremde Mann, den ich mit Händen, Füßen und ein paar italienischen Brocken mitten auf der Straße in Pavia angesprochen hatte, nach einem kurzen Telefonat in eine Werkstatt führte, die des Mini absolut würdig war: Die GPS GARAGE glich eher einem Museum der tollsten und teuersten Autos als einer Werkstatt.

Wie gut, dass wir in Italien waren, denn so wurde das Unvorstellbare möglich: Mini wurde trotz Betriebsferien sofort behandelt! Mario, der Oldtimerkenner, schnitt einfach ein marodes Stückchen vom Kühlerschlauch ab, wurschtelte alles wieder – ohne über die Enge im Motorraum zu fluchen – zusammen, und schon war Mini wieder topfit. Was war ich erleichtert, dass das Kochen und Dampfen des Kühlwassers jetzt endlich ein Ende genommen hatte und es sich nur um ein kleines Loch im Gummi gehandelt hatte, für das keine Ersatzteile benötigt wurden.

Nun konnte unsere Fahrt gen Rom also weitergehen – wenn auch nicht über die Brücke von Genua, die erst vor einer Woche eingestürzt war. Man konnte es sich gar nicht vorstellen, dass so etwas überhaupt möglich war. Dreiundvierzig Menschen waren genau zur falschen Zeit am falschen Ort gewesen, als sie mit den Trümmern in die Tiefe stürzten. Auch wenn ich auf meiner Tour aufgrund der Mautgebühren sonst niemals Autobahnen genommen hatte, so wären wir in Italien tatsächlich über die marode Brücke von Genua gefahren. Denn laut den Berechnungen meines Navis würde ich auf italienischen Nebenstraßen nur sehr langsam vorankommen und oft mehr als das Doppelte an Zeit aufwenden müssen. Wegen der Schreckensnachricht aus Genua fuhr ich nun aber auch durch italienische Tunnel, von denen einige recht duster und gruselig wirkten, mit einem mulmigen Gefühl hindurch.

Auf dem Weg zu unserer nächsten Station Pisa gewöhnte ich mich dann aber immer mehr an das Fahren im fremden Land. Das Besondere an den Autofahrern in Italien war dabei, dass sie bei Sichtung unserer außergewöhnlichen Fahrzeugkombination völlig aus dem Häuschen gerieten. Immer wieder kam es vor, dass ein Autofahrer auf der Autobahn auf gleiche Höhe an uns heranfuhr, während seine Beifahrer uns voller Euphorie zujubelten und zuwinkten. Ich erwiderte dann ihr fröhliches Lachen und zeigte den Daumen hoch, während sie Fotos von uns schossen. Sie hatten es eindeutig nicht so eilig wie die Deutschen, die nicht extra vom Gas runtergingen – waren aber definitiv auch waghalsiger.

Irgendwie waren die Italiener für ihre lockere Lebensweise zu beneiden, zumindest solange alles gut ging. In Deutschland fühlte ich mich manchmal so, als ob das Sicherheitsdenken einem die Luft zum Atmen nähme und man eingezwängt von Regeln, Gesetzen und gesellschaftlich vorgegebenem Denken stereotypisch das Leben an sich vorbeiziehen ließ. Doch wenn einem wirklich einmal ein Unglück zustoßen sollte, dann gab es zumindest eine staatliche Unterstützung, von der Menschen in anderen Teilen der Erde nur träumen konnten.

Wie schnell man alles im Leben verlieren konnte, davon konnte gerade Chiara ein Lied singen. Mit der Fremdenführerin am schiefen Turm von Pisa war ich über die »Weiße Massai«-Fanpage in Kontakt gekommen. Corinne hatte dort nämlich mit einem gemeinsamen Foto von uns auf unsere Spendentour aufmerksam gemacht. Unter ihren Fans, die den Beitrag kommentiert hatten, war auch Chiara, die uns spontan angeboten hatte, uns in Pisa etwas über den schiefen Turm zu erzählen.

Einen direkten Kontakt zu einer Ortskennerin zu haben war äußerst praktisch. So konnte Chiara mir schon vorab sagen, dass es wohl kaum Möglichkeiten gab, ein Fotoshooting mit Mini, Pucky und dem schiefen Turm im Hintergrund hinzubekommen. Die Straßen rundherum waren wohl für Autos gesperrt, und so trafen wir uns stattdessen auf einem nahe gelegenen Parkplatz, von dem aus man zumindest die Spitze des Turms mit aufs Bild bekommen sollte.

»Hallo, Nicole, hallo, kleine Julie! Schön, dass ihr gekommen seid!«, begrüßte uns Chiara fröhlich auf Deutsch mit italienischem Akzent. Ich war überrascht von Chiaras perfekten Deutschkenntnissen, die sie sich mühsam in Kursen beigebracht hatte. Sie war mir von Anfang an total sympathisch. Mit ihrem Sonnenhut und dem weißen Blumenkleid strahlte sie echte Sommerstimmung aus.

Nach der netten Begrüßung führte sie uns durch eine Gasse direkt zum Turm, um den sich Hunderte von Touristen aus aller Welt tummelten. Kein Wunder, denn von der Schiefe des Turms konnte man sich wohl am besten vor Ort selbst überzeugen. Ich war total überrascht, wie er in solch einem schrägen Winkel überhaupt noch dastehen konnte. Sofort holte ich meine Kamera heraus, während sich Julie in Szene setzte. Einmal streckte sie parallel zum Turm beide Arme in die Höhe, während auf ihrem eben erstandenen pinkfarbenen Souvenir-T-Shirt Cinderella, Dornröschen und Schneewittchen vor dem Wahrzeichen von Pisa tanzten. Ein anderes Mal knipste Chiara ein Foto, als Julie im schiefen Winkel synchron zum Turm auf meinem Rücken hing und spitzbübisch in die Kamera blickte.

Die Hitze war allerdings unerträglich, und so landeten wir schon nach kurzer Zeit in einem Café, wo Chiara auf einmal aus ihrem Leben zu erzählen begann.

»Weißt du, Nicole, mir ist vor fünf Jahren etwas Unglaubliches passiert. An einem Abend habe ich durch einen schweren Erdrutsch meinen ganzen Hof verloren. Mein Haus, meine Tiere, meine Klamotten, mein Auto – alles, was ich bis dahin hatte. Meine Familie und ich haben es noch in letzter Minute geschafft, das Haus zu verlassen.

Ich hatte ein Geräusch gehört, das nicht sein durfte, und habe gemerkt, es passiert etwas. Und dann in nur wenigen Sekunden ist diese Lawine, dieser Erdrutsch, heruntergekommen, und wir haben alles verloren – alles. Und alles bedeutet auch wirklich alles. All meine Erinnerungen, alles, was ich hatte, liegt noch heute unter Geröll, tonnenschwerer Erde und toten Bäumen. Mein Haus wurde wie mit einer Bombe zu null gemacht.«

Ich war erschüttert über Chiaras Schicksalsschlag und versuchte mir vorzustellen, wie es sein musste, wenn man auf einmal vor dem Nichts stand und aus heiterem Himmel sein ganzes Hab und Gut verlor.

»Wie du weißt, ich bin Fremdenführerin und musste auf jeden Fall Geld verdienen, um meine Familie zu unterstützen. Eine Freundin hat mir Kleider gegeben, damit ich überhaupt zur Arbeit gehen konnte. Ich hatte einfach nichts, genauso wie Juma damals …«

Chiara erzählte mir, dass sie in den letzten Tagen über das Internet viele Artikel über unsere Geschichte gelesen hatte und es sie besonders getroffen hatte, wie Juma auf der Straße nur mit dem dastand, was er an seinem Leib trug. Es hatte sie schlagartig an ihre eigene Situation von damals erinnert, in der sie sich vollkommen hilflos und alleine auf der Welt gefühlt hatte. Doch dann gab es Menschen, die ihr durch ihre netten Gesten, Worte und Aufmerksamkeiten wie Engel vorgekommen waren.

»Ich weiß genau, was es bedeutet, mit nichts zu leben. Am Ende hat uns meine Tante eine kleine Wohnung besorgt, und die Menschen, denen ich bei meinen Führungen an der Piazza dei Miracoli begegnet bin, haben mir ein neues Leben geschenkt. Eine junge Frau hat mir ihre Mütze gegeben, andere haben mir mit ihrer Anteilnahme und ihrem Interesse Kraft gegeben.

Aber weißt du, mein Lebensstil hat sich seither sehr verändert. Meine Führungen am Platz der Wunder sind zu einer Mission geworden. Ich versuche die Leute zum Lachen zu bringen. Ich versuche ihnen Worte der Weisheit mitzuteilen. Ich treffe auf Menschen aus der ganzen Welt. Auch Menschen, die krank sind oder die ebenfalls in ihrem Leben etwas Schlimmes erlebt haben. Und ich fühle mich diesen Menschen sehr nahe, genau wie du. Du unterstützt die Hilfesuchenden genau da, wo sie es brauchen. Ich kann das gut verstehen, dass du gerne Menschen hilfst, denn ich versuche auch dasselbe in Pisa mit den Gruppen von Touristen zu machen. Mir ist wichtig, dass die Leute eine gute Zeit mit mir haben. Ich gebe ihnen ein Wort der Unterstützung oder finde Worte des Muts.

Was wir besitzen, ist nicht wichtig. Was wichtig ist, ist der Kontakt zu den Menschen, die uns im Leben begegnen. Ich weiß, jeder von uns hat wahrscheinlich schreckliche Zeiten erlebt, und unsere Mission auf der Erde ist wohl, mit ganz einfachen Dingen zu leben und unser Bestes zu tun, um andere Leute zu ermutigen. Ihnen zu zeigen, dass sie geliebt werden, dass sie nicht alleine sind. Meine Mission für die Menschen ist, die Hoffnung nicht aufzugeben und auch in schwierigen Situationen immer das Licht am Ende des Tunnels zu sehen. Wahrscheinlich, Nicole, teilen wir dieselbe Leidenschaft für die Menschen.«

Chiaras Worte berührten mich. Wie recht sie doch hatte. Wie viele Menschen gab es, die ihre Träume nicht lebten, weil ihr angestauter Besitz, ihr Haus oder andere materielle Dinge sie zurückhielten. Dabei kam es gar nicht auf die materiellen Dinge an. Und genau wie Chiara hatte ich auf meinen weiten

Reisen gemerkt, dass es die Begegnungen mit verschiedenen Menschen und ihre Geschichten waren, die das Besondere ausmachten. So wie jetzt meine Begegnung mit Chiara. Wenn man dann auch noch dem einen oder anderen etwas Gutes tun konnte, war doch das Lebensglück perfekt.

Bestimmt hätte ich Chiara noch Stunden zuhören können, wie sie es geschafft hatte, nach einem solch harten Schicksalsschlag ihrem Leben einen tieferen Sinn zu geben, doch Julie zog es weiter. Wir verbrachten noch ein wenig Zeit auf einem Spielplatz und brachen dann zu unserer nächsten Station auf. Das hätte laut Plan Rom sein sollen, doch ich entschied, dass man manchmal einfach flexibel sein musste. Besonders in Hinblick auf Julies Interessen und die erschreckend hohen Autobahngebühren wäre es verrückt gewesen, vier Stunden dorthin zu brettern. Und das auch noch bei glühender Hitze. Eigentlich hätten wir diese Temperaturen ja aus Afrika gewohnt sein müssen, aber das, was wir in Pisa erlebten, war nicht auszuhalten. Kurzerhand tauschten wir also eine anstrengende Citytour durch vollgestopfte Straßen in Rom gegen einen dreitägigen Aufenthalt in einem Ferien- und Kinderparadies ein.

Im Camping Park Albatros, einem der größten Campingdörfer in der Toskana, gab es einfach alles, was ein Kinderherz glücklich machte. Julie konnte es kaum erwarten, dort zu sein. Denn ein Ausschnitt aus einem Urlaubskatalog versprach jede Menge Spaß. Mehrere Swimmingpools in tropischem Lagunenstil, Wasserrutschen und sogar einen Hochseilparcours in den Baumwipfeln eines schattigen Kiefernwaldes sollte es geben.

Ein bisschen Erholung tat sicher auch mir gut, allerdings wollte ich die Zeit nicht nur zum Entspannen, sondern auch zum Werbungmachen nutzen. Tausende von Gästen, darunter ein Großteil deutschsprachiger, würden dort auf dreißig Hektar ihre Ferien verbringen. Wichtig war also, einen guten Platz zu ergattern, an dem uns möglichst viele Menschen sehen konnten.

Bei der Ankunft an der Rezeption konnte ich dann tatsächlich einen teuren Goldplatz zum Preis eines normalen Standardplatzes heraushandeln und bekam obendrauf auch noch zwanzig Prozent Rabatt. So konnten wir unser aussagekräftiges Gespann direkt an der Ecke zweier belebter Zugangsstraßen zum nahe gelegenen Food- und Activityzentrum abstellen. Für unsere Zwecke ein wirklich idealer Platz mit Strom- und Wasseranschluss, von wo aus Julie es auch nicht weit zum groß angelegten Spielplatz hatte.

An den Abenden genossen wir das lebendige Flair im Campingzentrum, wo Hunderte von gebräunten Urlaubern umherschlenderten oder sich etwas Leckeres in der Eisdiele, Pizzeria oder im Candy-Shop gönnten. Es gab Musik und Unterhaltung, köstliche Düfte und fröhliches Kinderlachen, während Teenager in dem Hochseilparcours mit Gurten von Baum zu Baum zischten. So stellte man sich in der Tat das »dolce vita« und einen unvergesslichen Urlaub vor.

Tagsüber unterhielt ich mich mit vielen interessierten Urlaubern vor unserem Wohnwagen, verteilte Tourflyer und erhielt die eine oder andere Spende. Julie hatte zum Glück schnell eine gleichaltrige Freundin gefunden, mit der sie sich entweder auf dem Spielplatz austobte oder in dem Mobilheim spielte, welches deren Eltern angemietet hatten. Auch ich hatte eine junge Familie kennengelernt, mit der wir uns in den nächsten Tagen immer wieder in der Badelandschaft trafen oder mit dem Shuttlebus zum Sandstrand ans Meer fuhren.

Mutter Alessandra träumte dabei auch von einem alternativen Leben in irgendeinem anderen Land, doch mit zwei kleinen Kindern und einem festen Job in Deutschland wusste sie beim besten Willen nicht, wie sie das jemals würde anpacken können. Sicher war es auch viel schwieriger, Auswanderungspläne zu schmieden, wenn die Kinder bereits fest in Deutschland verwurzelt waren. Julie kannte ja seit ihrer Geburt kein anderes Leben und genoss daher das Umherreisen in vollen Zügen. Kindergärten beziehungsweise Vorschulen gab es schließlich auf der ganzen Welt, und da sie sich ohne jegliche Schwierigkeiten auf drei Sprachen ausdrücken konnte, fand sie immer Anschluss zu anderen Kindern und den Erziehern.

Unabhängig von den Kindern waren es wohl meistens andere Gründe, welche die Menschen von ihren Auswanderungsplänen abhielten. Entweder passte es mit dem Finanziellen nicht, oder es fehlte der Mut. Manche wussten vielleicht auch nicht, dass man in vielen sonnigen Ländern der Erde nicht mehr als hundert bis zweihundert Euro im Monat zum Leben brauchte, da man sowohl für das Essen, lokale Mietwohnungen und den Transport nicht tief in die Tasche greifen musste. Was den Mut betraf, da war es wohl am besten, wenn man eifrig Infos über sein Traumziel sammelte, bis die Neugierde, das Interesse und die Vorfreude alle Angstgefühle automatisch besiegt hatten. Ich wünschte jedem die tolle Erfahrung, was alles mit einer positiven Einstellung und dem Glauben ans Ziel möglich war.

Das Campingdorferlebnis hatte sowohl Julie als auch mir gutgetan. Fast jeder, der an uns vorbeigelaufen war, hatte uns vor Begeisterung ein Lächeln geschenkt oder fand anerkennende Worte für unsere Tour und unsere schöne Wohnung auf zwei Rädern. Selbst wenn wir bereits in den Federn lagen und die Menschen zurück zu ihren Plätzen liefen, hatten wir durch unsere dünnen Wohnwagenwände immer wieder ein »Ach, wie niedlich!« und ein italienisches »Che bella!« gehört, während dabei die Kameras blitzten. Nun aber hatten wir ganz neue aufregende Pläne. Matteo Piano hatte nämlich geantwortet …

»Hey, allora Nicole! Ich freu mich, wenn ich dir auf irgendeine Weise helfen kann. Wir können uns gerne in Mailand treffen und zusammen Fotos machen. Auch kann ich dir dabei helfen, dass noch mehr Leute von deiner Geschichte und der Tour erfahren!«, sagte er auf Englisch ganz locker und mit sympathischer Stimme in seiner Voicemessage. Doch bereits in der nächsten Sprachnachricht war ich überrascht, dass sich Matteo sogar recht gut auf Deutsch ausdrücken konnte. »Morgen können wir uns am späten Nachmittag treffen. Habt eine gute Reise!«

Wir kannten uns noch nicht persönlich, aber unser damaliger Volontär Francesco hatte den Kontakt über WhatsApp hergestellt. Es war purer Zufall, denn ich hatte eines Tages Francesco beim Mittagessen in unserer Kantine nur zum Spaß gefragt, ob er nicht vielleicht einen Promi in Italien kannte, der zu einem Fotoshooting bereit sein würde. Tatsächlich erzählte Francesco dann von Matteo Piano, einem bekannten italienischen Volleyball-Nationalspieler aus Mailand, den er als Physiotherapeut betreute und zu Spielen begleitete.

Als ich auch noch erfuhr, dass Matteo Piano stolze 2,09 Meter groß sein sollte, war ich nicht mehr zu bremsen. Diesen Riesen brauchten wir unbedingt für ein Fotoshooting! Ich maß extra meine Zimmertür in Tansania ab, um eine Vorstellung von seiner Größe zu bekommen, und stellte fest, dass er selbst diese noch um einige Zentimeter überragen würde. Um ihn in den Mini zu bekommen, würde ich wohl den Vordersitz ausbauen müssen … und wenn er sich neben den Wohnwagen stellte, würde dieser bestimmt wie eine Spielzeugkiste neben ihm wirken. Das Beste war dann noch, dass Matteo Piano aufgrund seines Bekanntheitsgrads über einhunderttausend Followers auf Instagram hatte.

Nach einer Nacht bei italienischen Freunden in Florenz trafen wir am nächsten Tag pünktlich in Mailand ein. Matteo hatte sich dabei einen ganz besonderen Treffpunkt ausgedacht, nämlich die begrünten Zwillingstürme Bosco Verticale. Auf den breiten, in Stufen versetzten Balkonen dieser quadratischen Hochhäuser machten rundherum Bäume und Pflanzen die Fassade aus. Der dichte Bewuchs hüllte den ganzen Gebäudekomplex in ein grünes Kleid, das zum einen das Mikroklima in den Wohnungen verbessern und zum anderen Lärm, Staub und Hitze mildern sollte.

Zwar waren die Wohntürme schon von Weitem gut zu erkennen, nur mit Parkplätzen sah es hier mitten in der Metropole Mailand leider nicht so rosig aus. Eine schmale einspurige Straße führte an den Blöcken vorbei, und weit und breit gab es keinen Platz für unsere stolzen sieben Meter Länge. Natürlich versuchte ich auch immer zu vermeiden, rückwärts einparken zu müssen, denn das konnte mich als relativen Neuling ganz schön Nerven kosten.

Nun wurden auch noch zwei Polizisten auf mich aufmerksam, da ich so langsam fuhr und sich hinter mir die Autos zu stauen begannen. Kurzerhand winkte ich die beiden Uniformierten zu mir ans Fenster und bat sie, mir netterweise mit der Auskunft über Parkmöglichkeiten behilflich zu sein. Auch wenn sie ein wenig finster dreinschauten, konnten sie mich damit beruhigen, dass weiter vorne um die Ecke ein großer Platz kommen würde.

Als ich endlich einen idealen Parkplatz gefunden hatte, bei dem man hinten rein- und vorne wieder herauskam, lief ich mit Julie zum verabredeten Treffpunkt zurück. Schon von Weitem sahen wir den Riesen, der uns aus der anderen Richtung entgegenkam. Julie war ganz neugierig auf Matteo, schließlich hatte ich ihr gesagt, dass der große Mann sogar unseren Wohnwagen um einiges überragen würde. Ich fragte mich, wie er wohl auf einen kleinen Menschen wie Julie wirken musste. In ihren Augen musste er ja noch viel größer erscheinen als für mich.

Nach einer herzlichen Begrüßung stellte ich schon in den ersten Minuten fest, dass Matteo eine ganz besondere Art gefunden hatte, die Größendistanz zu seinen Mitmenschen zu überwinden. Immer wieder beugte er sich bis auf Julies Höhe hinunter, um mit ihr zu kommunizieren, und gewann mit seinen freundlichen Späßen im Nu ihr Herz. Als er auch noch vorschlug, uns in eine Eisdiele einzuladen, war Julie sicher überzeugt, dass Riesen überaus nette Menschen sind. Und das war Matteo in der Tat. Er strahlte mit seinem netten Lachen unglaublich viel Freude aus, und ich musste zugeben, dass er zudem verdammt gut aussah.

Nach einem leckeren Eis hatte Matteo die lustige Idee, mit Julie einen Schuhtausch zu veranstalten. Erst zögerte sie eine Sekunde, doch dann gab sie bereitwillig ihre kleinen Flipflops her. Während diese in Größe sechsundzwanzig gut auf die großen Zehen von Matteo passten, wurden Julies Füße von sage und schreibe Größe einundfünfzig verschluckt. Der Anblick war wirklich einmalig. Sogleich knipste ich ein Foto zur Erinnerung, das sich auch wieder wunderbar für meinen Blog eignen würde. Matteo hingegen drehte im Anschluss an den Schuhtausch spontan ein Kurzvideo mit seinem Handy, in dem er seinen Tausenden von Instagram-Fans von seinen neuen Freunden Julie und Nicole erzählte. Als unsere Namen fielen, winkten wir im Hintergrund kräftig ins Bild.

Doch das war noch nicht alles. Der liebe Matteo hatte Riesenspaß daran, sich für schwerstbehinderte afrikanische Kinder in den Mini zu quetschen. Das Foto, auf dem er lässig hinter dem Steuer des Mini sitzt und in die Kamera strahlt, während Julie keck auf der Motorhaube thront, wurde innerhalb von vierundzwanzig Stunden auf Instagram über siebentausend Mal mit einem Herz versehen. Neben kleineren Spenden erhielten wir daraufhin von einigen Italienern Worte der Anerkennung und Bewunderung, und manche erkundigten sich sogleich, ob sie als Volontäre zu uns nach Tansania kommen konnten.

Die große Überraschung erlebte ich allerdings erst eine Woche später, als wir uns nach unseren letzten Tourstopps am Gardasee und in Garmisch-Partenkirchen dem Ziel näherten. Genau eine Stunde bevor wir durch das Zielband vor dem Naturfreundehaus Himmelreich in Heubach fahren wollten, meldete sich Matteo per WhatsApp. Er habe über vierhundert Euro für uns gesammelt, die er mir nun direkt per PayPal auf unser deutsches Vereinskonto senden würde!

Auch im Ziel erwarteten mich noch Geldspenden von lieben Leuten, die extra den Berg hochgewandert waren, um uns zu begrüßen, und die im Anschluss daran interessiert an unserem Human-Dreams-Bergwochenende teilnahmen. Mitsamt dem »Nachbeben« in Form von Geldspenden mit Kennwort »Fundraising«, die selbst in den Wochen danach noch von begeisterten Menschen überwiesen wurden, hatten wir es tatsächlich geschafft, auf den beiden Touren fast fünfundsechzigtausend Euro für die geplante Kindertagesstätte für vollpflegebedürftige Kinder zusammenzubekommen. Nach insgesamt drei Monaten auf Tour und über siebentausend gefahrenen Kilometern konnte ich mich über das Ergebnis richtig freuen.

Jetzt, wo die ersten finanziellen Mittel gesichert waren, würde ich mich eifrig an die detaillierte Planung setzen. Als Erstes müssten wir wieder einen tiefen Brunnen bohren, um Wasser für den Bau und später für die Versorgung der Häuser zu haben. Für die Stromversorgung plante ich ein eigenes Solarsystem wie das von unserem Kinderdorf, und schließlich müssten wir noch aus Sicherheitsgründen das ganze Grundstück ummauern.

Sicher, es stand wieder viel Arbeit an, doch ich merkte auch, wie es mir von Projekt zu Projekt leichter fiel. Schließlich konnte ich nun auf meine langjährigen Erfahrungen aufbauen, und ich hatte bereits die richtigen Leute zur Hand, auf deren Know-how ich mich verlassen konnte. Jetzt, wo ich die gängigen Baumaterialien und Preise kannte, würde ich mich nicht mehr selber mit den Käufen abhetzen, sondern würde stattdessen die Baufirma beaufsichtigen, die unsere Kindertagesstätte in Anlehnung an unser Kinderdorf errichten sollte.

Ich war zuversichtlich, dass ich das alles schon meistern würde, schließlich war ich auch kurz nach unserer ersten Fundraising-Tour mit Julie ins Kinderdorf gezogen und hatte damit dem Stress und dem Hin-und-her-Gehetze ein Ende gesetzt. Mein Haus am Nilpferdsumpf hatte ich zur Vermietung leer geräumt, nachdem Juma übereinstimmend in sein Haus zurückgezogen war, das er sich nach unserem ersten Deutschlandbesuch für wenig Geld gekauft hatte. Nach all den Jahren, in denen wir nur noch freundschaftlich unter einem Dach zusammengewohnt hatten, war es für uns der richtige Schritt in ein neues Leben. Auch für Julie bedeutete es eine positive Veränderung, da sie nun täglich mit ihrer besten Freundin Faraja in einer sicheren Umgebung spielen konnte und trotzdem unter der Woche ihren Papa wie gewohnt während der Arbeit im Kinderdorf sah. Denn Juma war mittlerweile Vollzeitangestellter und ging darin auf, den Pflegemamas beim Füttern und Tragen der Kinder zu helfen und dort mit anzupacken, wo er gebraucht wurde. Ich war froh, dass er seinen Platz gefunden hatte und wir uns so gut einigen konnten. Auch wenn wir keine Erwartungen aneinander hatten, so schätzten wir doch das gemeinsam Erlebte unserer außergewöhnlichen Liebe.

Die flexiblen Bring- und Abholzeiten von Julies neuer englischsprachiger Vorschule, die sich ganz in der Nähe des Kinderdorfs befand, verschafften mir zusätzlich Luft. Endlich hatte ich neben der Leitung des Kinderdorfs auch wieder Zeit für mich selbst. Stillzusitzen war allerdings nicht meine Art, und so dauerte es nicht lange, da packte mich wieder die Abenteuerlust …

6.

Fahre in die Welt hinaus.
Sie ist fantastischer als jeder Traum.
Ray Bradbury

ER ANTWORTET NICHT. Ich verstand mich auf einmal selbst nicht mehr. Fünf Jahre lang hatte ich mir trotz der gelegentlichen Sticheleien von Freundinnen eingeredet, dass ich gar keinen Mann an meiner Seite brauchte und mit Julie und meiner Arbeit ausgefüllt genug war. Und jetzt tippte ich genau diese drei Worte in die Suchmaschine und stellte fest, dass dieses Problem unter Frauen wohlbekannt sein musste. Das Netz war voll mit Deutungen männlichen Verhaltens und Ratschlägen von selbst ernannten Frauencoachs, die zu wissen meinten, wie man den Mann der Begierde für sich gewinnen konnte.

War ich zu ungeduldig? Tickten Männer wirklich so anders und dachten sich vielleicht gar nichts dabei, wenn sie länger nichts von sich hören ließen? Oder war es einfach nur Pech, dass ich mich in den Falschen verguckt hatte? Zugegeben, wir kannten uns kaum und waren dazu noch Tausende von Kilometern voneinander entfernt, doch welche Frau konnte in so einer Situation schon vernünftig denken? Tatsache war, dass dieser Mann eine extrem angenehme Ausstrahlung auf mich hatte und meine Gefühle nun Achterbahn fuhren. Zu allem Überfluss war gerade auch noch Regensaison in Tansania, sodass selbst das Wetter aufs Gemüt drückte.

Auf einmal wusste ich, was zu tun war, um den Seelenqualen zu entkommen. Ich verspürte plötzlich große Lust auf eine spontane Abenteuerreise, die sicher nicht nur aufregend sein würde, sondern mich auch im Nu auf andere Gedanken bringen könnte.

Seit meinem letzten Deutschlandbesuch hatte ich mir vorgenommen, mir eines Tages Namibia anzusehen. Schuld daran war tatsächlich die bekannte deutsche Dokusoap *Bauer sucht Frau*. Bei meiner Mutter lief abends meistens der Fernseher, und so hatte ich ein paar Sendungen mit Farmer Gerald aus Namibia mitbekommen. Während sich viele Frauen sicher vor allem an Farmer Geralds tollem Aussehen erfreuten, fielen mir besonders die wunderschönen Landschaftsaufnahmen auf. Der rote Sand, die hellen Steppengräser und die Trockenheit in diesem mir fremden Land waren so ganz anders als das grüne, tropische Tansania, wie ich es aus Dar es Salaam kannte.

Aber nicht nur die Landschaft interessierte mich. Schon seit einiger Zeit hielt ich Ausschau nach einem Land, das sowohl zu Julies als auch meinen Bedürfnissen optimal passen könnte. In La Paz in Bolivien hatte ich bei meinen Recherchen beispielsweise eine interessante deutsche Schule in atemberaubender Umgebung entdeckt. Doch letztendlich hinderte mich der Gedanke an die kalten Temperaturen auf viertausend Meter Höhe an der Ausweitung meiner Pläne. Auch Kangaroo Island in Australien hätte ich mir für Julies Schullaufbahn vorstellen können, doch der finanzielle Aspekt hätte bei Weitem meine Möglichkeiten überschritten. In Namibia gab es nun ebenfalls eine deutsche Auslandsschule, auf der Julie später ihr Abitur machen könnte. Wir würden also nicht nur das Land beschnuppern, sondern dabei auch gleich diese Schule besuchen.

Gerade noch war Namibia nur in meinem Hinterkopf gewesen, doch nun brannte ich auf einmal regelrecht darauf, in zwei Wochen, wenn Julies Schulferien beginnen würden, genau dorthin zu reisen. Zugegeben, ich wusste noch nicht viel über das Land auf der anderen Seite Afrikas, in dem bis heute aufgrund der Kolonialgeschichte teilweise noch Deutsch gesprochen wurde. Aber das Wichtigste war ja auch erst einmal, wie wir dorthin kommen würden. Und genau das reizte mich an der Idee am meisten: Die viertausend Kilometer bis nach Namibia waren von Tansania aus mit Zug und Bus zu schaffen. Genau genommen würden wir nach fünfzig Stunden mit dem Expresszug in Sambia sein, von wo aus wir die andere Hälfte der Strecke mit Bussen zurücklegen würden. Wie ich solche verrückten Touren doch liebte! Mit dem Backpack auf dem Rücken und Julie an der Hand einmal quer durch Afrika reisen …

Ich malte mir jetzt schon aus, wie viele neue Bekanntschaften das bedeuten würde und mit wie vielen neuen Erfahrungen wir wieder zurückkommen würden. Es würde sicher fast eine Woche dauern, bis wir auf diesem Weg die namibische Hauptstadt Windhoek erreichen konnten, doch wie sagte man so schön: Der Weg ist das Ziel. Auf unserer Route lag mit den spektakulären Victoriafällen auch noch einer der breitesten Wasserfälle der Welt, den ich mir schon längst einmal hatte ansehen wollen. Mit dem Flugzeug hin- und zurückzufliegen war mir aber immer zu teuer gewesen, und eigentlich wäre das ja auch viel zu langweilig.

Doch was würde wohl Julie zu meinen verrückten Reiseplänen sagen? Ob es für sie wirklich so verlockend klingen würde, zweieinhalb Tage mit dem Zug und dann noch insgesamt über dreißig Stunden in mehreren Etappen in Bussen unterwegs zu sein?

Kaum hatte ich begonnen, ihr zaghaft von meinen Plänen zu erzählen, schoss es wie aus einer Pistole aus ihr heraus:

»Ich will jetzt sofort gehen. Mami, fahren wir heute schon los? Bitte!! Ich will!«, flehte sie und rüttelte dabei an meinem Arm.

Als ich ihre kindliche Aufgeregtheit und das Leuchten in ihren Augen sah, musste ich meine kleine Maus erst einmal ganz fest an mich drücken. Was hatte ich nur für ein Glück, dass wir genau aus demselben Holz geschnitzt waren! Sie war eben genauso reiselustig und schnell zu begeistern wie ihre Mama, und so waren wir das perfekte Team.

»Mäuschen, so schnell geht es dann leider doch nicht. Lass uns morgen erst einmal die Zugtickets kaufen«, musste ich sie bremsen. Julie zog eine Schnute und war natürlich alles andere als erfreut, dass sie sich noch gedulden musste. Aber mit der Aussicht auf eine kleine Shoppingtour, auf der wir uns für das kältere Namibia mit neuen Kleidern eindecken würden, konnte ich sie zumindest ein wenig trösten. Für sie war es sehr aufregend, wenn sie anstelle von T-Shirts und Röcken zur Abwechslung auch mal einen Pullover oder lange Hosen haben konnte. In Dar es Salaam war es schließlich sowohl bei Tag als auch bei Nacht das ganze Jahr über so heiß, dass derartige Kleidungsstücke völlig unnötig waren.

Als ich am nächsten Tag am TAZARA-Bahnhof die Zugtickets für nur dreißig Euro in der ersten Klasse eines Schlafwagens ergattern konnte, freute ich mich mindestens genauso wie Julie. Das liebte ich an Afrika. War es nicht unglaublich? Für nur so wenig Geld auf einer zweitausend Kilometer langen Strecke zwei Nächte in einem Zug zu übernachten, während ich in Deutschland ohne spezielles Sparticket für denselben Preis wohl spätestens nach zwei Stunden wieder aussteigen müsste …

Jetzt, wo unser Abreisedatum feststand, befasste ich mich intensiv mit den Vorbereitungen. Wo würden wir auf unserer Abenteuerreise günstig unterkommen, und wie würden wir uns überhaupt in Namibia fortbewegen? Seit Tagen redete ich von nichts anderem mehr als unserer Reise, und so kam es, dass eine deutsche Volontärin, die gerade bei uns im Kinderdorf mithalf, von einem Bekannten erzählte, der mit einem Campervan durch Namibia gezogen war. Die Vorstellung gefiel mir auf Anhieb gut, aber wie sollte das ohne viel Geld gehen? An die herkömmlichen Autovermietungen brauchte ich mich gar nicht erst zu wenden, und doch ging mir der Gedanke nicht mehr aus dem Kopf.

Während ich das Netz mit treffenden Suchwörtern durchstöberte, stieß ich auf einmal in einem Namibia-Forum auf den entscheidenden Tipp. Ein User berichtete von einem Hermann Wucher, der alte VW-Busse äußerst günstig vermieten sollte. Allerdings war der Beitrag schon sieben Jahre alt, und eine offizielle Homepage fand ich nicht. Es gab nur eine E-Mail-Adresse, bei der ich nun mein Glück versuchen würde. Auch wenn wir uns mitten in Afrika befanden, schrieb ich Herrn Wucher aufgrund seines eindeutigen Namens auf Deutsch an. Ich hatte nämlich gelesen, dass es in Namibia noch etwa zwanzigtausend Nachfahren deutscher Auswanderer gab, und Herr Wucher schien einer davon zu sein.

Tatsächlich kam drei Tage später eine knappe Antwort: »Frau Mtawa, wir haben keine Campervans, nur ältere T3-Busse mit losen Campingsachen.«

Ich merkte, dass ich mich wohl noch zu wenig mit Vans auskannte. Das Einzige, was ich wollte, war schließlich ein alter VW-Bus mit Matratze hintendrin, der wohl anscheinend nicht zur gehobeneren Kategorie »Campervan« gehörte. Es war eben genau dieser T3, von dem mir Herr Wucher schrieb.

Ein simpler Bus, bei dem man die Rücksitze zum Bett umklappen konnte.

Aufgeregt startete ich einen erneuten Anlauf und bekam prompt wieder ein paar Infos von Herrn Wucher:

»Frau Mtawa, wollen Sie im Bus übernachten? Das geht nur bei den alten T3-Bussen … davon haben wir noch einen: N$ 180 pro Tag plus N$ 1,80 pro km …«

Ich konnte mein Glück kaum fassen. Nur zwölf Euro am Tag sollte der VW-Bus kosten und zwölf Cent pro Kilometer. Das musste doch wieder eine glückliche Fügung des Schicksals sein, dass genau ein VW-Bus noch auf uns wartete und mein neuer Traum Wirklichkeit werden konnte. Doch leider reagierte Herr Wucher dann auf einmal nicht mehr auf meine E-Mails, und ich wartete vergebens auf eine offizielle Bestätigung. Noch konnte ich auch nicht wissen, dass der gute Herr schon fast achtzig war und seine VW-Bus-Werkstatt bereits einige Male geschlossen gewesen war, nur um dann doch noch mal aufzuleben.

Ob wir nun also ein Dach über dem Kopf in Form eines VW-Busses haben würden oder nicht, das stand noch in den Sternen. Zumindest für die ersten zwei Nächte in Windhoek hatte ich schon eine Zusage über Couchsurfing bekommen. Eine Deutsche, die dort ein Backpacker-Hostel aufgebaut hatte, würde uns dabei nicht auf einer Couch, sondern in einem Mehrbettzimmer kostenlos aufnehmen. Sicher könnte sie uns bei der Gelegenheit auch gleich etwas über Land und Leute erzählen.

Zusammen mit Julie fieberte ich unserer Abreise entgegen. Auch meiner Lektorin schrieb ich verheißungsvoll, dass wir in der Kalahari sicher noch tolle Fotos für mein neues Buch schießen würden. Nur da eine Wüste in der Regel menschenleer war, stellte ich mir vor, wie ich wohl erst einen Turm aus meinem Backpack und anderen Gegenständen würde bauen müssen, um dann per Selbstauslöser ein Foto von Julie und mir hinzubekommen. So oder so ähnlich wäre es wohl gelaufen, wenn nicht genau zur richtigen Zeit Jaine aufgetaucht wäre.

Die junge, aufgeschlossene Brasilianerin hatte sich kurzfristig über Workaway in meinem Kinderdorf angemeldet und hatte witzigerweise ähnliche Reisepläne wie wir. Wir kannten uns zwar nicht, aber verstanden uns auf Anhieb. Wir würden uns also einfach zusammenschließen, und so hätte ich praktischerweise auch gleich eine »Fotografin« mit dabei. Kurzerhand buchte Jaine denselben Zug wie wir.

Kurz bevor es losging, versuchte ich noch Herrn Wucher über Skype telefonisch zu erreichen. Trotz des schlechten Empfangs konnte ich zumindest verstehen, dass er sich meine Ankunftsdaten notiert hatte und in seinem Lager nachsehen würde, ob er noch eine Matratze und einen Gaskocher für uns auftreiben konnte. Jetzt konnte das Abenteuer wirklich beginnen!

Nachdem wir uns im Kinderdorf von allen verabschiedet hatten und Baba Tedi uns zum Bahnhof gebracht hatte, fuhr der Mukuba-Express am späten Nachmittag in Dar es Salaam los. Ich freute mich immens, dass ich mit Julie einfach so aus dem Alltag ausbrechen konnte. An den gewissen Herrn, der sich nicht mehr bei mir gemeldet hatte, dachte ich nun keine Sekunde mehr. Ich hatte jetzt andere Sachen im Kopf und keine Zeit dazu, unglücklich verliebt zu sein.

Mit Julie hatte ich es mir in einem Vierbettabteil gemütlich gemacht, während Jaine sich in der zweiten Klasse mit fünf anderen Reisenden die Kabine teilte. Ich hatte vorher extra noch ein Activity-Book für Julie gekauft, mit dem sie sich auf der langen Reise mit ihrem Vorschulwissen selbst würde beschäftigen können, doch anstatt Figuren auszumalen und Rätsel zu lösen, lag mein kleiner Backpacker nur zehn Minuten nach Abfahrt flach. Ich verstand die Welt nicht mehr. Gerade war sie doch noch quietschvergnügt gewesen, und nun auf einmal musste sie sich bei Schüttelfrost und Fieber übergeben. Natürlich konnte auf einer Reise nicht immer alles glattlaufen, aber das war wirklich das Schlimmste, was uns passieren konnte. Voller Sorge war ich hin- und hergerissen, ob wir nicht bei der nächsten Station gleich wieder aussteigen und den Zug ohne uns weiterfahren lassen sollten. Wie sollte ich hier während der Fahrt herausfinden, ob sie vielleicht doch zum ersten Mal Malaria hatte oder ob es nur ein gewöhnlicher Virus war oder eine bakterielle Infektion?

Als es Julie nach einer Weile immer noch nicht besser ging, informierte ich Jaine, die sich in ihrem Abteil bereits mit anderen Reisenden angefreundet hatte. Unter ihnen war auch eine Deutsche, die sich mitfühlend unser Dilemma anhörte und mir spontan ihre Malariatabletten anbot. Nachdem ich in der Packungsbeilage nachgelesen hatte, dass die Tabletten auch für Kinder geeignet waren, entschied ich mich dafür, sie Julie zu verabreichen. Sollte es sich wirklich um Malaria handeln, so würde sie mit den Tabletten in der Regel schnell kuriert sein. Wäre es aber eine bakterielle Infektion, würde es mich nicht wundern, wenn das Fieber ohne Antibiotikum bald noch weiter ansteigen würde. In dem Fall müssten wir dann eben doch an einem der nächsten Bahnhöfe aussteigen.

Doch so weit kam es zum Glück nicht. Während Julie am nächsten Tag noch etwas schwach war und beinahe die ganze Zugfahrt verschlief, konnte sie am Tag unserer Ankunft wieder lachen und sich über die leckeren Würste im Bordrestaurant freuen.

Am Bahnhof in Kapiri Mposhi war schließlich Endstation. Unterwegs hatten wir uns mit Charlotte aus Deutschland und Andrea aus Rumänien angefreundet, die ebenfalls auf dem Weg zu den Victoriafällen waren. Wir waren alle Fremde in Sambia, und so machte es umso mehr Spaß, als gemeinsame Gruppe weiterzuziehen. Jaine hatte über Couchsurfing bereits einen philippinischen Missionar herausgesucht, der uns in Lusaka, der Hauptstadt Sambias, für eine Nacht aufnehmen würde.

Der gute Adrian wusste nur noch nicht, wie viele Frauen ihn »überfallen« würden, denn Jaine hatte glatt vergessen, ihm mitzuteilen, dass wir uns unterwegs vermehrt hatten. Jaine dachte zwischenmenschlich nie kompliziert. Sie hatte über soziale Medien unzählige Freunde auf der ganzen Welt, mit denen sie kommunizierte, sich austauschte und unter anderem von ihnen auch Reiseinfos besorgte. Für sie war die ganze Menschheit wohl wie eine große Familie, in der kein Platz war für Bedenken, Fremdeleien oder Höflichkeitsfloskeln. Wenn Adrian also bereit war, sie aufzunehmen, dann würde er doch auch ihre neuen Freunde nicht ablehnen. Wir wussten natürlich, dass es nicht die feine Art war, und so witzelten wir schon auf dem Weg zu Adrian über die groteske Situation und gackerten wie Hühner.

Nach drei Stunden Busfahrt trafen wir in Lusaka ein und nahmen uns für das letzte Stück ein Taxi. Als wir dann spätabends vor Adrians einfachem Haus eine nach der anderen ausstiegen und ihm die Hand reichten, konnte man in seinem Gesicht wahrlich ablesen, wie er mitzählte. Aus der anfänglichen Überraschung wurde schnell eine ausgelassene Stimmung, und so baten wir Adrian, sich flach auf der Couch auszustrecken, sodass wir vier großen Frauen und die kleine Frau Julie uns für ein Foto provokant um ihn herumpositionieren konnten. Adrian musste sich wie der Hahn im Korb gefühlt haben und schmierte uns sogar noch Brote, bevor es an die Platzverteilung ging. Jaine, Julie und ich durften dabei ein Einzelzimmer mit Doppelbett belegen, Andrea nahm die Couch, und Charlotte hatte eine Isomatte dabei. So simpel und lustig konnte das Reisen sein. Die Erfahrungen, die man über Couchsurfing machen konnte, waren einfach nicht zu vergleichen mit der Übernachtung in einem öden Hotel.

Am nächsten Tag ging es acht Stunden mit dem Bus mitten durch grünes Buschland bis nach Livingstone an der simbabwischen Grenze. Wir hatten dabei Glück, dass uns der Bus während einer Pause nicht wegen einer Bratwurst vor der Nase weggefahren war. In Sambia schien man zehn Minuten tatsächlich wortwörtlich zu nehmen, nur die Wurst brauchte eben ein wenig länger. Als wir mit entsetzten Gesichtern dem Bus hinterherrannten, sah uns der Fahrer gerade noch und hielt meckernd an.

Dies und das Angebot an langen, leckeren Salamistangen, die einem unterwegs ans Fenster gehalten wurden, waren die ersten Dinge, die mir im Unterschied zu Tansania auffielen. Außerdem sahen wir große chinesische Warenhäuser auf dem Weg und gut besuchte Supermärkte, wie sie in Tansania kaum vorhanden waren. Man sah den jungen Männern an, dass ihre Kleidung aus modernen Läden stammte und nicht von Secondhandmärkten wie in Tansania. Die sambischen Schulmädchen ließen ihr Haar wachsen, während es den tansanischen meist pflegeleicht kurz geschnitten wurde. Ich bekam das Gefühl, dass Tansania in der Zeit wohl etwas hinterherhinkte. Das hatte nicht nur schlechte, sondern auch gute Seiten. Man musste zwar auf einiges verzichten, war dadurch aber zumindest noch etwas vom übermäßigen Konsum verschont geblieben.

Die hübsche Kleinstadt Livingstone war nach dem weltberühmten Afrikaforscher David Livingstone benannt worden. Sie war auf der sambischen Seite der Ausgangspunkt für die Victoriafälle. Idealerweise fanden wir dort einen Couchsurfing-Platz bei einem Tourguide und dessen Frau mit Kind. So hatte Julie gleich einen Spielkameraden in dem vierjährigen Bub gefunden, und wir brauchten uns für den nächsten Tag keine Gedanken zu machen, wie wir zu den Victoriafällen kamen. Unser Gastgeber Bright fuhr uns nämlich für wenig Benzingeld zu dem mächtigen Wasserfall, der sich mitten im Grenzland über eine Länge von nahezu zwei Kilometern erstreckte.

Das Tosen und Donnern war schon von Weitem zu hören. Fünf Millionen Kubikmeter Wasser schossen jede Minute über die Kante hinunter. Das Besondere daran war, dass das Land auf beiden Seiten auf gleicher Höhe lag und nur durch eine schmale Schlucht getrennt wurde. Gerade jetzt während der Regenzeit führten die Victoriafälle so viel Wasser, dass wir allein schon vom hoch aufsteigenden Sprühnebel pitschnass wurden. Dieser Dauerregen hatte im Tal sogar einen tropischen Regenwald entstehen lassen, auf den wir von einer alten Eisenbahnbrücke aus einen wunderschönen Panoramablick genossen.

Als Charlotte und Andrea weiter in Richtung Südafrika zogen, setzten wir unsere Reise ebenfalls fort. Bis Windhoek mussten wir dazu allerdings noch einige Grenzen überschreiten. Von den Victoriafällen liefen wir zu Fuß nach Simbabwe hinein, wo auf der anderen Seite bereits unser Nachtbus wartete. Auch bis zur Grenze von Botswana dauerte es nicht lange, hinter der wir gleich direkt am Straßenrand eine Elefantenfamilie mit wedelnden Ohren erblickten. Zu meiner Freude wandelte sich nun auch die Landschaft. Das Grün wurde von goldenen Steppengräsern, hellem Sand und Dornensträuchern einer Savanne abgelöst. So gefiel mir persönlich Afrika am besten. Wohl auch, weil Grün nicht gerade zu meinen Lieblingsfarben gehört, vielleicht aber auch, weil sich meine Augen nach so vielen Jahren im grünen Dar es Salaam sattgesehen hatten.

Schließlich erreichten wir dann noch in der Abenddämmerung die namibische Grenze. Vier Länder in drei Stunden, das hatte ich bisher auch noch nie geschafft. Nachdem wir die Visa am Schalter bekommen hatten, brach auch schon die tiefschwarze Nacht über Afrika herein. Zwanzig Stunden dauerte die Fahrt in dem modernen Reisebus. Sicher eine lange Zeit für eine Fünfjährige, doch netterweise ließ der Busfahrer Kindercartoons abspielen, sodass es Julie nicht langweilig wurde. Im Anschluss daran schlief sie bis zum Morgengrauen tief und fest. Und dann fuhren wir auch schon in der namibischen Hauptstadt Windhoek ein. Unsere Anreise war geschafft!

Eine Woche und viertausend Kilometer lagen schon hinter uns. Das war so weit wie von Deutschland bis nach Syrien. Und nun standen uns zwei spannende Wochen im dünn besiedelten Namibia bevor.

Im ParadiseGarden Backpackers wurden wir freundlich von Christina empfangen, die uns sogleich ein gemischtes Sechsbettzimmer zuteilte. Vor über zehn Jahren hatte die Deutsche das Hostel eröffnet und bot seitdem kostengünstig Platz für Reisende und Langzeitpraktikanten in einer familiären Atmosphäre an. Es gab einen Pool, eine sonnige Terrasse und eine voll eingerichtete Gemeinschaftsküche. All dies konnten wir kostenlos nutzen und gegen eine kleine Gebühr sogar unsere Wäsche waschen.

Mit Jaine, die bei jemand anderem untergekommen war,

hatten wir uns für den Nachmittag zu einem Stadtbummel im Zentrum verabredet. Der Himmel war intensiv blau und die Luft klar und trocken, als wir den Hügel zur Stadt hinunterliefen. Das Erste, was ich wohl für Julie und mich besorgen musste, war eine Feuchtigkeitscreme. Unsere Haut war die hohe Luftfeuchtigkeit aus Tansania gewohnt, doch Windhoek lag auf 1655 Meter im Hochland zwischen den beiden Wüsten Namib im Westen und der Kalahari im Osten.

Die moderne multikulturelle Hauptstadt, die nach dem letzten Stand nur etwas mehr als dreihunderttausend Einwohner beherbergte, galt als eine der saubersten in Afrika. Der deutsche Einfluss nach fast dreißigjähriger Kolonialherrschaft war nicht zu übersehen. So stand auf einem der ersten Schilder, die wir sahen, »Christuskirche«, »Reiterdenkmal« und »Alte Feste«. Weiße Namibier begegneten uns jedoch kaum. Auf den Straßen herrschte ein typisch afrikanisches, lebendiges Treiben. So verkaufte manch einer vor den Supermärkten aus Einkaufswagen heraus getrocknete Raupen und andere landestypische »Leckereien«. Andere Namibier versuchten hingegen mit dem Verkauf von Süßigkeiten oder mit Schuheputzen mitten auf der Straße ihr Geld zu verdienen. In der hübsch gepflasterten Fußgängerzone mit glockenartigen Straßenlaternen waren afrikanische Holzschnitzfiguren, handgemachter Perlenschmuck und andere Souvenirs reihenweise auf dem Boden ausgebreitet.

Wir ließen es uns nicht nehmen, in der Nähe des Postamts im Café Schneider einen echten deutschen Käsekuchen mit Genuss zu verzehren und im Anschluss daran im Einkaufscenter Wernhil Park, benannt nach einem Werner und dessen Hildegard, bummeln zu gehen. Zwar gefiel es mir in der Regel, dass wir in unserem afrikanischen Leben nicht wie in Deutschland ständig mit Konsum und Werbung konfrontiert wurden. Doch ab und zu tat es einfach auch einmal gut, wenn man sich, vom Warenangebot beschwingt, neue Kleider aussuchen konnte.

Julie teilte meine minimalistische Einstellung sowieso bei Weitem nicht und konnte von hübschen Kleidchen, Sandalen und Haarschmuck nicht genug bekommen. Ihre Augen begannen zu leuchten, als sie in einem Textildiscounter ein Eisprinzessinnen-T-Shirt entdeckte und dazu noch geblümte Leggings fand. Ich war mir sicher, dass Namibia bereits nach dem ersten Kinderladen einen positiven Eindruck auf sie gemacht haben musste.

Am Abend unterhielt ich mich in unserem Hostel mit anderen Backpackern aus den verschiedensten Ländern, bis schließlich auch die Inhaberin Christina Feierabend machen konnte und mir während eines Barbecues von ihren Erfahrungen in Namibia erzählte. Es war ihr damals zwar erlaubt worden, auch als Ausländerin ein Haus zu erwerben und es in ein Backpacker-Hostel umzugestalten, doch der Ämterlauf mitsamt seinen Hürden und die willkürlichen Entscheidungen der Behörden hatten sie jede Menge Kraft und Nerven gekostet. Dennoch hatte sie an ihrem Traum festgehalten, bis er schließlich Wirklichkeit geworden war.

Wir redeten noch über dies und das, bis wir auf einmal auf das Thema Schule zu sprechen kamen und sie mir gerade noch rechtzeitig mitteilte, dass übermorgen schon die Schulferien in Namibia beginnen würden. Morgen wäre also die letzte Möglichkeit, um mir noch mit Julie die Deutsche Höhere Privatschule anzuschauen. Wie konnte ich auch nur so verplant sein! Wir mussten also unbedingt kurzfristig noch eine Planänderung machen. Jaines Gastgeber hatte nämlich angeboten, uns am nächsten Morgen mit Jaine abholen zu kommen und uns zu einem Sammeltaxi zu fahren, mit dem wir bis zur Wucher's Garage im Ort Okahandja gelangen könnten. Nun hoffte ich, dass er uns stattdessen zur Schule fahren konnte.

Wir waren auf acht Uhr vor unserem Hostel verabredet, doch Julie wollte sich noch von Hund und Katze verabschieden. Pünktlich auf die Minute rief mich dann auch schon Jaines Gastgeber an, wo wir denn blieben. Doch als wir einen Augenblick später aus dem Hostel herauskamen, stand Jaine mit ihrem Rucksack mutterseelenallein am Straßenrand. Sofort brachen wir in schallendes Gelächter aus. War das wirklich noch Afrika? Drei Minuten Verspätung führten also dazu, dass er Jaine einfach abgesetzt hatte und davongebraust war. Wir fragten uns, ob wir nur unglücklicherweise an einen ungeduldigen Namibier geraten waren oder hier tatsächlich die deutsche Pünktlichkeit das Land fest im Griff hatte. Nachdem mir Jaine aber noch andere schräge Anekdoten vom Vorabend erzählt hatte, riet ich ihr, sich das nächste Mal lieber eine weibliche Gastgeberin herauszusuchen …

Was den Besuch der Schule betraf, war Julie noch ein wenig zwiegespalten. Bevor sie kürzlich ihre Vorschule gewechselt hatte, hatte sie leider auch manchmal die Erfahrung machen müssen, dass körperliche Züchtigung in Tansania noch auf der Tagesordnung stand. Das hatte sie auch schon in Indien erlebt, als sie dort zum zweiten Mal für vier Wochen Gastschülerin gewesen war. Die Regel schien dabei zu lauten, dass man Dreijährige in Ruhe ließ, aber Vierjährige kneifen oder auch auf die Finger hauen durfte. Das waren zwar immer noch die milderen Varianten in Privatschulen – von den Züchtigungen in staatlichen Schulen war gar nicht erst zu reden –, aber für Julie, die es von zu Hause nicht kannte, dass man körperlich bestraft wurde, reichte das aus, um ihr die Freude an der Schule zu nehmen. Ich wünschte mir dabei nichts mehr, als dass sie eine angenehme und positive Schulzeit haben konnte. Und so versprach ich ihr, dass es in der Deutschen Höheren Privatschule in Windhoek mit Sicherheit ganz und gar verboten war, Kinder grob zu behandeln.

»Hier auf der DHPS in Namibia könntest du dann Deutsch schreiben lernen. Genauso wie ich es in meiner Schule damals gelernt habe«, versuchte ich ihr Interesse zu wecken.

Julie zeigte sich jedoch wenig beeindruckt und meinte empört: »Aber ich kann doch schon Staben-Buch!«

Manchmal könnte man sein Kind einfach nur fressen, so süß, wie es war. Aber außer dem Wortdreher hatte sie tatsächlich recht. Mit fünf beherrschte man in den englischsprachigen Vorschulen bereits das ganze Alphabet, übte das Lesen einfacher Sätze, konnte alle Zahlen bis hundert schreiben und einfache Plus- und Minusrechnungen lösen. Was mir allerdings in ihrer jetzigen Vorschule besser gefiel, waren Fächer wie »Story Telling«, »Show and Tell« und »Audio Visual«. Anstelle des akademischen Schwerpunkts wurde dort mehr Gewicht auf die Förderung der Ausdrucksweise, der Kreativität und der musikalischen Fähigkeiten gelegt. Nun war ich gespannt, wie die deutsche Grundschule in Namibia wohl aufgebaut war.

Ein Taxifahrer ließ uns direkt vor dem Hochschulgebäude der DHPS raus. Wir steuerten auf das Sekretariat zu und wurden dort sehr freundlich von einer Deutsch sprechenden blonden Dame empfangen. Nachdem sie nicht nur Julie, sondern mit gespieltem Ernst auch deren Puppe, die Julie vor Aufregung fest an sich drückte, begrüßt hatte, stattete sie uns sogleich mit reichlich Informationsmaterial aus. Nach einem kurzen Telefonat sandte sie uns dann über eine Brücke zum Grundschulgebäude auf der gegenüberliegenden Straßenseite, wo uns bereits eine Lehrerin für eine kleine Führung erwartete.

Es ging an einem großen Sportplatz entlang zum Vorhof des Grundschulgebäudes, wo Kinder fröhlich auf dem Spielplatz tobten. Als wir das Gebäude betraten, war ich sofort begeistert von der gemütlichen Atmosphäre und den kinderfreundlichen Dekorationen, die an den Wänden hingen. Wie mir dann die Dame im Sekretariat erläuterte, verbrachten die Kinder die ersten zwei Jahre hier, bevor sie für die restlichen Jahre bis hin zum Deutschen Internationalen Abitur in das große Hochschulgebäude umziehen würden. Ich war überrascht, als sie erzählte, dass sich der Unterricht sogar nach dem baden-württembergischen Lehrplan richten würde. Es war wirklich erstaunlich, wie ich hier im südlichen Afrika, zwölftausend Kilometer von Deutschland entfernt, an meine eigene Schulzeit in Schwäbisch Gmünd zurückerinnert wurde.

Im Laufe des Gesprächs berichtete ich der interessierten Sekretärin von unseren vorläufigen Plänen. Zunächst wolle ich noch die Kindertagesstätte in Tansania bauen, sodass wir einen Umzug nach Namibia frühestens in drei Jahren in Betracht ziehen könnten, wenn Julie in die dritte Klasse kommen würde. Auch könne ich es mir vorstellen, im Anschluss daran in Namibia ebenfalls einen gemeinnützigen Verein zu gründen, um pflegebedürftigen Kindern zu helfen. Die Sekretärin zeigte sich sehr interessiert an meinen Projekten und händigte mir sogleich die Visitenkarte einer Lehrerin aus, die ihrer Meinung nach sicher gerne etwas für behinderte Kinder tun würde. Ich freute mich über diesen ersten Kontakt. Wer weiß, was sich daraus noch ergeben könnte.

Beim Verabschieden bedauerte ich es, dass Julie wohl die ersten zwei Jahre in dieser tollen Grundschule verpassen würde, wenn wir erst so spät nach Namibia kommen konnten. Doch jetzt galt es erst einmal, das Land und die Leute kennenzulernen.

Wir mussten ein wirklich ungewöhnliches Bild abgeben, wie wir da alle drei mit unseren Rucksäcken am Highway standen und synchron den Daumen zum Trampen hochhielten. Die kurvenreiche Brasilianerin in ihren Hotpants, ich Weiße mit blonden Haaren und das kleine Mischlingskind Julie mit ihren wilden Locken, das es mindestens genauso lustig fand wie wir, die Autos anzuhalten. Da nichts aus der Fahrt mit einem Sammeltaxi geworden war, versuchten wir nun eben auf diese Weise, die siebzig Kilometer nach Okahandja in Angriff zu nehmen. Christina hatte uns auch nicht unbedingt davon abgeraten. Vielmehr meinte sie, dass es sicher nicht lange dauern würde, bis jemand anhalten würde. Auch wenn ich sonst nie trampte, hatte ich dieses Mal nichts gegen Jaines Vorschlag. Schließlich befanden wir uns auf einer Abenteuerreise, auf der ein Tag spannender war als der andere.

Das erste Auto, das anhielt, hatte zwar keinen Platz für Tramper, aber der Fahrer hatte seine Freude an uns. Nach einem kurzen Small Talk fuhr der Mann lachend weiter. Und dann hielt auf einmal ein roter Kleinwagen an, dessen Fahrer uns etwas erstaunt fragte, wieso wir denn trampten. »Na, weil es Spaß macht und wir kein Geld haben«, antwortete ihm Jaine locker. Sicher war der junge Namibier es nicht gewohnt, gestrandete Ausländer ohne Auto am Straßenrand zu sehen, und so lud er uns freundlich ein, mit ihm bis nach Okahandja zu fahren. Auf der Rückbank saß ein quirliges Kleinkind, das sogleich auf meinen Schoß gekrochen kam. Der kleine Bub, der keine zwei Jahre alt war, schien das Downsyndrom zu haben und war voller Energie. Glucksend und lachend war er ständig in Bewegung und alberte mit Julie die ganze Fahrt über herum.

In Okahandja setzte uns sein Vater dann direkt vor Wucher's Garage ab und wünschte uns einen schönen Aufenthalt.

Nach einem Abschiedsfoto winkten wir dem kleinen Bub noch lange nach, während er beim Wegfahren sein Gesicht gegen die Scheibe presste. Was für ein süßer Fratz, der uns so ein tolles Tramp-Erlebnis verschafft hatte!

Jetzt wurde es aber ernst. Ich hoffte, dass das Mieten des VW-Busses nun auch wirklich klappen würde und wir den Weg nicht umsonst auf uns genommen hatten. In der Ladentheke der Werkstatt bot uns ein Mechaniker an, auf einer Bank Platz zu nehmen. Es sei gerade Mittagspause, aber Herr Wucher würde bald zurück sein. Ein struwweliger alter Hund leistete uns Gesellschaft, doch dann knurrte Julie so sehr der Magen, dass wir beschlossen, in die benachbarte Konditorei zu gehen. Vor dem kleinen Häuschen hing ein Schild, auf dem »Backerei« mit fehlenden Pünktchen stand, während ein paar nett gedeckte Tische Gäste anlockten. Als wir drinnen auf der gepolsterten Eckbank an einem Holztisch Platz nahmen, fühlte ich mich aufgrund der Einrichtung und Ausstattung tatsächlich nach Deutschland zurückgebeamt. Gestärkt mit einem leckeren Apfelstrudel und einem Glas kalter Milch, liefen wir dann wenig später zu Wucher's Garage zurück.

Nun war der Chef tatsächlich zurück. Hermann Wucher war einen Kopf kleiner als ich und sah irgendwie putzig aus mit seinen weißen Haaren und dem weißen Schnauzbart. Ein richtig netter Opa eben. Die afrikanische Gemütlichkeit hatte er als gebürtiger Namibier in sich, keine Frage, doch seine Sprache und sein Fleiß erinnerten eindeutig an seine deutschen Wurzeln. Es dauerte nahezu zwei Stunden, bis wir Wucher's Garage wieder verließen, doch das mit Erfolg: Ich war nun tatsächlich stolze Mieterin eines alten, aber neu bereiften, blauen Bullis. Den Namen Bulli hatte man diesen VW-Bussen wohl deshalb gegeben, weil sie so knuffig und bullig aussahen. Aber auch weil sie gleich zweifach funktionierten: als

Bus und als Lieferwagen. Unser Bulli war dazu noch ein T3 Syncro, also einer der selteneren Allradbusse, mit dem wir nun die wilde Landschaft Namibias auch offroad durchqueren konnten.

Nachdem der liebe Herr Wucher festgestellt hatte, dass wohl so manches Campingutensil unwissentlich aus seinem Lager den Besitzer gewechselt hatte, hatte er uns tatsächlich extra eine nagelneue Matratze und einen Gaskocher aus einem nahe gelegenen Shop besorgt. Nach einer kurzen Fahrzeugeinweisung drehte ich den Schlüssel um, und wir fuhren fröhlich winkend los – jedoch nur, um zehn Minuten später wieder Hilfe suchend zurückzukehren …

Jaine hatte sich an einer Tankstelle noch ein Wasser kaufen wollen, doch als wir den Motor wieder starten wollten, machte der Bulli keinen Mucks. Zwar hatte man mir gezeigt, auf welchen Knopf ich vorher zu drücken hatte, um den Bulli elektrisch zu entriegeln, doch irgendwie klappte es dann erst beim dritten Anlauf. Auch sprang die Tachonadel bei niedriger Geschwindigkeit wie wild auf und ab und beruhigte sich erst wieder, wenn man schneller fuhr. Jetzt hieß es, einen kühlen Kopf zu bewahren. Schließlich waren wir in Afrika, da waren solche Dinge in der Regel kein großes Dilemma. In Wucher's Garage meinte man dann nur zu uns, dass wir die Tachonadel am besten ignorieren sollten, und beim elektrischen Knopf musste ich wohl einfach noch ein bisschen fester drücken. Frohen Mutes stiegen wir wieder in unseren Bulli und glaubten fest daran, dass wir nun beim zweiten Anlauf sicher weiter als nur hundert Meter kommen würden.

Mittlerweile war es schon später Nachmittag, und dann fiel mir auch noch ein, dass ich nach dem Waschen meine Jeanshosen und meine schönen Trekkingschuhe, die ich extra für die Reise gekauft hatte, im Hostel in Windhoek vergessen hatte.

Eigentlich sollte unsere geplante Tour über das Kalahari-Becken in den Norden zum Etosha-Nationalpark, dem bedeutendsten Naturschutzgebiet Namibias mit einer atemberaubenden Tierwelt, gehen. Auch das Kaokoveld, in dem der Stamm der Himba, des letzten Nomadenvolks Namibias, bis heute noch traditionell lebte, wollten wir gerne besuchen. Die Himba-Frauen faszinierten dabei mit ihrer rötlichen Ganzkörperbemalung aus Butterfett und Ockerfarbe, die sie vor Sonne und Trockenheit schützte, und mit ihren nach vorne geflochtenen Haaren, die je nach Stil verschiedene Bedeutungen hatten. Anstelle von westlicher Kleidung hielten sowohl die Männer als auch die Frauen der Himba zum Großteil bis heute noch an ihren traditionellen knappen Lendenschurzen aus Leder fest. Sicher wäre es interessant gewesen, mehr über das einfache Leben in und mit der Natur und die Lebensweise der Himba zu erfahren, doch auch im Süden gab es so viel zu sehen.

Spontan, wie wir waren, entschieden wir uns dazu, das Land einfach in entgegengesetzter Richtung zu erkunden. Anstelle des Nordens würden wir uns den Süden ansehen und dabei auf dem Weg meine liegen gebliebenen Sachen im Hostel abholen. Schließlich hatten wir auch nur zwei Wochen Zeit, und Namibia war mehr als doppelt so groß wie Deutschland. Während in Tansania allein die Stadt Dar es Salaam schon nahezu sechs Millionen Einwohner zählte, gab es jedoch in Namibia nur zweieinhalb Millionen Menschen im ganzen Land.

Dass Namibia mit nur drei Personen pro Quadratkilometer zu den am dünnsten besiedelten Ländern der Welt gehörte, reizte mich ganz besonders. Von Menschenmassen, Lärm und Staus hatte ich besonders von meinen Stadtbesorgungen fürs Kinderdorf und den alljährlichen Indienbesuchen genug. Nur allzu gerne tauschte ich all dies gegen eine atemberaubende, menschenleere Landschaft aus. Und diese fanden wir nur wenige Hundert Kilometer weiter tatsächlich vor. Das, was sich da vor unseren Augen auftat, war in der Tat besser als ein Traum …!

Die helle Schotterpiste, auf der wir fuhren, legte sich wie ein welliger Teppich in eine rotbraune Landschaft mit zerklüfteten Bergen in verschiedenen Farbnuancen. Eine Landschaft, die mich derart begeisterte, hatte ich in meinem Leben noch nicht gesehen. Auf dem Weg gab es zahlreiche Plätze für wunderbare Fotomotive. Immer wieder musste ich mit unserem Bulli anhalten, um ein schönes Foto nach dem anderen zu schießen. Ganz im Einklang mit unserer heiteren Stimmung setzte ich mich dabei einmal mit Julie und unseren Rucksäcken oben aufs Dach des Bullis, nachdem Jaine sich in ausreichender Entfernung positioniert hatte, um sowohl uns als auch die Berge im Hintergrund mit draufzubekommen. Das war Freiheit pur, als wir dabei die Arme jubelnd hochrissen! Wie gut nur, dass wir Jaine mit dabeihatten. So schoss sie sogar noch das perfekte Foto für das Cover meines neuen Buches. Mit segelnden Armen blickten Julie und ich glücklich in die Kamera, während der Sonnenuntergang die aride Landschaft Namibias im Hintergrund aufleuchten ließ.

Ich war wie berauscht von der bezaubernden Schönheit und der unendlichen Weite, die einen vergessen ließ, dass es außer unberührter Natur noch etwas anderes auf Erden gab. Der Namib-Naukluft-Nationalpark war sogar das größte Naturreservat in ganz Afrika und erstreckte sich mit fast fünfzigtausend Quadratkilometern auf einem Gebiet, das größer war als die Schweiz.

Häuser und Menschen waren nirgends zu sehen, doch Kudus, Hyänen, Oryxantilopen, Schakale und Leoparden waren hier zu Hause. Neben der Tierwelt faszinierte jedoch das abwechslungsreiche Landschaftsbild am meisten. Kaum fuhr man ein paar Kilometer, fühlte man sich wie in einer anderen Welt. Aus einer sanften Halbwüste wurde ein graues Schottergebiet mit tiefen Canyons, gefolgt von einer vegetationslosen Mondlandschaft mit zerklüfteten Tälern. Fuhr man hingegen zu den größten und ältesten Sanddünen der Welt in die Namib-Wüste hinein, sorgten kräftige rot-orangene Farben für ein unvergessliches Naturspektakel. »Namib« bedeutete in der Klicksprache der Ureinwohner so viel wie »leere Weite«, und so wurde die Wüste der Namensgeber des Landes.

Während ich in Windhoek noch überlegt hatte, frühestens in drei Jahren nach Namibia auszuwandern, bekam ich schon in den ersten beiden Tagen unserer Überlandtour das Gefühl, dass es viel zu lange bis dahin sein würde. Ich fühlte mich so erfüllt hier und wünschte mir, dass Julie schon ab der ersten Klasse auf die tolle Schule in Windhoek gehen könnte. Und dann war ich mir auf einmal ganz sicher. 2020 war das Jahr, in dem wir von Tansania nach Namibia auswandern würden. Bis dahin hätte ich für die geplante Kindertagesstätte schon eine stabile Basis geschaffen und könnte frei sein für die Verwirklichung meiner neuen Träume. Auch wenn meine Entscheidung relativ plötzlich fiel, war ich mir bereits sicher, dass es genau so kommen würde.

Während es mir besonders die Naukluft-Berge inmitten der wunderschönen Halbwüstenlandschaft angetan hatten, war Julie beim Anblick der riesigen Sanddünen in der Namib-Wüste nicht mehr zu bremsen. Für sie musste das wohl der größte Sandkasten der Welt sein, und so stiegen wir sogleich eine steile Düne in ausgelassener Stimmung um die Wette hinauf. Jaine mit ihren Extrapfunden machte als Erste schlapp. Es war nämlich äußerst anstrengend, vorwärtszukommen. Der Sand gab bei jedem Schritt ein wenig nach, während wir uns auf dem schmalen Kamm der mächtigen Düne nach oben bewegten. Julie hingegen war so schnell, dass ich mir Sorgen machte, sie könne die Düne seitlich herunterpurzeln, wenn wir nicht gut aufpassten.

Kaum waren wir oben angekommen, ließen wir uns völlig außer Atem in den weichen Sand plumpsen und bestaunten gemeinsam die umliegende Wüstenlandschaft. Unweigerlich überkam mich ein unbeschreibliches Glücksgefühl, und meine kleine Maus meinte dann prompt mit ihren fünf Jahren: »Die Welt ist ganz schön schön!«

Man konnte sich ausmalen, welche traumhaften Sonnenuntergänge man hier erleben konnte. Julie und ich hatten dann aber mehr Spaß daran, den ganzen dreihundert Meter hohen Sandberg auf dem Hosenboden wieder hinunterzurutschen.

Nach diesem sagenhaften Naturerlebnis packte uns schließlich der Hunger, sodass wir unter einem riesigen Akazienbaum unseren Gaskocher hervorholten und uns ein leckeres Mittagsmenü zauberten. Wir waren bereits ein eingespieltes Team. Während die eine die Zutaten aus der Vorratskiste unter der Rückbank herauskramte, stellte die andere einen Topf mit heißem Wasser aufs Feuer. Das einfache Leben inmitten der Natur konnte wirklich zu schön sein.

Am Nachmittag wollten wir dann unbedingt noch zum Deadvlei fahren, einer von Dünen umringten Tonpfanne, die früher in guten Regenjahren vom Tsauchab-Trockenfluss mit Wasser gespeist worden war. Seit dieser aber seinen Lauf geändert hatte, sollten dort nun fünfhundert Jahre alte Bäume langsam vor sich hin rotten.

Um zu diesem touristischen Highlight zu gelangen, fuhren wir auf einer geteerten Straße in Richtung Sossusvlei – der Stelle, an der laut Übersetzung der »blinde Fluss« nur unweit des Atlantiks versandete, wenn er denn selten einmal Wasser trug.

Nicht nur das Wasser versickerte in diesem Gebiet, auch mit der geteerten Straße war bald Schluss. In einer kleinen Siedlung parkten die Autos derer, die mit einem teuren Shuttleservice die letzten fünf Kilometer durch tiefen Sand überwanden oder gar bei sengender Hitze den Weg zu Fuß in Angriff genommen hatten. Nach einem kurzen Austausch mit Jaine entschied ich mich dazu, mit unserem Bulli das Sandabenteuer anzugehen. Schließlich hatten wir doch Allradantrieb, und sandige Straßen kannte ich schon aus Tansania.

Weit kamen wir jedoch nicht, und das war wohl auch gut so. Als wir nach wenigen Hundert Metern für ein kurzes Wüsten-Fotoshooting ausgestiegen waren, hielt ein Shuttle-Service-Fahrer mit seinem kakifarbenen Geländejeep direkt neben uns an. Der stämmige Mann im Safarilook stellte sich als Bob vor und warnte uns, der Sand sei stellenweise so tief, dass täglich Autos stecken blieben.

»Kommt, schließt euren Van ab und springt auf. Ich habe gerade Touristen abgesetzt und habe Platz!«, sagte er locker auf Englisch zu uns. Das ließen wir uns natürlich nicht zweimal sagen. Eine kostenlose Spritztour in einem offenen Safarijeep, was hätte uns Besseres passieren können? Die spontane Offroadtour mit Bob zählte zu diesen ganz besonderen Reiseerlebnissen, in denen man vor Freude die Welt umarmen könnte. Julie jauchzte fröhlich auf, während Bobs kräftiger Jeep jede noch so tiefe Sandstelle mühelos besiegte und uns dabei ganz schön durchschüttelte. Wilde Oryxantilopen mit langen spitzen Hornstäben, die im Schatten der Bäume vor der erbarmungslosen Sonne Schutz suchten, starrten von Weitem zu uns herüber. Es war uns ein Rätsel, wie diese Tiere in einer derart kargen Gegend nur Wasser und Futter finden konnten.

Als Bob uns am Ende absetzte, mussten wir noch eine Weile durch den heißen Sand laufen, bis sich vor uns eine völlig surreale Landschaft auftat. Im Deadvlei standen schwarze, ausgetrocknete Kameldornbäume auf einem hellen lehmfarbenen Boden. Ringsherum türmten sich die Dünen in knalliger Farbe auf, unter anderem auch Big Daddy, die höchste Düne der Welt. Der gestochen blaue Himmel, an dem kein einziges Wölkchen zu sehen war, sorgte mit seinem starken Farbkontrast für ein nahezu unwirkliches Bild.

Trotz der unerträglichen Hitze fand Julie noch Spaß daran, mitten im Deadvlei kleine Holzstöckchen zu sammeln, die regelrecht verkohlt aussahen. Sie brauchte keinen Spielplatz, um glücklich zu sein. Auch während des Reisens gab es in der Natur genügend Beschäftigungsmöglichkeiten für sie. Nachdem wir noch Fotos in verschiedenen Posen vor skurril geformten, toten Bäumen geschossen hatten, machten wir uns auf den Rückweg zu Bob.

Auch heute würden wir wie am Tag zuvor »wild« campen, beziehungsweise aus Sicherheitsgründen vor den Toren einer Campinganlage. So leichtsinnig wie in unserer ersten Nacht, als wir zu müde zum Weiterfahren gewesen waren und einfach neben dem Highway auf einem Rastplatz die Lichter ausgemacht hatten, wollten wir nicht noch einmal sein. Wir wussten zwar, dass dies in Bezug auf unsere Sicherheit nicht richtig gewesen war, aber zumindest hätten wir bei einem Angriff statt einer Waffe eine brasilianische Capoeira-Kampftänzerin im Wagen gehabt. Zum Glück musste Jaine dann aber nicht zum Einsatz kommen.

Die Campinganlagen im Land waren zwar recht günstig, aber Jaine war nahezu völlig pleite, und auch mich kostete die Namibiareise meinen letzten Cent. Für den Aufbau und die Leitung meiner Kinderhilfsprojekte nahm ich nur ein monatliches Taschengeld, doch da ich im Kinderdorf auch automatisch mit Kost und Logis versorgt war, reichte mir das mit Julie vollkommen aus. Wozu brauchte man auch ein fettes Managergehalt, wenn das Leben in Afrika sowieso so günstig war und man auch mit wenig Geld wie im Schlaraffenland leben konnte. Über meine Rente machte ich mir deshalb keine Sorgen. Schließlich hatte ich nicht vor, im Alter wieder zurück nach Deutschland zu gehen.

Für heute hatten wir uns als Übernachtungsplatz die Wüstensiedlung Sesriem am Ende der sechzig Kilometer langen Asphaltstraße herausgesucht, die nur wegen der zahlreichen Touristen, die die Gegend besuchten, geteert worden war. Bis zum Abend konnten wir dort in der öffentlichen Campinganlage alle Annehmlichkeiten wie Restaurant und sanitäre Einrichtungen benutzen, doch für die Nacht stellten wir uns dann einige Hundert Meter vom Camping-Gate entfernt neben die Schotterstraße. Die Wächter waren somit in Sichtweite, und trotzdem konnten wir uns ungestört fühlen. Wenn wir schon zwölf Euro am Tag für die Miete des VW-Busses zahlten und unser Schlafplatz ebenfalls im Bulli war, dann mussten wir eben flexibel sein.

Am nächsten Morgen tankten wir in Sesriem noch einmal voll, denn auf dem Weg in den Süden würde es nicht viele Siedlungen geben. Auch bis zur nächsten asphaltierten Straße waren es Hunderte von Kilometern, doch das fand ich nicht weiter schlimm. Für ein richtiges Afrika-Feeling war es mir gerade recht, dass achtzig Prozent der Straßen im Land aus Schotter- und Sandpisten bestanden. Unser Bulli zog dabei während der Fahrt immer eine riesige Staubfahne hinter sich her. Zum Glück kam es nur selten vor, dass man einem anderen Auto begegnete. Nicht nur dass einem der aufgewirbelte Staub die Sicht nahm, auch mit Steinschlägen musste man jederzeit rechnen. Besonders ausländische Urlauber überschätzten sich gerne und kamen auf dem Schotter ins Schleudern, beziehungsweise im schlimmsten Fall überschlugen sie sich sogar.

Im Grunde waren es nur wenige Tage, die wir für Namibia hatten, und doch gab es jede Menge Reiseerlebnisse. So lief im NamibRand-Schutzgebiet ein Strauß direkt vor uns über den Sandweg. Julie schaute ihm begeistert nach, wie er mit ausgebreitetem schwarzem Federkleid und kräftigen Schritten zu seinen Artgenossen hinüberrannte, und meinte dann doch glatt: »Mami, wenn die springen, kommen dann die Eier raus?«

Ein paar Kilometer weiter fuhren wir an einem Zebra-Straßenwarnschild vorbei und begegneten tatsächlich auch einer kleinen Herde, die damit beschäftigt war, die spärlichen und trockenen Gräser abzurupfen. Weit im Süden, kurz vorm Fish River Canyon – dem zweitgrößten Canyon der Welt –, ging uns dann aber plötzlich mitten im Nichts das Benzin aus … Ich hatte es schon kommen sehen, aber es hatte unterwegs einfach weit und breit keine Tankstelle gegeben. Die nächste war bestimmt noch etliche Kilometer entfernt, und bis einmal ein Auto vorbeikommen würde, konnte man Stunden warten. Ich hoffte nicht, dass wir nun hier mutterseelenallein in der Steinwüste festsitzen würden …

Zum Glück hatte mir Herr Wucher noch gezeigt, wo der automatische Schalter für den Ersatztank war. Zwar wusste ich nicht, wie lange ich diesen betätigen musste, bis das Benzin von dort in den Haupttank gepumpt war, aber allem Anschein nach funktionierte es. Wir schafften es schließlich bis zu einer Gabelung, an der auf einem Wegweiser »Petrol« stand. Eine echte Tankstelle fanden wir dort zwar nicht vor, aber zwei Angestellte eines Resorts holten kurzerhand einen Zwanzig-Liter-Kanister und einen Schlauch herbei. Während der eine den Kanister hielt, saugte der andere mit dem Mund (!) das Benzin im Schlauch an, um es dann gekonnt in unseren Tank zu geben. Das war Afrika … irgendwie wusste man sich eben immer zu behelfen.

Nach dem Besuch des eindrucksvollen Canyons erwartete uns schließlich echte Erholung in /Ai-/Ais, was in der Klicksprache so viel wie »sehr heiß« bedeutet. In /Ai-/Ais gab es nämlich bis zu sechzig Grad heiße Thermalquellen und ein »Hot Springs Resort« inmitten von steinigen Bergen und hochgewachsenen Dattelpalmen mit wilden, buschigen Palmwedeln. Dem paradiesisch gelegenen Resort war eine Campinganlage angeschlossen, in der wir die Picknickplätze, ausgestattet mit Grill, Spülbecken und Steckdose, kostenlos benutzen konnten. Gerade wenn man so simpel wie wir reiste, war es ein umso größerer Genuss, wenn man wieder Stromanschluss und auch eine richtige Dusche haben konnte. Unsere Tageskarte des Canyons, die umgerechnet nur fünf Euro gekostet hatte, galt nämlich auch hier noch, und so ließen wir es uns nicht nehmen, ein Bad im heißen Quellwasser des Outdoor-Swimmingpools zu nehmen.

Als wir am Abend im Bulli lagen und durch die Fenster den Sternenhimmel betrachteten, hörte ich Julie zwischen uns sagen: »I am so happy!« Jaine fragte sie daraufhin auf Englisch, wieso sie denn so glücklich sei. Und da antwortete Julie: »Because I am in Namibia …«

Nach über tausend Kilometern Natur pur war anschließend Keetmanshoop die erste richtige Stadt, die nicht nur aus ein paar Häusern und einer Tankstelle bestand. Auf einmal fanden wir uns wieder mitten in die materielle Welt zurückkatapultiert. In den Supermärkten standen Leute verschiedenster Herkunft Schlange, Fast-Food-Restaurants waren bis auf den letzten Platz belegt, Müll lag auf der Straße, und für das

Abheben an einem Geldautomaten musste man sich die Beine in den Bauch stehen.

Wir deckten uns nur mit dem Nötigsten ein und machten uns auf den Weg ins nahe gelegene Schützenhaus. Von dem über hundert Jahre alten Schützenhaus, das mittlerweile in ein Gästehaus der gehobeneren Klasse umgewandelt worden war, hatten wir über Couchsurfing erfahren. Nur leider hatte der Besitzer Ingo unsere Nächtigungsanfrage wohl noch nicht gelesen. Einen Versuch war es trotzdem wert. Und tatsächlich, wenig später hatten wir Ingo über die Rezeptionistin am Telefon, und er lud uns spontan dazu ein, kostenlos einen der Bungalows zu bewohnen. Sogar einen Carport für den Bulli gab es noch dazu. Am Abend lud uns Ingo dann auch noch in sein Restaurant zum Essen ein und spendierte uns ein Soda an der Bar. Auch Ingo war wie Herr Wucher in Namibia geboren, sprach aber Deutsch wie wir.

Gut erholt machte ich mich am nächsten Morgen mit Julie alleine auf die Weiterreise, denn Jaine wollte von hier aus ins Nachbarland Südafrika losziehen. Wir hatten eine tolle Zeit zusammen gehabt und viel gelacht. Aber nun freute sich Julie, dass sie ihre Mami wieder ganz für sich alleine haben konnte.

An heißen Felswüsten mit Köcherbäumen vorbei, deren Äste mit fleischigen Blättern gabelartig aufstrebten, hatten wir nun die Kalahari als nächstes Ziel vor Augen. Doch auf dem Weg dorthin fragte ich mich auf einmal, wo genau in Namibia Farmer Gerald aus der Kuppelshow *Bauer sucht Frau* eigentlich lebte. Das wäre doch wirklich zu nett, wenn wir bei ihm und seiner großen Liebe Anna vorbeischauen könnten und sie uns etwas über Namibia und ihr Leben erzählen würden.

Als hätte ich es im Gefühl gehabt, fand ich heraus, dass seine Farm tatsächlich auf unserem Weg lag, und so kontaktierte ich Gerald und Anna spontan über Facebook. Während einer Rast im Dorf Koës schrieb ich den beiden von unserer Bulli-Tour durch Namibia, dem Kinderdorf in Tansania, meinen Büchern und den Auswanderungsplänen. Ergänzte aber noch, dass wir uns eigentlich nur am morgigen Nachmittag treffen könnten, da uns nur noch wenig Zeit bis zur Abreise blieb. Natürlich war es völlig utopisch, dass ich bis dahin eine Antwort von einem Promi wie ihm erhalten würde, über den die deutschen Medien seit der Sendung mit Happy End ständig berichteten, aber ich wollte es dennoch nicht unversucht lassen.

Hinter Koës begann schließlich die Kalahari-Wüste, wie ich sie mir in meinen Vorstellungen schon ausgemalt hatte. Spätestens nach dem Kinofilm *Die Götter müssen verrückt sein,* in dem eine vom Himmel fallende Colaflasche bei Buschmännern für Unruhe sorgte, war die Kalahari mit ihrem roten Sand und den hellen Grasbüscheln weltbekannt geworden. Bis heute gab es tatsächlich auch noch eine kleine, aber bedrohte Minderheit der San-Buschmänner, die traditionell als Jäger und Sammler lebten. Sie galten zusammen mit den Khoikhoi als das älteste Volk unserer Erde.

Während die Männer mit vergifteten Pfeilspitzen Antilopen und andere Wildtiere jagten, sammelten die Frauen essbare Pflanzen, Kräuter und Nüsse. Wasser fanden sie in der trockenen Dornenstrauchsavanne durch das Sammeln von Tau oder auch in Horngurken. Selbst aus wasserspeichernden Pflanzenknollen ließ sich die lebensnotwendige Flüssigkeit gewinnen. Nicht nur ihre ursprüngliche Lebensweise faszinierte, auch ihre Sprache mit den Klicklauten war einzigartig. Als Trinkbecher und für die Herstellung von Kettenschmuck benutzten die San einfach Straußeneier. Ein Leben im Einklang mit der Natur, das wir uns kaum vorstellen konnten.

Sicher wäre eine Begegnung mit den San äußerst interessant gewesen, aber wie so oft in den letzten Tagen war unterwegs weit und breit keine Menschenseele zu sehen. Stattdessen hatten wir unsere helle Freude am »Dünenreiten« in der Kalahari. Die gerade Schotterstraße führte zwischen rotem Sand und niedrigen Büschen in Wellen ständig auf und ab. Kaum waren wir mit dem Bulli auf einer Düne oben angekommen, gab ich ein wenig mehr Gas, um mit Julie johlend den Hang hinunterzudüsen. Wenn es gleich darauf dann wieder hochging, quietschte Julie schon vorher in freudiger Erwartung los. Immer wieder spähten wir auch in die Ferne, denn selbst einer Giraffe konnte man in der Kalahari jederzeit begegnen. Wie ich Afrika doch liebte!

Am Abend passierte uns dann aber noch etwas Ungewöhnliches. Wir fuhren in das Dorf Gochas ein und entdeckten zentral gelegen einen Picknickplatz unter einem Baum. Sogleich holte ich unseren Gaskocher hervor, um uns noch vor der Dunkelheit eine warme Mahlzeit zuzubereiten. Doch keine fünf Minuten später kam auf einmal die Polizei angefahren. Was wir hier tun würden, fragte mich einer der beiden Polizisten. Etwas verunsichert antwortete ich ihm, dass wir eine kleine Pause machen würden. Ich konnte die namibische Polizei überhaupt nicht einschätzen. Ob sie wohl genauso korrupt wie die in Tansania und eigentlich nur hinter dem Geld her war?

Als Nächstes zeigte der Polizist auf ein Gebäude am Ende der Straße, wo ein Hotel stand, das er uns empfehlen konnte. Mit Blick auf unsere Matratze im Bulli meinte ich etwas zögerlich, dass wir schon eine Schlafgelegenheit hätten. Es war für den Polizisten sicher nicht schwer, eins und eins zusammenzuzählen, und so fragte ich mich nun, ob wir uns mit freiem Campen in Namibia wohl unsere erste Strafe holen würden.

»Kommt einfach mit auf die Polizeistation«, meinte er schließlich auf Englisch zu uns. »Ich gebe euch eine ruhige Ecke, in der ihr sicher seid. Man weiß nie, ob nicht Betrunkene unterwegs sind, die euch in der Nacht belästigen würden.«

Mit allem hatte ich an dem heutigen Tag gerechnet, nur nicht, dass wir die Nacht auf der Polizeistation verbringen würden. Sein Angebot kam mir aber gerade recht. So musste ich nicht erst noch nach einem geeigneten Platz suchen und vor allem auch kein Geld ausgeben. Also packten wir unsere Kochutensilien wieder ein und fuhren den beiden Polizisten hinterher. Julie war ein wenig aufgeregt und verstand die Situation nicht so ganz. Aber ich beruhigte sie, dass alles in Ordnung sei und die beiden Polizisten uns nur helfen wollten.

Wir bogen um ein paar Ecken und fuhren dann durch das Tor des Polizeireviers. Ganz hinten am Ende des Gebäudes wies der nette Polizist uns einen Platz unter einem Baum zu und zeigte uns sogleich Dusche und Toilette, die sich auf der Hinterseite des Reviers befanden. Das war in der Tat mehr, als ich erwartet hatte. Und natürlich war ich auch heilfroh, dass der Polizist, der sich als Mr. Pendukeni vorstellte, gar keine Anstalten machte, mit mir zu flirten oder mir ein verstecktes Zeichen zu geben, dass er eventuell eine Gegenleistung von mir erwartete. Durch meine Erfahrungen in Tansania war ich diesbezüglich schon sehr misstrauisch geworden. Für den Fall aller Fälle hinterließ mir Mr. Pendukeni aber noch seine Telefonnummer. Ob er vielleicht morgen dann doch noch ein Trinkgeld erwartete? Na, wir würden schon sehen … Nun musste ich aber schnell noch kochen, denn Julie war schon recht müde vom erlebnisreichen Tag. Es war bereits stockfinster, sodass mein Handy als Taschenlampe herhalten musste.

Als Julie später tief und fest eingeschlafen war, rief ich meine Nachrichten ab. Unterwegs war mitten in der Natur meist kein Empfang. Umso überraschter war ich dann, als ich eine Antwort von Farmer Gerald entdeckte. Er hatte mir tatsächlich bereits wenige Stunden nach meiner Nachricht geschrieben!

Hallo Nicole, das ist echt bewundernswert, was du machst!! Ich war auch schon oft in Köes, dort gibt es jedes Jahr eine Motorrad-Rallye, wo ich auch schon mitgefahren bin, leider hat es nicht für den Sieg gereicht! Anna ist noch in Deutschland, und ich bin diese Woche leider geschäftlich sehr gebunden und werde euch leider nicht treffen können. Vielleicht klappt es ein anderes Mal im nächsten Jahr, wenn wir wieder etwas mehr Ruhe und Zeit haben. Liebe Grüße, Gerald

Das war doch wirklich nett, auch wenn es dieses Mal nicht mit einem Treffen klappen sollte. Ich antwortete ihm noch, dass er uns mit Anna ja dann einmal in Windhoek besuchen könnte, wenn ich dort mein neues Projekt auf die Beine gestellt haben würde. Sicher wäre ein Erfahrungsaustausch ganz interessant, denn auch Anna stand nun kurz vor ihrer Auswanderung nach Namibia, um mit ihrem zukünftigen Ehemann Gerald auf der Farm zu leben.

Am nächsten Morgen, kurz bevor wir aufbrechen wollten, schickte ich dem Polizisten Pendukeni eine SMS, um mich zu bedanken und zu verabschieden. Die Antwort ließ nicht lange auf sich warten. Er wünschte uns schlichtweg eine gute Reise, und wir könnten jederzeit wiederkommen. Ich war so froh über diese echte Freundlichkeit und gleichzeitig erleichtert, nicht enttäuscht worden zu sein.

Unsere Zeit in Namibia war nun fast schon vorbei, doch selbst in den letzten beiden Tagen gab es noch besondere Erlebnisse. So lernte ich in der Siedlung Hoachanas, als Julie während einer Rast mit einheimischen Kindern in einer Parkanlage spielte, den jungen Mann Dickson kennen. Dickson erzählte mir, dass er hier vor Ort für eine deutsche Hilfsorganisation bei dem Verwalten von Suppenküchen für Kinder aus finanziell schwachen Familien mithalf. Nach einem interessanten Gespräch bot er mir spontan an, uns zu einem behinderten Kind zu führen, um mit dessen Mutter über die Situation in Namibia zu reden.

Eine staubige Straße führte uns vorbei an Wellblechhäusern bis zu dem flachen Steinhaus, in dem die Familie wohnte. Es war eine ärmliche Siedlung mit ausgetrocknetem Boden, auf dem kein Grashalm wuchs. Ich dachte mir noch, von was wohl die Menschen hier nur leben konnten …

Kaum traten wir dann in das Haus ein, sahen wir auch schon das Mädchen auf einer Pritsche liegen, direkt daneben saß die Mutter. Wie viele Menschen in Hoachanas gehörte die Familie dem Volksstamm der Nama an, die sich selbst aufgrund ihres leicht rötlichen Hauttons »rote Menschen« nannten. Es schien, als würde die Mutter alles verstehen, was ich auf Englisch sagte und fragte, beim Antworten half Dickson dann jedoch ein wenig mit. Meine erste Frage war natürlich gewesen, wie das Mädchen denn hieße. Als die Mama daraufhin tatsächlich »Nicoline« sagte, glaubte ich mich verhört zu haben.

Nicoline? Da traf ich auf mein erstes behindertes Kind in Namibia und dann sogleich auf meine Namensvetterin in verniedlichter Form! Also wenn das kein Wink des Schicksals war … Die Mutter schilderte mir, dass es keinerlei Therapieangebote in der Nähe gab und ihr Kind somit immer nur zu Hause lag. Auch konnte sie deshalb keiner Tätigkeit nachgehen, denn schließlich musste immer jemand präsent sein, der das zwölfjährige Mädchen fütterte und wusch. Die Probleme erinnerten mich sofort an Tansania, und so fragte ich sie auch, welche Erfahrungen sie mit Aberglaube oder Verachtung bezüglich ihres behinderten Kindes gemacht hatte. Die Mutter meinte jedoch, die Gesellschaft würde es ihr nicht noch schwerer machen, als es ohnehin schon war. Sie akzeptierten das Kind, doch keiner konnte helfen.

Ich war richtig froh über diesen ersten Kontakt zu einem pflegebedürftigen namibischen Kind. Ein neuer Plan entstand in der Regel schließlich nicht von heute auf morgen. Es waren gerade diese Begegnungen, die ihren Teil dazu beitrugen, wie sich eine Idee weiterentwickelte. Während ich anfangs nur allgemein von einem neuen Projekt redete, formte sich mittlerweile der Gedanke an eine tiergestützte Therapiestätte nahe Windhoek.

Ich stellte mir vor, dass es aufgrund der geringen Bevölkerungsdichte vielleicht nicht so viele pflegebedürftige Waisenkinder wie in Tansania gab, es aber durch die schlechte medizinische Abdeckung im Land sicher sehr häufig zu Geburtskomplikationen mit schlechtem Ausgang kam. Kinder, die bei Geburt Sauerstoffmangel erlitten und dadurch eine geistige und körperliche Behinderung davontrugen, gab es sicher einige. In einem derart großen Land war es mir nun aber nicht möglich, in jedem Ort ein Therapiezentrum aufzubauen, das von der einheimischen Bevölkerung erreicht werden könnte. Und war es nicht auch so, dass es in Namibia gang und gäbe war, dass selbst gesunde Kinder in ein privates Internat geschickt wurden, weil es vor allem den Farmern nicht möglich war, auf anderem Wege eine gute Schulbildung für ihre Kinder sicherzustellen?

Mit meiner Therapiestätte, so überlegte ich mir, könnten wir die pflegebedürftigen Kinder während der Schulzeit bei uns rundumversorgen und somit auch die Eltern entlasten. So wäre es uns möglich, ihnen eine Reihe an Therapien anzubieten, sie mit Sonderschulunterricht zu fördern und mit einer ausgewogenen Ernährung und medizinischer Betreuung bestens für ihre Gesundheit zu sorgen. Die Kinder, die noch Eltern hatten, würden wir in den Ferien nach Hause bringen, während die Waisenkinder hingegen in unserer Therapiestätte ein neues Zuhause finden würden. Somit wäre unsere Therapiestätte Internat und Waisenheim in einem.

Um das Angebot an Therapien zu erweitern, stellte ich mir dabei vor, dass unserer Therapiestätte eine kleine Minipony-Farm angeschlossen sein könnte. Nach meinem Besuch im Schweizer Kinderzoo Knie hatte ich nämlich recherchiert, wie ich denn Miniponys in unser Kinderdorf nach Tansania bringen könnte. Doch da ich sie nicht einfach kostengünstig aus Deutschland einfliegen lassen konnte und es auch in den Nachbarländern wie Kenia keine zu geben schien, schliefen meine Pläne wieder ein. Für Namibia aber konnte ich es mir nun recht gut vorstellen. Zum einen gab es ohnehin viele Pferdehalter im Land, und zum anderen, selbst wenn ich dort nicht speziell Miniponys finden würde, dann könnte ich sie dennoch aus dem Nachbarland Südafrika importieren.

Nicht nur dass die Miniponys wirklich entzückend aussahen, sie wurden in der Tat seit einigen Jahren weltweit in der Therapie mit behinderten Menschen oder auch in Altersheimen eingesetzt. Ihre Stärke lag in ihrer beruhigenden Wirkung und in der Fähigkeit, den Menschen im Nu ein Lächeln auf die Lippen zu zaubern und ihnen Freude und Trost zu schenken. Sie waren sehr intelligente Tiere, die man gut für den Umgang mit Kindern trainieren konnte. So konnten Freundschaften zwischen Tier und Mensch entstehen, und jüngere Kinder konnten sogar auf ihnen reiten. Es reichte aber auch schon, allein ihre Wärme und Nähe zu spüren, um glücklich zu sein.

Für mich waren Pferde ein völlig neues Gebiet, aber ich war mir sicher, dass auch Julie viel Freude an ihnen haben würde. Sicher mussten wir dafür noch viel lernen, aber genau das machte doch das Leben erst aufregend. Ich war schon jetzt gespannt, welche Menschen wir vor Ort kennenlernen würden, die sich mit der Haltung und der Pflege von Pferden und Ponys auskannten. Aber auch schon vorher würde ich viel über Pferde in Erfahrung bringen können, denn wie es der Zufall so wollte, machte Elke, eine Bekannte von mir, der eine Pferdepension gehörte, gerade eine Ausbildung in pferdegestützter Therapie. Sie hatte mir bereits versprochen, mir unter anderem ihre Unterlagen zur Verfügung stellen zu können und uns später dann auch in Namibia besuchen zu kommen, um ihr Wissen an uns weiterzugeben.

Sicher, es gab noch so viele Ungewissheiten. Welche Hürden würden die Ämter uns in den Weg stellen, wie würden wir an eine Aufenthaltsgenehmigung kommen, und mit wem sollte ich den gemeinnützigen Verein vor Ort gründen, wo ich doch noch gar niemand Einheimisches kannte? Es würde also wieder viel zu tun geben, aber dennoch bedeutete für mich Auswandern so viel wie »Rucksack packen und los«. Wer frei von sperrigem Hausrat war, dem fiel auch die Entscheidung zu gehen leicht. Wir mussten schließlich nicht erst eine Spedition damit beauftragen, schwere Möbel kostenaufwendig in Containern zu verschiffen.

Mit der Sprache würde es hingegen nicht ganz so einfach werden. Ich überlegte mir bereits, mit welcher ich beginnen sollte – mit Afrikaans oder mit Oshiwambo. Während Afrikaans dem Holländischen ähnelt und für Deutsche angeblich relativ leicht zu erlernen ist, ist Oshiwambo eine Bantusprache und hat daher trotz der großen Entfernung zu Tansania in der Tat viele Gemeinsamkeiten mit Suaheli. Es führte wohl an beiden Sprachen kein Weg vorbei, denn Afrikaans wurde im ganzen Land gesprochen, und Oshiwambo war die meistgesprochene Sprache der Schwarzafrikaner in Namibia. So wie ich in Tansania mit den Einheimischen nur Suaheli sprach und in Indien mit den Ladenbesitzern auf Hindi verhandelte, so würde ich aus Respekt auch in Namibia alle Mühen aufwenden, um mich mit den Menschen in ihrer Sprache unterhalten zu können. Wegen Julie brauchte ich mir keine Gedanken zu machen, sie war schließlich ein wahres Sprachtalent und würde dann wahrscheinlich in kürzester Zeit zu meiner Lehrerin werden.

Abgesehen von den Sprachen war mir auch wichtig, ein Gefühl dafür zu bekommen, welche Haltung die Namibier ihrem eigenen Land und ihren Mitmenschen gegenüber hatten. Unsere Begegnungen auf der Reise waren dafür ein guter erster Anhaltspunkt, doch noch befanden wir uns mitten in der Wildnis. So machte ich einmal mit Julie unter einem Kameldornbaum Rast, der mit einem voluminösen Nest von fröhlich zwitschernden Webervögeln behangen war. Wir saßen gerade hinten auf unserer Matratze und vesperten etwas, als plötzlich eine weiße Stute durchs offene Heckfenster zu uns hereinblickte. Sie war aber nicht allein, ein Fohlen und zwei braune Hengste begleiteten sie. Die Pferde schlenderten gemächlich am Straßenrand entlang und suchten dabei den roten Boden nach Grasbüscheln ab. Erst dachte ich, sie gehörten zu jemandem, aber dann wurde mir klar, dass wir eben Besuch von Wildpferden bekommen hatten.

Als wir weiterfuhren, kamen wir dann aber nach einigen Kilometern an einem mit mächtigen Dattelpalmen umsäumten Tor vorbei. Schon von der Straße aus konnte ich sehen, wie schön und gepflegt die Farm aussah, sodass ich mich spontan dazu entschied, wieder umzudrehen. Ob ich einfach so klingeln konnte? Vielleicht hatten wir ja Glück und würden auf freundliche Menschen treffen, die uns etwas über ihr Leben erzählen wollten.

Es dauerte eine Weile, dann kam ein älterer sonnengebräunter Herr im Farmerlook aus dem schönen Backsteinhaus, begrüßte uns freundlich und ließ uns mit dem Bulli auf das gepflegte Farmgelände, auf dem verschiedene Kakteen und Gewächse gediehen, einfahren. Seine Frau Eileen würde gleich kommen und uns empfangen, er selbst müsse jetzt aber zu den Tieren. Kurz darauf lud uns seine Frau dazu ein, uns die Farm zu zeigen. Für sie schien es wie selbstverständlich zu sein, dass Fremde vor der Tür standen. Ich hatte das Gefühl, es war für sie sogar eine willkommene Abwechslung in ihrem isolierten Farmerleben.

In Begleitung riesiger Boerboel-Doggen ging es von den Kapokkies-Hühnern zu den Gänsen und Puten, und schließlich zeigte Eileen uns auch noch ihre zahmen Strauße. Doch allein von dem Federvieh ließ es sich hier noch lange nicht leben. Stolz erzählte sie uns von ihren fünfhundert Schafen, hundert Ziegen und den vielen Brahman-Kühen. Es war erstaunlich, wie so viele Tiere auf dem trockenen roten Boden bloß Nahrung fanden. Aber ich lernte, dass Farmen in Namibia häufig nicht weniger groß als zehntausend Hektar waren.

Auf der Farm des Ehepaars sorgte eine große Windmühle für die Wasserversorgung. Sie pumpte das Grundwasser aus hundert Meter Tiefe entweder zum Haus, zu den Tränken oder in einen riesigen Wasserspeicher. Auch mit Strom versorgte sich die Farmerfamilie über eine Solaranlage selbst.

Nach einem Rundgang auf dem Gelände lud uns Eileen in ihre Stube ein, wo sie uns mit köstlichen selbst gemachten Keksen und einem frischen Glas Milch versorgte. Während eine schwarzafrikanische Hausangestellte Tee aufsetzte, begann Eileen zu erzählen. Die nächsten Nachbarn wären weit weg. Um dennoch den Kontakt zueinander zu pflegen, fänden regelmäßig Farmers-Union-Treffen statt, und zweimal im Monat ginge man in die Kirche, wo sich die Familien im Anschluss an den Gottesdienst beim Kaffeeschmaus trafen. So hätten auch die Farmerkinder Kontakt zu gleichaltrigen Spielgefährten, Teenager trafen auf andere Teenager, und nicht selten fand auf diese Weise der ein oder andere sogar seinen Lebenspartner.

Die Idylle hatte jedoch auch ihre Schattenseiten. Die Tierhaltung schien der Familie nicht auszureichen, und so konnten Gäste aus aller Welt bei ihnen auf dem riesigen Gelände Wildtiere jagen gehen, sofern sie einen Jagdschein besaßen. Solche sogenannten Game Farms gab es im ganzen Land. Für mich war das recht ungewohnt, denn von Tansania kannte ich so etwas nicht. Für die Namibier war es hingegen gewohnter Alltag, was vielleicht auch damit zusammenhing, dass man aus der trockenen Erde nicht viel herausholen konnte, das Wild sich aber dennoch recht schnell vermehrte.

Sicher würde ich nie ein Befürworter für ein derartiges Hobby ausländischer Gäste werden, aber die Namibier wollte ich auch nicht für etwas verurteilen, mit dem sie sozusagen aufgewachsen waren. Selbst das Land vertrat die pragmatische Haltung, dass wenn einige wenige Tiere für viel Geld starben, dieses Geld dann für den Schutz der übrigen Wildtiere eingesetzt werden konnte. Diese Logik akzeptierten mittlerweile anscheinend sogar Tierschutzorganisationen.

Das wahre Problem war jedoch anderen Ursprungs. Ein Großteil des Farmlandes gehörte seit der Kolonialzeit und der Apartheid Nachfahren deutscher Siedler und Buren aus Südafrika. Auch jetzt noch, dreißig Jahre nach dem Ende der Apartheid, herrschte kein Gleichgewicht zwischen der schwarzafrikanischen und der weißen Bevölkerung. Die Arbeitslosigkeit war hoch und die Löhne für Farmangestellte niedrig.

Eileen erzählte uns, dass alle weißen Farmer in der Umgebung mit einem automatischen Alarmsystem miteinander verbunden waren. Sollte jemand von ihnen Probleme bekommen, brauchte es nur einen Knopfdruck, und alle anderen inklusive einer Sicherheitsfirma würden zu Hilfe eilen. Laut Eileen hätten sie glücklicherweise noch nie davon Gebrauch machen müssen.

Als wir uns von Eileen verabschiedet hatten, führte unser Weg an der Siedlung Dordabis vorbei, in der es eine Tankstelle, eine Polizeistation und eine kleine Township mit Wellblechhütten für Farmarbeiter gab. Von hier waren es nur noch anderthalb Stunden bis Windhoek, und so sahen wir am Ortsende an der Kreuzung auch einige wartende Menschen stehen. Die Transportmöglichkeiten waren rar, und so gaben uns zwei unter ihnen mit Zeichen zu verstehen, dass sie eine Mitfahrgelegenheit suchten. Ich vertraute auf meinen ersten Eindruck und hielt an. Schwuppdiwupp hatten wir die beiden auf die hintere Sitzbank gelassen, und weiter ging die Fahrt. Es stellte sich heraus, dass der eine ein Polizist aus Dordabis war und der andere sich noch in der Ausbildung befand. Das Wochenende wollten sie in Windhoek verbringen.

Nach einem netten Small Talk über die Unterschiede zwischen Namibia und Tansania fand ich die Gelegenheit dazu, meine brennenden Fragen zu stellen. Schließlich hatte ich auf der Farm der Weißen einen Einblick in das Leben von Großgrundbesitzern bekommen, aber wie sah es im Gegensatz dazu beispielsweise mit dem einfachen Leben der schwarzafrikanischen Farmarbeiter aus?

»Wie kommt ihr hier in Namibia denn mit der Ungleichheit zurecht?«, fragte ich die beiden. Der Polizist antwortete mir darauf, dass er es nicht anders kennen würde. Für ihn war es schon immer so gewesen, und daher machte er sich wohl nicht allzu viele Gedanken darüber. Sicher konnte er damit nicht für das ganze Land sprechen, doch die Aussage seines Begleiters auf die nächste Frage, ob sie auf die Weißen aufgrund der Vergangenheit wütend wären, beeindruckte mich sehr. »My grandfather told me: Forgive everything and move forward!« Eine bessere Antwort hätte es wohl kaum geben können. Es machte Hoffnung, wenn die ältere Generation so eine starke Haltung an die Jüngeren weitergab.

Bevor ich die beiden in Windhoek absetzte, wollte ich von ihnen noch wissen, wie man die Polizei in Namibia einzuschätzen habe: War die Polizei hier »Freund und Helfer«, oder machten Polizisten meist nur Ärger wie in Tansania? Mit einem Augenzwinkern und Lächeln meinte der Polizist beim Aussteigen: »Selbstverständlich sind wir Freund und Helfer!«

Nach zwei intensiven Wochen in dem für mich landschaftlich schönsten Land, das ich je besucht hatte, fuhren wir unseren Bulli zurück in Wucher's Garage. Allerdings nicht ohne vorher noch eine sechsköpfige deutsche Familie in einem Café in Okahandja getroffen zu haben, die zufälligerweise zur gleichen Zeit wie wir ihren gemieteten VW-Bus zurückgeben wollte. Tim und Kristina waren mit ihren drei kleinen Kindern ein paar Wochen durch Namibia gereist, und gegen Ende kam dann auch noch die Oma mit dazu. Die drei Kleinen stellten mit Julie sogleich das Café auf den Kopf und hatten allesamt ihren größten Spaß dabei, sich gegenseitig mit Palmwedeln zu necken. Kurze Zeit später allerdings, als wir uns von unserem Bulli verabschieden mussten, brach Julie in Tränen aus. Sie hatte unseren treuen VW-Bus so sehr lieb gewonnen und wäre gerne noch weiter mit ihm auf Abenteuerreise gegangen.

Die Familie ließ sich schließlich von einem Fahrer von Wucher's Garage zum Flughafen nach Windhoek fahren und lud uns dazu ein, uns auch noch mit hineinzuquetschen. Mit Julie alleine würde ich sowieso nicht trampen, und so waren sie wieder die perfekte Reisebegegnung für uns.

Unsere letzte Nacht verbrachten wir dann wieder bei Christina im Backpacker-Hostel, wo mittlerweile auch unser philippinischer Couchsurfing-Gastgeber Adrian aus Sambia eingetroffen war. Schon als wir dort übernachtet hatten, hatte er angekündigt, dass er ebenfalls bald eine Tour durch Namibia machen würde, und nun trafen wir uns tatsächlich noch einmal wieder. Christina schwärmte uns von einem afrikanischen Trommelfestival in der Innenstadt vor, sodass wir beschlossen, alle zusammen dorthin zu gehen.

Das Fest war schließlich noch der krönende Abschluss für all das Tolle, was wir erlebt hatten. Julie tanzte mit anderen Mischlingskindern zu wilden Trommelschlägen ausgelassen vor der Bühne. Es war nicht schwer zu erkennen, dass sie alle wie die wilde Trommlergruppe selbst das Tanzen im Blut hatten und vollkommen in ihrem Element waren. Das Fest war vom deutschen Goethe-Institut organisiert worden, und so gab es sogar leckere Leberkäswecken zur Stärkung.

Hier in Namibia konnte ich mir genau das Leben vorstellen, nach dem ich schon lange suchte. Es war ein Land, in dem Julie später eine unbeschwerte Jugend haben konnte, ohne wie in Tansania nur als Freiwild betrachtet zu werden. Denn es war traurige Realität in Tansania, dass Mädchen, Teenager und junge Frauen stets angebaggert wurden. Ich hatte immer den Eindruck, es ging vielen jungen Männern dabei nicht um den Mensch oder eine echte Beziehung, sondern eher um den Spaß und eine Errungenschaft. Vielleicht waren in dieser Hinsicht unsere Kulturen doch zu unterschiedlich.

In Namibia hingegen gab es so viele verschiedene Völker und Ethnien, dass das Land sich nicht umsonst eine Regenbogennation nannte. Ich freute mich schon jetzt darauf, in die Welt dieser Menschen einzutauchen und dabei auch herauszufinden, wie sich unsere deutsche Kultur über all die Generationen in Namibia gehalten und entwickelt hatte.

Mit meiner neuen Projektidee einer tiergestützten Therapiestätte würde ich viele neue Arbeitsplätze schaffen können und damit nicht nur das Leben der vollpflegebedürftigen Kinder entscheidend verbessern können, sondern auch das der Angestellten und ihrer Familien. Auch in einem Land, in dem der Einfluss der Apartheid noch bis heute zu spüren war, musste es Wege für eine Annäherung und ein gemeinsames Miteinander geben. Am liebsten hätte ich schon heute damit begonnen, meinen neuen Traum anzupacken, doch im nächsten Jahr gab es in Tansania ja noch viel zu tun. Unter anderem musste ich auch erst einmal Juma meine neuen Pläne unterbreiten und hoffen, dass er keine Einwände hatte, dass ich mit unserer Tochter einen neuen Weg gehen wollte …

Schon lange hatte ich es wohl aus Bequemlichkeit hinausgezögert, aber nun musste es sein. Ich wollte mich von Juma scheiden lassen, um endlich wirklich frei zu sein. Sicher hätte ich diese Entscheidung auch schon viel früher treffen können, doch da es in meinem Leben keinen neuen Partner gab, hatte ich einen derart unangenehmen Schritt lange vermieden. Und außerdem befand ich mich in einem Dilemma. Ich hatte zwar damals vor dreizehn Jahren herausgefunden, wie man in Tansania heiratet, doch nun wusste ich nicht, wie man sich wieder scheiden ließ … Ich hatte noch nie etwas mit einem Anwalt oder dem Gericht zu tun gehabt und wusste gar nicht, wo die erste Anlaufstelle für derartige Familienangelegenheiten war. Doch wie bei jedem anderen Problem auch war nur der erste Schritt notwendig, alles andere folgte dann wie von selbst.

Ein Gericht in der Stadt sandte mich zurück zum lokalen Gericht meines Wohngebiets, und von dort wurde ich zur Straßenverwaltung geschickt, die mir einen Brief für das Eheberatungskomitee ausstellte. Nachdem mir der Ablauf klar war, war es an der Zeit, Juma von meinen Plänen zu unterrichten.

Dass ich Julie gerne in Namibia in die Schule schicken wollte, hatte er nach unserer Rückkehr zwar relativ schnell akzeptiert, nachdem ich ihm in den höchsten Tönen von der deutschen Schule dort vorgeschwärmt hatte. Er wusste ja selbst, dass sie sonst in Tansania nie die Möglichkeit haben würde, Deutsch lesen und schreiben zu lernen. Auch war er sich darüber bewusst, wie wichtig eine gute Schulbildung war. Er selbst litt schließlich darunter, dass er nie auf eine Schule gegangen war. Aber ob ihm auch bereits klar war, dass ich mich nun auch offiziell von ihm trennen wollte?

Ich wusste, dass er Ämter nicht ausstehen konnte und ihn aufgrund seines Analphabetismus stets die Angst begleitete, er könne sich bei schriftlichen Angelegenheiten blamieren. Ich wartete also einen geeigneten Moment ab, bis ich mich endlich traute, ihm meinen Scheidungswunsch und die Gründe dafür zu nennen. Schließlich war es eine reine Formalität, die nichts an unserer Lebenssituation ändern würde. Doch für Julies Zukunft war es von großer Bedeutung. Nicht nur dass ich jedes Mal beim Überschreiten der Landesgrenzen eine schriftliche Einwilligung des Vaters brauchte, selbst einfache Dinge wie die Eröffnung eines Bankkontos bereiteten schon Schwierigkeiten, wenn nicht beide Erziehungsberechtigten unterschrieben.

Dass ich selbst zudem auch noch die Hoffnung hatte, eines Tages einen zu mir passenden Partner zu finden, brauchte ich ihm ja nicht unbedingt auf die Nase zu binden. Nicht umsonst wagten es tansanische Frauen nur selten, sich scheiden zu lassen. Neben dem gesellschaftlichen Druck waren auch die Eifersuchtsreaktionen mancher Männer nicht zu unterschätzen. Häufig entfachte sich dazu noch ein großer Streit um die Besitzgüter. Mit etwas Schmiergeld, das dem Richter untergeschoben wurde, ging die Frau dann letztendlich meist leer aus.

Ich hoffte inständig, dass uns all dies erspart bleiben würde, und so versuchte ich Juma schon von vornherein zu besänftigen. Ich erklärte ihm, dass der Eheberater mir versichert habe, dass er, wenn wir uns in allem einig seien, keine weiteren Fragen stellen würde und uns das fürs Gericht benötigte Formular sofort ausstellen könnte. Aber waren wir uns denn überhaupt einig? Unsere finanzielle Situation war schon von Anfang an so geregelt, dass jeder sein eigenes Geld hatte. Juma hatte sein Haus, ich hatte meines. Würde er die Situation vielleicht nun ausnützen und mir in den Rücken fallen? Nein, da war ich mir sicher. Es war nicht seine Art, etwas an sich zu reißen, das ihm nicht gehörte. Was mir allerdings am wichtigsten war, war, das alleinige Sorgerecht für Julie zu bekommen. Wie würde er darauf nur reagieren?

In Tansania war es zwar üblich, dass Kinder nicht unbedingt bei ihren Eltern aufwuchsen, sondern stattdessen aufgrund der finanziellen Situation weit weg bei einem Onkel oder einer Tante lebten, aber ein richterlicher Beschluss war dann eben doch noch etwas anderes. Auf der einen Seite würde es ihm zwar unter anderem das Recht nehmen, über den Aufenthaltsort seines Kindes zu bestimmen, auf der anderen Seite konnte Juma sich aber auch glücklich schätzen, dass ich nie Unterhaltszahlungen von ihm verlangen würde.

Als wir gemeinsam zu unserem Termin beim Eheberatungskomitee fuhren, war ich voller Hoffnung auf einen friedlichen Ausgang. Ganz besonders auch, da Julie uns begleitete. Sie hatte zum Glück nie viel von unserem stillen Konflikt mitbekommen. Für sie war es völlig normal, dass von klein auf Mama eben mehr da war als Papa.

Ich betete, dass der Eheberater es nicht unnötig kompliziert machen oder Juma mit unangebrachten Fragen verwirren würde. Aber meine Sorgen waren unnötig. Als er uns fragte, wie wir bezüglich des Sorgerechts übereingekommen wären, antwortete Juma sogleich, dass ich ohne Zweifel für eine gute Zukunft unserer Tochter sorgen würde. Schließlich fügte er noch hinzu, dass wir uns gegenseitig auch nichts schuldeten. Mir fiel ein riesiger Stein vom Herzen. Ich war Juma unendlich dankbar dafür, dass er mir die Verantwortung für Julie übertrug und uns den Scheidungsprozess so einfach machte.

Nach diesem erfolgreichen Ämtergang fanden noch zwei Richteranhörungen statt, bis ich dann schon wenige Tage später das Scheidungszertifikat und den richterlichen Beschluss mit dem alleinigen Sorgerecht abholen konnte. Die Scheidung hatte mich letztendlich nur fünfzig Euro gekostet, und einen Anwalt hatten wir auch nicht gebraucht. Manchmal lähmte einen die Angst vorm Ungewissen, dabei brauchte es doch nur einen kleinen Schritt zur Freiheit.

Für mich war es eine Liebe mit Happy End. Wir hatten beide viel voneinander gelernt, und das Wichtigste war, dass jeder weiterhin glücklich sein konnte – Juma mit seinem festen Platz, den er im Kinderdorf gefunden hatte, und ich mit unserer Tochter in einem Land, das uns bessere Möglichkeiten und eine glücklichere Zukunft versprach. Immerhin würden wir ja auch alle noch auf demselben Kontinent leben, sodass einem Besuch in den Ferien nichts im Wege stand. Auch Juma war sicher nicht abgeneigt, sich eines Tages Namibia auf der anderen Seite Afrikas anzuschauen …

Draußen vorm Tor hupte es laut. Der Lastwagen mit hundert Zementsäcken war da. Baba Tedi lotse ihn zu unserem Lager, wo die Fünfzig-Kilo-Säcke schließlich von kräftigen, schweißgebadeten Männern auf dem Rücken einzeln hineingetragen und aufgestapelt wurden. Heute war der Tag gekommen, an dem wir mit dem Bau der Kindertagesstätte für vollpflegebedürftige Kinder beginnen konnten. Ich freute mich, dass es planmäßig losgehen konnte. Auch wenn uns noch harte Arbeit bevorstand, war ich mir sicher, dass wir mit der Routine, die wir mittlerweile besaßen, noch im selben Jahr mit der Aufnahme der ersten Kinder von unserer Warteliste beginnen konnten. Gleichzeitig würden wir damit auch den ersten alleinerziehenden Müttern einen Arbeitsplatz verschaffen können.

Zusammen mit Bauleiter Noel setzte ich mich unter einen schattigen Baum, um einen fairen Preis für den Bau der über dreihundert Meter langen Mauer und des ersten Gebäudes, auf dem unsere Solarpanele für die Wasserpumpe installiert werden würden, auszuhandeln. Es war eine große Erleichterung, dass ich mich nun nicht mehr selbst um die Beschaffung der Materialien und das Koordinieren der Bauarbeiter kümmern musste. Zusammen mit Baba Tedi würde ich der Baufirma aber über die Schultern schauen. Auch hatten wir meinen persönlichen Lieblingsbauarbeiter mit eingeschleust, der uns zuverlässig über die Qualität der Arbeiten Bericht erstatten würde.

Noch bevor ich unseren Rucksack für Namibia packen würde, sollte das Einweihungsfest stattfinden. Bis dahin hätte ich dann auch eine Fachkraft aus Deutschland eingelernt, welche die Kindertagesstätte zusammen mit einem einheimischen

Direktor in meinem Sinne weiterführen könnte. Erst dann könnte ich mich voll und ganz auf ein neues Projekt und ein neues Leben in Namibia einlassen. Und wer weiß, was das Schicksal mit mir sonst noch so vorhatte. Vielleicht wartete da draußen auch eine neue Liebe auf mich, auch wenn meine Suche bisher im Sand verlaufen war.

Nichtsdestotrotz hielten mich die Kommentare von Freunden bezüglich meines Singledaseins bis dahin zumindest bei Laune und sorgten für einen erheiternden Austausch. So hatte ich einmal im Kinderdorf über Rückenschmerzen geklagt, woraufhin eine Pflegemama doch glatt meinte, das rühre daher, dass ich keinen Mann habe. Das musste wohl afrikanische Logik sein. Und dann, als ich eine Woche lang sehnsüchtig auf die Antwort einer netten Online-Bekanntschaft aus Namibia gewartet hatte, schrieb mir eine über fünfzigjährige Mutter aus Deutschland empört: »Oh … warten? Na dann kannst du lange warten. Ich würde da jetzt volle Kanne rangehen.« Trotz der lieb gemeinten Ratschläge kam ich beim nächsten Reinfall, als ein netter »Abenteurer1979« von heute auf morgen sein Profil löschte, letztendlich zu dem Entschluss, dass gegen mein Schicksal einfach niemand ankam und alles seinen guten Grund hatte. Und selbst wenn mir der Richtige nicht gleich über den Weg laufen würde, so brauchte ich mir ganz nach dem Motto des bekannten Sprichworts »Das Glück der Erde liegt auf dem Rücken der Pferde« doch überhaupt keine Sorgen zu machen. Mit meiner Tochter auf einem Pferd durch die fantastische Landschaft Namibias zu reiten oder abends mit den Miniponys in den Sonnenuntergang hineinzulaufen, das war doch sicher »Besser als ein Traum«.

Zudem war es einfach wundervoll, zu wissen, dass wir mithilfe der Unterstützung so vieler Menschen, von denen ich die meisten gar nicht persönlich kannte, mehr und mehr pflegebedürftigen Kindern und auch arbeitslosen Menschen in Indien, Tansania und Namibia ein besseres Leben würden schenken können.

Sicher, ich hatte noch nicht die zweihunderttausend Euro zusammen, die es für ein fünf Hektar großes Grundstück mit einem wunderschönen Haus obendrauf nahe Windhoek brauchte. Aber ich sagte mir, dass wir eigentlich nur zweihundert Firmen finden mussten, die jeweils tausend Euro spendeten, und schon wäre ein neuer Traum wahr geworden. Ganz nach dem englischen Sprichwort, das der Schlüssel zur Verwirklichung meiner Träume war:

With enough desire a thought will become a dream,
a dream an intention and an intent a manifestation.

Alles fängt schließlich mit einer Idee an, die sich zu einem Wunsch weiterentwickelt, bis man die feste Absicht hat, diesen Traum mit voller Hingabe wahr werden zu lassen. Gemeinsam ist so vieles möglich, und ich bin fest davon überzeugt, dass man nicht gleich die ganze Welt retten muss, um nicht dennoch Kinder in Not glücklich machen zu können. Wie oft habe ich schon den deutschen »Lieblingssatz« gehört, das alles sei doch nur ein Tropfen auf den heißen Stein. Diese negative Denkweise passt jedoch überhaupt nicht zu dem Strahlen unserer Kinder, die ohne uns keinen Platz zum Leben hätten. Und daher pflege ich auch immer zu sagen:

»Wahre Hilfe ist niemals ein Tropfen auf den heißen Stein. Hilfe, die von Herzen kommt, verändert und belebt!«

Nachwort

Am Ende meines Buches ist es mir noch wichtig, meinen Lesern zu sagen, dass wir Menschen wirklich etwas Besonderes sind. Wer glaubt in der heutigen Zeit überhaupt noch an das Gute im Menschen?

Umweltverschmutzung, Klimawandel, Kriege und, und, und … die Liste an Negativmeldungen scheint kein Ende zu nehmen. Und doch geht bei alldem das wesentliche Potenzial des Menschen unter, das vielleicht durch ungünstige Lebensumstände, persönliche Niederlagen, Religion und Politik verschüttet worden ist. Ich glaube, uns Menschen wird viel zu selten gesagt, dass wir nicht nur gut sind, sondern wir auch die wundervolle Fähigkeit besitzen, andere Menschen glücklich zu machen.

Immer wieder habe ich es mit Menschen zu tun, die noch nie in Afrika waren und sich doch mit ganzem Herzen für das Wohlergehen unserer geretteten Kinder einsetzen. Und dann gibt es die Volontäre aus aller Welt, die tatkräftig in unseren Projekten mithelfen und dabei den Kindern glückliche Tage und einen bunten, abwechslungsreichen Alltag schenken.

Beides wird von Pessimisten gerne schlechtgeredet. »Das Geld kommt sowieso nicht an« oder »Man kann nicht die ganze Welt retten« sind dabei häufig gehörte Sätze. Und mit dem neuen Modewort »Voluntourismus« wird nun auch noch der Eindruck vermittelt, als sei es schlecht, wenn junge Menschen ihre Zeit und Kreativität Kindern schenken wollen, die nicht so viel Glück in ihrem Leben hatten. Aber ist es nicht der falsche Ansatz, wenn man Menschen ihre guten Intentionen ausreden möchte? Schwarze Schafe, die die Hilfsbereitschaft anderer Menschen ausnutzen, gibt es leider auf der ganzen Welt. Aber ein Grund zur Entmutigung muss das noch lange nicht sein, sofern man achtsam bleibt.

Manchmal kommt es mir so vor, als würde das Gute bekämpft werden, statt dass man die Probleme an der Wurzel anpackt. Konsumenten in den reichen Ländern werden zum Spielball der Medien und der Industriemächte. Sie sollen sich schuldig fühlen, wenn sie sich günstige Kleider beim Discounter kaufen. Man sagt ihnen, sie seien für die miserablen Verhältnisse und den Billiglohn einer Näherin in einem Tausende von Kilometern entfernten Land verantwortlich. Doch dabei wird vergessen, dass die Näherinnen nicht zu ihrer Arbeit gezwungen werden und man in vielen Ländern der Erde aufgrund der niedrigen Lebenskosten auch mit wenig Geld auskommen kann. Das Boykottieren solcher Kleider würde also nur dazu führen, dass die Näherinnen arbeitslos wären.

Selbst wer seine gut erhaltene Kleidung in Sammelstellen abgibt, macht angeblich einen Fehler. Dabei sehe ich in Tansania, wie viele Arbeitsplätze der Verkauf von Secondhandkleidung schafft, durch dessen Erlös ganze Familien ernährt werden.

Trotz der vielen Probleme, die wir Menschen noch nicht in den Griff bekommen haben, darf man nicht vergessen, zu welch genialen Dingen wir dennoch fähig sind. Das von uns Menschen geschaffene Internet ermöglicht heutzutage per Mausklick einen globalen Austausch, mit dem wir alle voneinander lernen können. Ein gemeinsames Miteinander, kultureller Austausch und das Vorleben einer guten Lebensweise können sicher viel mehr bewegen, als es ein stetig eingeredetes Schuldgefühl jemals vermag. Es würde mich nicht verwundern, wenn die Menschen eines Tages unter der Last der Verantwortung, die ihnen aufgebürdet wird, zusammenbrechen. Es wird von uns Menschen gefordert, allwissend zu sein, was aber vollkommen unmöglich ist. Der Wunsch nach einer fairen Welt ist bei den meisten bereits vorhanden, doch nur wer mit den Menschen in Kontakt tritt, die unter den ungerechten Verhältnissen auf der Welt zu leiden haben, wird etwas in ihrem Leben verändern können.

Daher plädiere ich dafür: Bleibt dran, macht die Welt besser, aber vergesst auch nicht, dass ihr gut seid!

Nicole Mtawa

Infos zu Nicole Mtawas gemeinnützigem Verein:

www.humandreams.org
www.facebook.com/humandreams
mtawa@humandreams.org

Spendenkonto:
Human Dreams e.V.
IBAN: DE15 6145 0050 1000 5347 33
BIC: OASPDE6AXXX
Kreissparkasse Ostalb
Human Dreams e.V.
Boppelgasse 12
73527 Schwäbisch Gmünd
Deutschland

Spendenbescheinigungen werden bei Angabe der Adresse automatisch am Jahresanfang des Folgejahres zugesendet!

Herzlichen Dank